高齢化, 老朽化, 耐震改修, 建替え
なんて怖くない!

新・マンション管理の実務と法律

齊藤 広子／篠原 みち子／鎌野 邦樹 [著]

日本加除出版株式会社

はしがき

　マンション，そしてそれを取り巻く環境は大きく変わってきています。そして，マンションがかかえる課題も，多様化し，深刻化しています。刻々と変わりつつも，問題の本質は変わらないマンション管理。それを学ぶのに「この1冊があれば」という本がほしかったのではないでしょうか。

　それをかなえたのが本書です。マンション管理適正化法の整備をはじめ，わが国のマンションの標準管理規約，委託契約書，住宅政策等にかかわってきた工学研究者・法学研究者・実務家（弁護士）と，立場・分野の異なる3名がタッグを組んで執筆しました。

　第1部は，マンション管理の基礎用語50です。マンション管理を基礎から学びたい人のために，「基礎用語50」を解説しています。マンション管理の実態と法制度から，マンション管理のマインドをしっかりとつかみましょう。マンション管理の魅力に引き込まれるでしょう。
　第2部は，マンション・トラブルの事例とその解決あるいは予防のための方策です。マンションのトラブルは，驚くほど多様なものが日々登場してきています。他の書には掲載されていない，最新のトラブル事例を取り上げます。現行法の可能性を示唆し，これから起こり得る問題の解決・予防に大きく寄与することは間違いないでしょう。
　第3部は，これから起こるマンションの問題。現在の法制度にも限界がみえてきています。老朽マンションの増加，高齢者の増加，2つの老いにどう向き合えばよいのでしょうか。現行法や諸外国の動向の解説を踏まえ，新たなスキームと，それを可能とする課題を提示します。

マンションの管理にかかわる全ての人，マンションの居住者，区分所有者，管理組合の理事，管理会社，マンション管理士，建築士，弁護士，行政担当者，マンション開発事業者，マンション施工会社・建設業・建築業，不動産業・不動産関連会社，土地家屋調査士・司法書士・不動産関連専門家，そしてマンションの購入を考えている方，マンション管理を学ぼうとする学生の皆さんに，ぜひともお読みいただきたいと思っております。

　平成 25 年 10 月

著者を代表して　齊藤広子

凡　例

本書中，法令等及び判例集の名称について，次のように略記しました。

■法令等（内容現在：平成 25 年 10 月 8 日）
　一般法人法　→　一般社団法人及び一般財団法人に関する法律
　区分所有法　→　建物の区分所有等に関する法律
　建築物耐震改修促進法　→　建築物の耐震改修の促進に関する法律
　住宅品確法　→　住宅の品質確保の促進等に関する法律
　被災マンション法　→　被災区分所有建物の再建等に関する特別措置法
　マンション管理適正化法　→　マンションの管理の適正化の推進に関する法律
　マンション管理適正化法施行規則　→　マンションの管理の適正化の推進に関する法律施行規則
　マンション建替え円滑化法　→　マンションの建替えの円滑化等に関する法律
　標準管理規約　→　マンション標準管理規約
　マンション管理適正化指針　→　マンションの管理の適正化に関する指針

■判例集
　民集　→　最高裁判所民事判例集
　下民　→　下級裁判所民事裁判例集
　判時　→　判例時報
　判タ　→　判例タイムズ

目　次

第1部　基礎用語50——マンション管理入門

齊藤広子

【マンションって何？】————————————————2
　基礎用語1　マンションとは？　　2
　基礎用語2　区分所有とは？　　4
　基礎用語3　専有部分，共用部分とはどこか？　　6
　基礎用語4　マンションの敷地利用権とは？　　8
　基礎用語5　マンションの登記とは？　　10
　基礎用語6　超高層マンションとは？　　12

【マンション管理はどう進めるの？】————————————14
　基礎用語7　管理組合とは？　　14
　基礎用語8　管理組合と自治会の違いは？　　16
　基礎用語9　管理規約とは？　　18
　基礎用語10　マンション標準管理規約とは？　　20
　基礎用語11　団地型の管理組合とは？　　22
　基礎用語12　総会とは？　　24
　基礎用語13　総会での議決権は？　　26
　基礎用語14　普通決議・特別決議とは？　　28
　基礎用語15　理事とは？　　30
　基礎用語16　管理者とは？　　32
　基礎用語17　管理組合法人とは？　　34
　基礎用語18　管理費とは？　　36

【マンションの維持管理はどうするの？】————————————38
　基礎用語19　計画修繕とは？　　38

6 目次

　基礎用語20　長期修繕計画(書)とは？　　40
　基礎用語21　大規模修繕とは？　　42
　基礎用語22　大規模修繕の決議は？　　44
　基礎用語23　設計監理方式とは？　　46
　基礎用語24　修繕積立金の会計区分とは？　　48
　基礎用語25　耐震診断とは？　　50
　基礎用語26　耐震補強工事とは？　　52
　基礎用語27　リノベーションとは？　　56
　基礎用語28　修繕履歴情報とは？　　58
　基礎用語29　マンション建替えとは？　　60
　基礎用語30　団地型マンション建替えとは？　　62
　基礎用語31　建替え決議で反対した人は？　　64
　基礎用語32　マンション建替え円滑化法とは？　　66
　基礎用語33　復旧とは？　　68

【マンションの居住ルール，マナーって何？】――――――――――70
　基礎用語34　ペット飼育の問題とは？　　70
　基礎用語35　違法駐車とは？　　72
　基礎用語36　専有部分のリフォームの手続は？　　74
　基礎用語37　バルコニーは誰のもの？　　76
　基礎用語38　マンションの賃借人の権利・義務は？　　78
　基礎用語39　マンションのコミュニティ活動とは？　　80

【誰がマンションを支えてくれるの？】――――――――――82
　基礎用語40　マンション管理会社とは？　　82
　基礎用語41　マンション標準管理委託契約書とは？　　84
　基礎用語42　管理委託に関する説明会とは？　　86
　基礎用語43　マンション管理適正化法とは？　　88
　基礎用語44　分譲会社の管理上の責任は？　　90
　基礎用語45　管理組合の会計は？　　92
　基礎用語46　マンション管理適正化指針とは？　　94
　基礎用語47　管理業務主任者とは？　　96

基礎用語48　マンション管理士とは？　98
基礎用語49　地方自治体によるマンション管理施策とは？　100
基礎用語50　マンションの地域公共性とは？　102

コラム・世界のマンション管理方式　104

第2部　マンション・トラブルの予防と解決

篠原みち子

【管理組合の運営】──────────────────────── 108
- Q1　専有部分である車庫のボンベと消火器室の法律的な性質等　108
- Q2　高齢者が緊急通報システムを利用する場合の手続　114
- Q3　不在区分所有者の協力金負担　117
- Q4　白紙委任状の取扱い　121
- Q5　議題を保留し解散した場合と同一議案審議の手続　123
- Q6　地震による団地内の特定棟の復旧・補修　126
- Q7　少数区分所有者の総会招集請求権と総会招集権　133
- Q8　給水枝管更新のための修繕積立金取崩し　137
- Q9　区分所有者死亡の場合と管理組合の対処方法　142
- Q10　管理費等滞納者の破産と特定承継人の責任　147

【共用施設の運営】──────────────────────── 150
- Q11　機械式駐車場の外部貸し，一部撤去等　150
- Q12　規約共用部分のスパ廃止と区分所有者の特別の影響　154
- Q13　既存マンションでのカーシェアリング，エコカー導入　158
- Q14　持ち主不明の自転車の整理　161
- Q15　汚水処理施設を廃止し，公共下水道に接続する手続　165

【建物の維持管理】──────────────────────── 168
- Q16　3回目の大規模修繕に当たっての注意事項　168
- Q17　耐震改修工事の手続と注意事項　173

    Q18 外壁のヒビ割れ，屋上からの雨漏り等と分譲業者の責任　177

【居住者のマナー】 ──────────────────────── 188
    Q19 外国人のマンション居住　188
    Q20 生活騒音と対処法　191
    Q21 既存マンションの専有部分リフォームの限界と注意事項　195
    Q22 ペット飼育制限と管理規約の効力　199

【防災対策・コミュニティ形成】 ──────────────── 207
    Q23 管理費からの自治会費支出　207
    Q24 管理組合と町内会共同の防災訓練　210
    Q25 管理組合の居住者用防災用品購入，居住者名簿の作成　212

第3部　これからのマンションの管理と再生

鎌野邦樹

Ⅰ　経年・老朽マンションを考える ──────────────── 216
　1　耐震性確保と長寿命化　216
　　(1)　耐震性の問題と「耐震欠陥マンション」　216
　　(2)　耐震性に劣るマンション　218
　　(3)　経年老朽化マンション　223
　2　経年マンションの現況と高齢者等の問題　227
　　(1)　経年マンションの状況　227
　　(2)　高齢者等のための生活環境の整備　228
　　(3)　管理の主体としての管理組合と理事会　230
　3　これからのマンション管理の方式　237
　　(1)　マンション管理と「管理者」　238
　　(2)　理事会方式とその課題　242
　　(3)　管理者方式［第三者管理方式］とその課題　247
　　(4)　新たな管理方式を考える　249
　　(5)　管理組合と賃借人・自治会・コミュニティ　255

4　マンション・団地の利点を生かすための試み　267
　　(1)　管理組合の積極的・経営的管理　268
　　(2)　積極的・経営的管理の可能性と法的限界　272

Ⅱ　マンションの復旧・建替え・解消を考える ───── 283
　1　老朽化の場合と被災の場合　283
　2　建替え制度を考える　290
　3　マンションの解体・解消制度について　296

著者略歴 ──────────────────── 303

第1部
基礎用語50——マンション管理入門

齊藤広子

　マンション管理の目的はマンションの価値をつくることです。マンションといえば，様々なトラブルがあるように感じているかもしれませんが，マンション管理に求められる基本として「トラブル」を起こさないことがあります。ではトラブルを起こさないように何もしないのか，決まったことだけを行えばよいのかといえば，そうではありません。管理の仕方によって素敵なマンションに，快適なマンションに，資産価値が高いマンションにすることができます。マンションの価値をつくるのは，マンションを買った区分所有者，その団体である管理組合，それを支える専門家です。

　100の家庭があれば，100の幸せがあるように，100のマンションがあれば，幸せになるために100のマンション管理方法があります。答えは1つではありません。各マンションに合った方法を探し，設定し，実行することです。

　それを探すには，「マンション管理の基本」を知ることが重要です。これは法律で決まっていることを単に知ることではありません。何のためにこうしたルールがあるのかを知ることです。つまり，マンション管理の知識を単純に記憶しても，目の前にあるマンションの管理の問題は解けません。快適で楽しいマンションライフは手に入りません。資産価値が高いマンションにはできません。もちろん，トラブルは予防できません。

　どうすればマンションが魅力的な場になるのでしょうか。価値を上げることができるのでしょうか。

　第1部はその基本的な考え方を皆さんと一緒に考える部です。基礎用語50の解説を通じて，マンション管理の基本をしっかりと理解していきましょう。

Q. マンションとは？　【マンションって何？】

A. マンションとは，区分所有されている住宅である。

解説

■ Mansion（マンション）とは？

　マンション（Mansion）の英語の本来の意味は，森のような広い庭があり，そこにはテニスコートがあり，乗馬もでき，……というような大邸宅のことです。それに憧れて，わが国で高級な集合住宅を「マンション」と呼び出したのは約半世紀前です。

■ マンションという言葉の様々な使い方

　「マンション」は時と場所，話す人によって，違うものを指すことがあります。街の不動産屋で見かける「マンション」は，集合住宅の中でも非木造（主に RC 造（鉄筋コンクリート造）や SRC（鉄骨鉄筋コンクリート造））の中高層の住宅を指し，これに対して，木造の低層の住宅を「アパート」と呼んでいます。さらに「賃貸マンション」，「分譲マンション」という言い方があります。これは，マンションを所有形態によって 2 つに分けたものです。賃貸マンションとは，1 人のオーナー（所有者）が住宅全体を所有し，号室ごとに貸します。分譲マンションとは，分譲会社が建物をつくり，号室ごとに分けて売る。そのため，各部屋ごとに所有者（**区分所有者**）がいる住宅です。

●「賃貸マンション」と「分譲マンション」の違い

■ 法律でのマンションの定義

　2000 年 12 月に公布され，翌年 8 月から施行された「**マンションの管理の適正化の推進に関する法律**」（平成 12 年法律第 149 号。以下「マンション管理適正化法」という。）には「マンション」の定義があります。それを見て

みましょう。マンション管理適正化法2条より，マンションとは，
① 2以上の区分所有者が存する建物で人の居住の用に供する専有部分のあるもの並びにその敷地及び附属施設
② 1団地内の土地又は附属施設（これらに関する権利を含む）が当該団地内にある①に掲げる建物を含む数棟の建物の所有者（専有部分のある建物にあっては，区分所有者）の共有に属する場合における当該土地及び附属施設

つまり，マンション管理適正化法では「区分所有した2戸以上の居住用の住宅」をマンションとしています。この定義に従うと，前述の分譲マンションを指します。言い換えると，集合住宅の中でも，区分所有をしているものが，同法でいう「マンション」です。この場合には，建物の構造がRC造などの非木造か木造かは問われませんが，おおむね非木造のものです。

●マンションのデータ

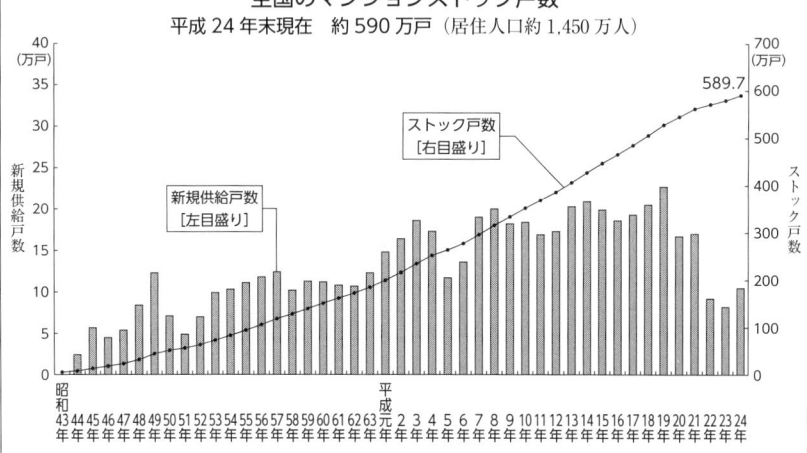

分譲マンションの1マンション当たりの戸数（住宅部分のみ，平成20年度マンション総合調査より）⇒31～50戸程度が最も多いが，平均104.3戸

Q. 区分所有とは？　　　　　　　　　　【マンションって何？】

A. 区分所有とは，1つの建物を区分して所有することである。

[解説]

■区分所有とは？

　区分所有とは1つの建物を区分して所有することです。下の図のように，101号室，102号室がそれぞれの別の所有者によって所有されます。この101号室，102号室の所有者を「**区分所有者**」といいます。

■区分所有建物の所有や管理は区分所有法に従う

　区分所有した建物の管理は誰がどうするのでしょうか。301号室の上の屋上から雨漏りがする。誰が修繕をするのか。301号室の人がするのか。103号室の横にあるエレベーターの点検は誰がするのか。103号室の人は近いから，この人が責任を持って行うのか。それはおかしいので，みんなで費用を負担しましょう，といっても誰がどんなふうに支払うのか。それをどのように決めるのか。

　区分所有建物では多くの区分所有者が存在するので，建物を適正に管理し，相互の財産権を尊重しつつ，お互いが快適に安心して暮らせるためには基本となるルールが必要です。これが**区分所有法**です。

●誰がどう管理するの？

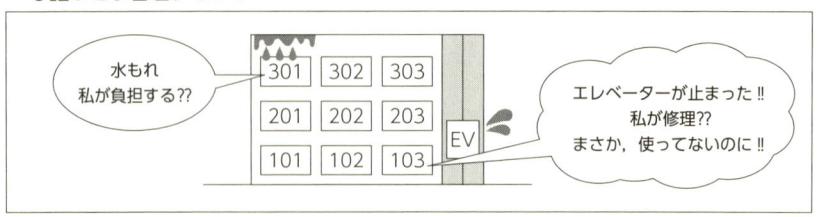

■区分所有法は民法の特別法

　建物の所有や利用関係に関することは一般的には民法に規定されます。民法は，日本ではドイツ法やフランス法を参考にし，明治29年に生まれました。民法では1つの建物に1つの所有権しか認めていません（「**1物1権主**

義」）が，マンションには1つの建物に多くの「所有権を持つ所有者」が存在します。つまり，多数の所有権が存在しています。こうした例外的な建物の所有形態であるがゆえに，民法の特別法として区分所有法という特別な法律を生む必要があったのです。

区分所有法の正式名称は「**建物の区分所有等に関する法律**」です。区分所有法は，マンションなどの区分所有建物をめぐり生じる問題を予防，解決するための法的基準であり，1962年（昭和37年）に制定されました。

マンションでは区分所有法が民法に優先して適用され，区分所有法に書いていないことは，民法にまで戻ることになります。例えば，マンションが全壊すると，建物の区分所有関係はなくなり，区分所有法は適用されず，敷地の共有関係については民法の規定に従うことになります。

■区分所有等の「等」って何？

「建物の区分所有等に関する法律」の「等」は「団地」のことを指します。区分所有法でいう団地とは，2棟以上の建物がある場合です。2棟以上あれば，棟と棟との調整が必要となります。そこで規定が書かれており，区分所有法の第1章では「建物の区分所有」で，建物内の権利の調整，第2章では「団地」で，棟間，団地内の権利の調整に関することが規定されています。

■区分所有法の改正

区分所有法は，1983年，2002年と大幅に改正され，改正のたびに，個人の財産よりも団体としての共同の利益を重視する傾向へと変わっています。そのため，制限付き所有権ともいわれます。しかし，何でも制限できるわけではなく，制限できるのは，全体の利益，共同の利益を阻害するものです。

○ 1983年の主な改正点
①専有部分と敷地利用権の分離処分禁止
②共用部分の変更及び規約の設定，変更又は廃止は全員の合意→集会の特別多数決（4分の3以上の賛成）
③区分所有者で構成する管理のための団体を構成し（当然成立），法人には特別多数決で（4分の3以上の賛成）
④共同の利益に反する行為をした場合等は区分所有者全員又は管理組合法人は集会の決議（過半数）に基づきその行為の差止め請求，又は特別決議（4分の3以上）に基づき専有部分の使用禁止訴え若しくは区分所有権及び敷地利用権の競売請求
⑤建替えは全員の合意→老朽化，損傷，一部滅失その他の事由により建物の建替えが相当とする場合は区分所有者及び議決権の5分の4以上の多数による集会決議により建替えができる

○ 2002年の主な改正点
①共用部分等の維持・管理に関する訴訟における管理者の当事者適格
②管理組合の法人化の人数要件（30人以上）を撤廃
③大規模修繕は，区分所有者及び議決権の各過半数決議
④建替え決議の要件の撤廃。ただし，手順・説明会の開催などの規定
⑤集会での議決権，管理組合の文書作成につきIT化に対応した電磁的方法・電磁的記録の使用

基礎用語 3

 Q. 専有部分，共用部分とはどこか？　【マンションって何？】

A. 専有部分とは区分所有者各自が所有する部分で，残りが共用部分である。

[解説]

■専有部分とは？

　区分所有権が成立する部分を「**専有部分**」といい，マンションでは101号室，102号室などの**住戸**（じゅうこ）です。住戸以外でも2つの独立性，**構造上の独立性**と**利用上の独立性**があれば，区分所有権が成立します。それには，それぞれの部分が，物理的に仕切られているだけでなく，利用上も独立していることが必要です。例えば，マンションの住戸であるのに隣の部屋に入らないと何もできないとか，洗面所やトイレがないのであれば，独立した住宅として利用することはできませんから，区分所有権は成立しません。

　○区分所有法1条
　　一棟の建物に構造上区分された数個の部分で独立して住居，店舗，事務所又は倉庫その他建物としての**用途に供する**ことができるものがあるときは，その各部分は，この法律の定めるところにより，それぞれ所有権の目的とすることができる。

■共用部分とは？

　区分所有された建物では，専有部分でない所は全て**共用部分**となります。つまり，みんなで使う廊下や階段，エレベーター，外壁，屋上などです。

　共用部分には，**法定共用部分**と**規約共用部分**があります。法定共用部分とは，建物の階段室や共用の廊下等のように，各専有部分に通じる部分やその他の専有部分を使用するために，どうしてもマンションの全員又は一部の人が共用しなければならないところで，当然に共用部分となり，専有部分にできません。

　しかし，管理員室や集会室は，用途上区画されていれば区分所有の対象にできるため，共用部分であることを明示する必要があります。そこで，規約で共用部分であることを定め（規約共用部分），第三者に対抗するために登記しておきます。これは登記記録の表題部に示されます。一方，法定共用部

分は登記をしなくても絶対的に共用部分として認められるため，登記をする必要はなく，かつ，できません。

●法定共用部分と規約共用部分

法定共用部分	数個の専有部分に通じる廊下，階段室その他の構造上区分所有者の全員又は一部の共用に供されるべき建物の部分 ①専有部分以外の建物部分 ②専有部分に属さない建物の附属物	① エントランスホール，廊下，階段，エレベーターホール，エレベーター室，共用トイレ，屋上，屋根，塔屋，ポンプ室，自家用電気室，機械室，受水槽室，高置水槽室，パイプスペース，メーターボックス（給湯器ボイラー等の設備を除く。），内外壁，界壁，床スラブ，床，天井，柱，基礎部分，バルコニー等 ② エレベーター設備，電気設備，給水設備，排水設備，消防・防災設備，インターネット通信設備，テレビ共同受信設備，オートロック設備，宅配ボックス，避雷設備，集合郵便受箱，各種の配線配管（給水管については，本管から各住戸メーターを含む部分，雑排水管及び汚水管については，配管継手及び立て管）等
規約共用部分	区分所有権の対象となりうる建物の部分，すなわち専有部分及び附属の建物で，規約により共用部分としたところ	管理事務室，管理用倉庫，清掃員控室，集会室，トランクルーム，倉庫及びそれらの附属物

共用部分と専有部分の関係は，「共有者の持分は，その有する専有部分の処分に従う。」とあります（区分所有法 15 条）。つまり，専有部分と共用部分の所有は切り離せない関係で，「共用部分の持分だけ売ります」ということはできません。

☞ 注意：みんなの共用部分と思っていた管理員室が，ある日突然売りに出された例がある。規約と登記で共用部分の確認を！
- ピロティを専有部分に!?（東京高判平成 7 年 2 月 28 日判時 1529 号 73 頁）
- 共用設備のある倉庫を専有部分にできるか？（最判昭和 56 年 6 月 18 日民集 35 巻 4 号 798 頁，判時 1009 号 58 頁，63 頁，判タ 446 号 74 頁，76 頁）
- 管理人室を専有部分にできるか？（最判平成 5 年 2 月 12 日民集 47 巻 2 号 393 頁，判時 1459 号 111 頁，判タ 819 号 153 頁）

■専有部分と共用部分の分かれ目は？

隣の住戸との間にある壁はどこまで専有部分でしょうか。一般的には躯体は共用部分で，上塗り部分は専有部分です（下記，上塗り説）。しかし，登記の際には，壁の内側からの面積（内法説で壁は全て（上塗り部分も含み）共用部分で，取り囲まれた空間のみ専有部分）で測ることになります。

●区分所有のしくみ（専有部分と共用部分）

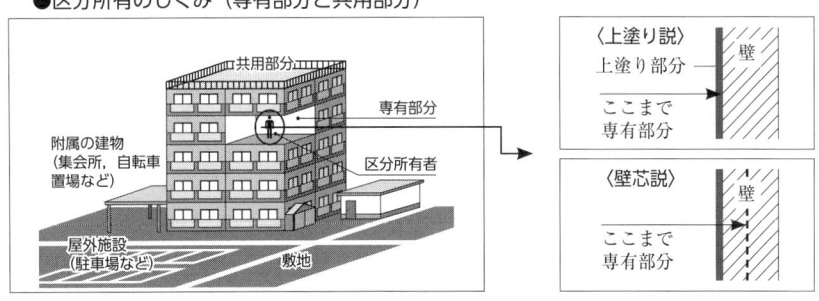

基礎用語 4

Q. マンションの敷地利用権とは？　【マンションって何？】

A. マンションの敷地の権利で，所有権と借地権がある。

[解説]

■マンションの敷地利用権とは？

　家を建てるためには土地が必要ですが，必ずしも土地は所有権である必要はなく借地権でもよいのです。どちらにしても，土地に建物を建てる権利を持たないと家は建てられません。この権利をマンションで「**敷地利用権**」といいます。敷地利用権は**所有権**である場合が多いのですが，**借地権**の場合もあり，借地権には「**普通借地権**」と「**定期借地権**」があります。

　　○借地権の種類
　　借地権は建物を所有することを目的に他人の土地を借りる権利で，次の2種がある。
　　普通借地権：土地を借りている人は，一般的には貸している人が**正当事由**を持たない限り契約期間が終了しても更新でき，利用し続けることができる。
　　定期借地権：土地を借りる期間を決め，契約期間が終了したら**更新**はなく，土地を返却する。

■法定敷地と規約敷地

　マンションの敷地の設定には，建物が所在する土地（**法定敷地**）と，規約によって敷地とする土地（**規約敷地**）があります。区分所有者が建物及び建物が所在する土地と一体として管理又は使用する庭，通路，その他の土地で建物直下の法定敷地である1筆の土地以外は，全て規約で「敷地」にする必要があります。

　敷地に見えていたが，実は他人の土地だった，あるいは分譲会社が持っていて売却してしまった。そのおかげで道路に接しない敷地になった，などの事例があります。また，敷地の中に公開空地があって，使用上や管理上の様々な制限がある場合や，敷地のエリアに公道が含まれる場合もあるので，敷地の範囲はよく確認する必要があります。

■敷地利用権の持分，共用部分の持分

　敷地利用権は，原則，持分は専有面積に応じます。101号室の人の土地，

102号室の人の土地というように分かれていません。所有権の場合は区分所有者全員で所有（共有）します。共用部分も同様に区分所有者全員による共有で，持分は専有面積に応じます（区分所有法14条）が，規約で別の定めもできます。

●定期借地権マンション

①借りる期間を50年以上とし，返却時には原則更地にして返す「**一般定期借地権**」と，②借りる期間を30年以上とし，建物を地主に譲渡することをあらかじめ約束して借地する「**建物譲渡特約付借地権**」がある。

借地権や定期借地権には，ともに地上権と賃借権がある。地上権は，地主に承諾なく，土地の売買や賃貸ができる。さらに，土地を担保とし，住宅ローンを借りることも可能である。一方，賃借権は，地主の承諾なく，売買や賃貸はできず，住宅ローンは通常制限を受ける。

平成21年度末までに供給された借地権のマンションは415件あり，そのうち407件は「一般定期借地権」である。地上権は232件，賃借権は131件，他は不明である。

入居時の一時金は，保証金41%，権利金34.3%，前払い賃料1.9%，併用21.4%である。85.7%で解体準備金が用意されている。

期間満了に伴う土地の返却，それまでの中古住宅の流通性，融資の問題（取扱機関が少ない，金額が少ない等）が課題である。

●公開空地がある場合の解説と事例

所有権がある場合でも敷地が自由に使えない場合がある。その1つが公開空地である。首都圏の超高層マンションの84%で**公開空地**が設けられている（2011年現在）。

◎つくるときのメリット

公開空地は，建築基準法の**総合設計制度**に基づき敷地内に設けられた空地である。

公開空地の有効面積に応じて，容積率の割増しや高さ制限の緩和が受けられる。
↓
> 公開空地は，一般に開放され，歩行者が自由に通行できることが条件

↓
▲管理上のデメリット

管理は管理組合の役割になる。費用がかかり，かつ防犯性向上のための夜間の閉鎖等は一般的に認められない。

☞ マンションの敷地だと思っていたら敷地外だった。建築確認時の敷地が後で切り離されて建築基準法違反となった。マンション購入者は10年過ぎてから気がつき，建築主，売主らに損害賠償を請求し，認められた（東京地判平成2年2月27日判時1365号79頁，判タ743号180頁）。

●公道がある場合の解説と事例

敷地内の公道の存在はマンション再生時のネックになる場合がある。千葉市では築30年以上のマンションの14.4%に，敷地内に公道がある。

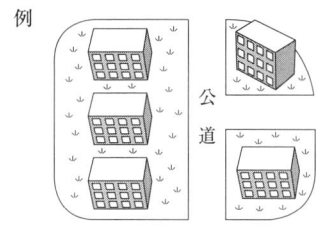
例

●法定敷地と規約敷地

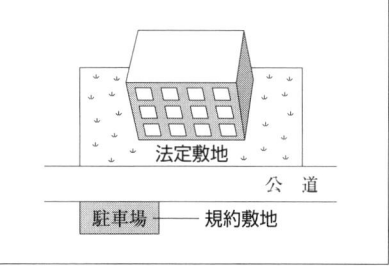

基礎用語 5

 Q. マンションの登記とは？　　　【マンションって何？】

A. マンションの登記は，専有部分と，共用部分及び敷地利用権の持分とが一体の登記となる。

解説

■登記とは？

マンション等の不動産の登記は，不動産に関する物的な状態と権利関係を公示して権利者の保護と不動産取引の安全性を図るためのものです。そして，日本の場合は通常，土地と建物は独立した不動産であることから，土地の登記と建物の登記が別々になります。

■マンションの登記の特徴

マンションでは土地と建物の登記を別にすると所有者が別々に登記され，マンションが大型化すると，土地と建物の**登記簿**が膨大になり，複雑になります。ですから，取引の安全性などを考えて，マンションの場合は，建物の専有部分と土地の敷地利用権は原則として分離できないように区分所有法（1983年に改正）で定め，登記上では敷地利用権は専有部分の登記の**表題部**に示される方法がとられます。つまり，一体的に取扱いがされることになります。

「101 号室を買った」という人は，正確に言うと，101 号室を買い，かつマンションの共用部分の持分，**敷地利用権**の持分も買ったことになり，それが一体で登記されます。専有部分と共用部分と**敷地利用権**は切り離せず，専有部分を売買すると，共用部分と敷地利用権がもれなく付いてくる関係があります。建物と敷地を別に処分することを難しくする，あるいはできないようにしているのが区分所有法で，わが国では**登記**制度と連動し，敷地利用権の分離は原則起こらないことにしています。

　○区分所有法 22 条 1 項
　　敷地利用権が数人で有する所有権その他の権利である場合には，区分所有者は，その有する専有部分とその専有部分に係る敷地利用権とを分離して処分することができない。ただし，規約に別段の定めがあるときは，この限りでない。

■昭和 58 年より前のマンションは要注意！

　上記は現在供給されているマンションの原則ですが、問題は、区分所有法が改正され、土地と建物が一体の登記制度が導入された昭和 58 年以前に供給されたマンションです。土地と建物が一体登記されていない。したがって、建物の所有権者と土地の所有権者が一致していない、建物の専有面積の広さに応じて土地の持分となっていない等があります。こうした事例は再生時にどのように各自の不動産価値を評価するかが大きな課題になっています。

●マンションの登記の例

[マンションの専有部分の登記簿]

専有部分の家屋番号	1234-5-101 ～ 1234-5-103				
表　題　部 (一棟の建物の表示)		調製	余白	所在図番号	余白
所　在	○○区○○一丁目 1234 番地 5		余白		
建物の名称	SAITO マンション		余白		
① 構　造		② 床 面 積 m²		原因及びその日付 [登記の日付]	
鉄骨造陸屋根 3 階建		1 階　160：22 2 階　145：13 3 階　145：13		[平成 25 年 5 月 6 日]	

表　題　部 (敷地権の目的である土地の表示)					
①土地の符号	②所在及び地番		③ 地　目	④ 地　積 m²	登記の日付
1	○○区○○一丁目 1234 番 5		宅地	1541：76	平成 25 年 5 月 6 日

表　題　部 (専有部分の建物の表示)			不動産番号	1040000032654
家屋番号	○○一丁目 1234 番 5 の 101		余白	
建物の名称	101		余白	
① 種　類	② 構　造	③ 床 面 積 m²	原因及びその日付 [登記の日付]	
居宅	鉄骨造 1 階建	1 階部分　150：55	平成 25 年 5 月 4 日新築 [平成 25 年 5 月 6 日]	

表　題　部 (敷地権の表示)				
①土地の符号	②敷地権の種類	③敷地権の割合	原因及びその日付 [登記の日付]	
1	所有権	10000 分の 3455	平成 25 年 5 月 4 日敷地権 [平成 25 年 5 月 6 日]	
所有者	○○区○○三丁目 3 番 3 号○○建物株式会社			

権　利　部 (甲区) (所有権に関する事項)			
順位番号	登記の目的	受付年月日・受付番号	権利者その他の事項
1	所有権保存	平成 25 年 8 月 1 日 第 34567 号	原因　平成 25 年 5 月 20 日売買 所有者　○○区○○四丁目 4 番 4 号 　　　　○　○　○　○

権　利　部 (乙区) (所有権以外の権利に関する事項)			
順位番号	登記の目的	受付年月日・受付番号	権利者その他の事項
1	抵当権設定	平成 25 年 8 月 1 日 第 772 号	原因　平成 25 年 8 月 1 日金銭消費貸借同日設定 債権額　金 4,000 万円 利息　年 2・60％ (年 365 日日割計算) 損害金　年 14・5％ (年 365 日日割計算) 債務者　○○区○○一丁目 1234 番地 5 抵当権者○○区○○二丁目 3 番 4 号 　　　　株　式　会　社　○　○　銀　行 　　　　(取扱店　○○支店)

☞　マンションの表題部にはマンション全体 1 棟の建物全体を示す「1 棟の建物表示」と「専有部分の建物表示」があり、専有部分には甲区 (所有権保存、所有権移転、所有権に関する仮登記、処分制限の登記、所有権変更、買戻特約など) と乙区 (地上権、先取特権、質権、抵当権等) の内容が記載される。

基礎用語 6

 Q. 超高層マンションとは？　　　　【マンションって何？】

A. 超高層マンションとは，地上20階以上のマンションのことである。

[解説]

■超高層マンションとは？
　超高層マンションは，一般的には，高さ60m以上におおむね該当する，地上20階以上のマンションを指します。建物の高さに注目したマンションの分類で，建築学では，低層とは地上1～3階建て，中層とは4～5階建て，高層とは6階以上，超高層を20階以上としています。これは，高さが60mを超える建築物にはそれより低い建物とは異なる構造の基準が求められ（建築基準法20条1号），60mは，おおむね20階になるからです。

■超高層マンションの特徴
《法で規定された設備等》
　建物の高さが高くなると，建物そのものの安全性や，建物の利用者・居住者の安全性確保や都市に与える影響から，建設時から，建築基準法（構造面），消防法（防災センター，スプリンクラー設備の設置，非常用エレベーターの設置，自家発電設備の設置等），航空法（60m以上の高さの建物には航空障害灯の設置），地方自治体の条例等の規定があり，多様な設備や施設を持つことになります。

《高さ・戸数・棟数》
　超高層マンションはより高層化し，1マンション当たりの総戸数は平均で375.5戸，2棟以上の団地型は約3割，階数が高くなるほど総戸数が多くなります。

《豊かな共用施設・生活サービス》
　多様かつ大量の施設・設備（例えば，非常用エレベーター，防災センター，機械式車庫，ディスポーザー，ゴンドラ，ヘリポートスペース，航空障害灯，自家用発電機，電波障害施設）に加え，ロビーラウンジ，ゲストルーム，宿泊施設，パーティールーム，料理室，店舗，キッズルーム等があることが多いです。また，24時間のコンシェルジュサービス，コンビニ等の店舗経営

等の率が高いことから，緊急に現地での即座な対応かつ専門性の高い業務への対応力，判断力，さらに施設の有効利用，稼働率を上げるための経営能力が管理上必要になります。

■**超高層マンションの管理上の課題**

　超高層マンションでは，住戸面積が幅広く，多様な区分所有者層，さらに費用負担金の額に幅が出てきます。共用施設等の経営，特に駐車場の空き増加が最も多い課題です。他には，戸数が多くなると，全体として区分所有者の管理への関心の低さ，総会出席率の低下，理事のなり手不足，管理費の滞納，将来の修繕費用不足等が挙げられます。

●超高層マンションの高さ（階数）

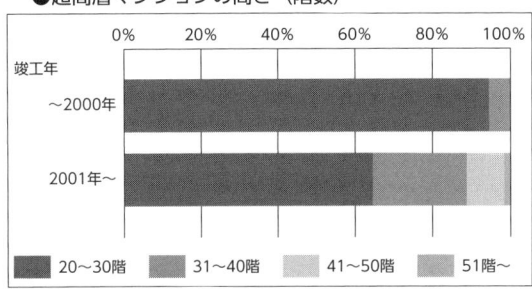

○新しいものはより高くなっている。また，1つのマンション内での住戸専有面積差が大きく，面積差が「39m^2 以下」が約1割，「160m^2 以上」も約1割あり，約8割では「40〜159m^2」の開きがあり，かなり幅広い。

＊左と下の図は，首都圏超高層マンション全調査（2011年8月実施）より。

●超高層マンションの管理上の問題（複数回答）

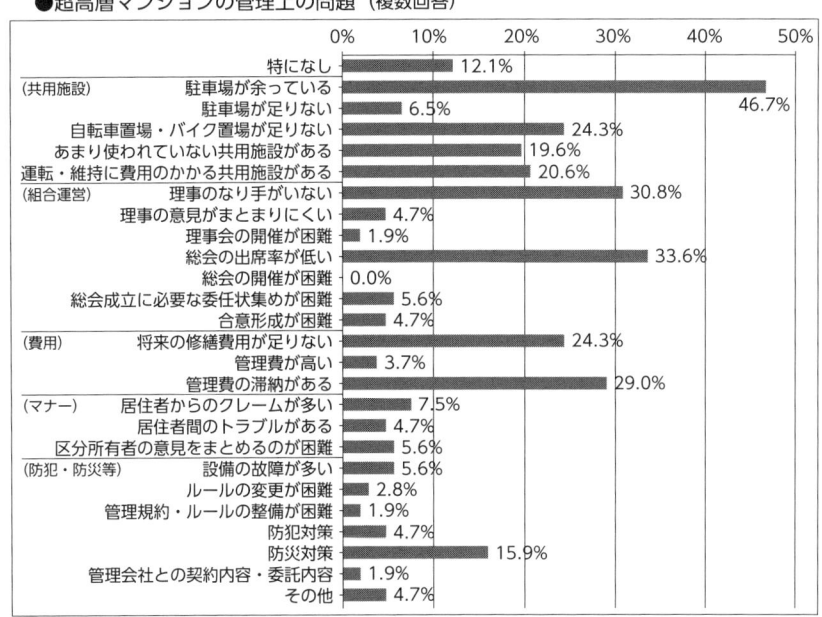

基礎用語 7

Q. 管理組合とは？　　　　　　　　　【マンション管理はどう進めるの？】

A. 管理組合とは，区分所有者全員による管理のための団体である。

[解説]

■管理組合とは？

　マンションの管理は，区分所有者が全員で協力して行う必要があります。そのため，区分所有法3条で「管理を行うための団体」を当然成立としています。区分所有の建物の場合，区分所有関係が成立した瞬間から法的には団体が存在することになります。この団体は，全ての区分所有者（各住戸の所有者，マンションを買った人）で構成されます。管理を行うための団体は，多くのマンションでは**管理組合**と呼ばれています。

●区分所有法3条より

> 区分所有者は，全員で，建物並びにその敷地及び附属施設の管理を行うための団体を構成し，この法律の定めるところにより，集会を開き，規約を定め，及び管理者を置くことができる。
> 管理を行うための団体（当然成立）＋規約，集会，管理者等を整備 ⇨ 管理組合

■なぜ，管理組合が必要か？

　管理組合はマンションを適正に維持・管理し，そこで居住者がお互いに快適な生活をするために，なくてはならないものです。区分所有法はマンションだけを対象としているわけではありません。ゆえに，マンションの管理組合の業務を細かく規定していませんが，実際に求められる管理組合の仕事には次のものがあります。

　管理組合の仕事の第1に，**維持・管理（メンテナンス）**の側面があります。マンションの共用部分である廊下や階段，エレベーター，駐車場，バイク置場，駐輪場，集会所等の日常的な清掃，設備の点検・修繕等です。また，マンションを長持ちさせるには，長期にわたり計画的に修繕をする必要があります。そのためには長期修繕計画を立て，それに基づいて修繕を行います。外壁や屋上防水，設備の取替工事などの大規模修繕をすることも必要です。

さらには，専有部分のリフォームのコントロールがあります。専有部分は各区分所有者が所有していますが，勝手なリフォームを許すと，上下階で音のトラブルが発生したり，建物自体を傷めることにもなりかねません。そこで専有部分のリフォームのコントロールも管理組合の仕事となります。

第2に，**生活管理（コミュニティライフ）**の側面，ライフコントロールとコミュニティ・ディベロップメントがあります。マンションでは，ペットの飼育の問題やピアノなど近隣間の音の問題，路上駐車の問題など，共同生活に関わる問題が多くあります。国土交通省が行うマンション総合調査（平成20年度実施）結果をみても，「居住者間のマナー」によるトラブルが最も多いです。これらの問題は，実際に生活すると深刻な問題であり，かつ解決しにくい問題でもあり，時には裁判にまで発展します。しかし，たとえ裁判をしても簡単に解決できるものではありません。そこで，トラブルが発生しないようにルールをつくり，遵守を促す活動を行うことになります。また，官公署や町内会との渉外業務，風紀・秩序及び安全の維持に関する業務，防災に関する業務，広報及び連絡業務などもあります。

第3に，**運営管理（マネジメント）**の側面，組織の運営と共用施設の運営があります。建物をメンテナンスし，共同生活のルールを決めるため，必要な話合いをする，必要なお金を集める，そのお金を運営する等，組織の経営的な管理も必要です。また，共用施設の運営も行います。

●区分所有法が想定している管理を行うための団体の業務
- 共用部分の保存・管理・変更　・復旧・建替え
- 共同の利益に反する行為の停止，使用禁止，競売の請求，占有者への引渡請求
  ⇩　現実に求められる管理組合の業務
◆標準管理規約による　管理組合業務
　○維持管理の側面
- 敷地や共用部分等の保安・保全・保守・清掃・消毒及びごみ処理，修繕，変更と運営
- 長期修繕計画の作成・変更，管理　・建物の建替えに係る合意形成に必要となる事項の調査
- 設計図書の管理，修繕等の履歴情報の整理及び管理等　・専用使用部分の共同管理
　○生活管理の側面
- 専用使用部分についてのルールやその運営　・風紀，秩序及び安全の維持
- 防災対策　・官公署，町内会等との渉外業務　・広報及び連絡業務
- 地域コミュニティにも配慮した居住者間のコミュニティ形成等
　○運営管理の側面
- 上記項目の運営及び修繕積立金の運用　・共用部分等に係る火災保険その他の損害保険
- 管理組合の消滅時における残余財産の清算等
　○その他組合員の共同の利益を増進し，良好な住環境を確保するために必要な業務

☞　どのマンションでも管理を行うための団体は法的には存在するが，実質的に機能していない場合もある。

基礎用語 8

  Q. 管理組合と自治会の違いは？【マンション管理はどう進めるの？】

A. 管理組合は全員参加の所有者団体，自治会は任意参加の居住者団体である。

解説

■管理組合と自治会の違いは？

　管理組合と自治会とは違います。管理組合は区分所有者により構成されるため，マンションを買ってそこに住んでいない人，これを「不在所有者」，「不在オーナー」，「外部所有者」と呼びますが，この人たちも管理組合の構成員となります。それとは別に，居住者の集まり，居住者の団体として「**自治会**」や「**町内会**」，「**町会**」という組織がありますが，これは任意の団体です。

　マンションで全ての所有者がそこに住んでいる場合には，所有者すなわち居住者となり，管理組合と自治会，この２つの団体の構成員は同じになります。しかし，賃貸に使われる住戸が増えると，構成員にずれが生じてきます。また，この２つの組織の目的も違います。

●管理組合と自治会の違い

	構成員	加入	加入の根拠法	定　義
管理組合	区分所有者	強制	区分所有法	管理を行うための団体（区分所有法３条）区分所有者の共同の利益を増進し，良好な住環境を確保する（標準管理規約１条）
自治会	居住者	任意	なし	町又は字の区域その他市町村内の一定の区域に住所を有する者の地縁に基づいて形成された団体で，地域的な共同活動を行う（地方自治法260条の２）

■実際のマンションにおける管理組合と自治会の関係

　実際のマンションでは，両組織の関係には，大きく３つのタイプがあります。１つ目は管理組合とは別にマンション内で自治会をつくるタイプ，２つ目には管理組合が地域の自治会に団体で加入する場合，３つ目はマンション内では自治会をつくらず，各自で地域の町内会に加入するタイプです。

1つ目のタイプで自治会と管理組合が別々の組織の場合，自治会の会長と管理組合の理事長に同じ人がなる，理事会の副会長が自治会の会長になるなどの役員の兼任や，合同会議で意見や情報の交換を行って2つの組織の間で交流を図る場合があります。どのような組織形態であれ，両組織間の協力体制を整備することが必要です。

■地域との関係

問題は上記の2つ目のタイプです。地域からすれば，マンションができるのであれば，ぜひマンションごと地域の自治会・町内会に入ってほしいと考えることが多くなっています。地域からみれば，高齢化が進んだ地域の活性化にもなり，地域のルールがマンション住民に伝わる機会となり，会費が入り，収入も増加するからです。そこで，自治体でも積極的にそれを奨励しているケースがあります。しかし，管理組合の管理費から地域の町内会費を支払うのは問題があると法的には解釈されています（第2部Q23参照）。本来の違いを理解し，組織と費用の流れを整備することが必要です。

●管理組合と自治会の役割

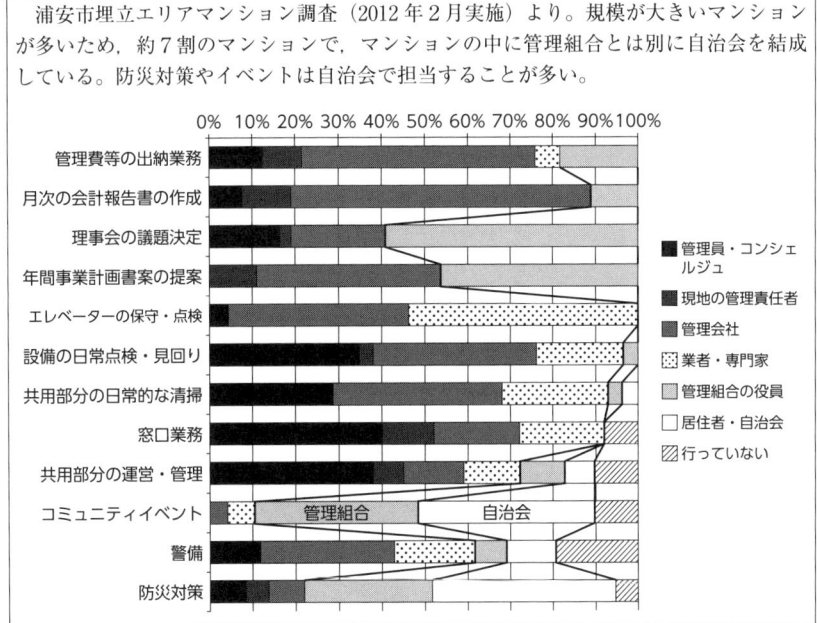

浦安市埋立エリアマンション調査（2012年2月実施）より。規模が大きいマンションが多いため，約7割のマンションで，マンションの中に管理組合とは別に自治会を結成している。防災対策やイベントは自治会で担当することが多い。

☞ 管理組合と自治会の違いを明確に理解した上で，活動に取り組む必要がある。

基礎用語 9

Q. 管理規約とは？　　　　　　　　【マンション管理はどう進めるの？】

A. 管理規約は，区分所有者相互の契約で管理組合の最高の自治規範である。

解説

■管理規約とは？

　マンション管理の基本の進め方は区分所有法に従います。しかし，区分所有法はマンションだけを対象としているのではなく，例えば，業務用のビル，倉庫などでも区分所有である場合には適用されます。また，2戸のマンションでも1,000戸のマンションでも同じ法律が適用されます。そのため，あまり細かいルールをこの法律で決めておくわけにはいきません。どのマンションにも，そして，マンション以外の区分所有の不動産全てに適用できるように所有や管理に関する最低限のルールだけがこの法律で定められています。

　それでは，個々のマンションで「ペットを飼ってはいけない」，「事務所にしないでください」，「管理費と修繕積立金はこんなふうに負担しましょう」といったルールを決めておくものは何でしょうか。これが**管理規約**です。

■区分所有法と管理規約の関係

　管理規約は必ず決めなくてはならないものではありません。区分所有法3条に「規約を定め，及び管理者を置くことができる」とあります。これは，小規模なマンションでは規約がなくてもその都度住民で話し合うことが可能だからです。しかし，実際には約99％のマンションで規約を持っています。

　また，管理規約で何でも決められるわけではなく，区分所有法の規定に反する内容は無効です。つまり，区分所有法の内容には，集会の決議や規約をもっても変えることができない「**強行規定**」と，規約や集会で決められる「**別の定め**」の項目があります。区分所有法に書いていないことや，「区分所有法では原則……であるが，規約で別の定めをしてもよい」という項目については，規約で区分所有法の内容と別の内容にすることができます。

■管理規約の有効性

　管理規約は現実に即していないと意味がありません。マンションにはいろいろな人が住んでいますが，「あの人はいい」，「この人はだめ」などの判断はできません。そこで，規約の内容にその人の行動が適合しているかどうかが裁判において重視されます。例えば，平成8年7月5日東京地判（判時1585号43頁）は，ペットの飼育に関する裁判ですが，この裁判では，ペット飼育による実害があるか否かではなく，区分所有者の行動が管理規約等のルールに適合しているかどうかが判断基準となりました。

■管理規約の改正

　居住者の生活要求に沿った，実態に合った規約が必要です。ときには見直し，改正が必要となります。規約改正には，区分所有者及び議決権の各4分の3以上の多数による議決が必要です。改正時に参考にできるものとして，**マンション標準管理規約**（基礎用語10参照）があります。標準管理規約は1つのモデルであり，コメントを理解し，各マンションに合った規約に作りかえる作業が必要です。

　現実には，管理規約の内容を改正することは簡単ではありませんので，原始規約（はじめの規約）の時点で，管理規約が適正であるかどうかをチェックすることが必要です。しかし，日本には行政等によるそのような仕組みがありませんので，消費者自身が行うことが必要です。

☞　原始規約が重要であり，入居後すぐあるいは入居前に区分所有者による勉強会を実施することが望ましい。なお，原始規約は分譲時に全区分所有者の書面による合意で成立している。

●規約の実態

○規約の整備状況（平成20年度マンション総合調査より）
- 規約の整備 99.0%　改正経験がある 59.3%（そのうち，過去3年以内に改正したのは約7割）

○規約に入っている条文で　有効性が問われる例
- 賃貸にすることを禁止する（目的：投資目的等の悪質な賃貸人，賃借人の排除）
　⇒個人の財産権を侵さないかという問題がある
- 必ず特定の会社を通じて売買する（目的：管理情報を適正に開示する会社への誘導）
　⇒個人の財産権を侵さないかという問題がある
- 必ず地元町内会に加入する（目的：地元との協力体制づくり）⇒任意参加のはずの町内会に強制加入を促す
- 特定の住戸だけが管理費が安い（目的：元地主等に有利に設定）⇒管理の衡平性が維持できない
- 特定の人のために共用部分が使われる（目的：元地主等に有利に設定）
　⇒管理の衡平性が維持できない（例えば，無料で屋上に看板を出させる等）

○原始規約の設定はその後のマンションの方針・方向に大きな影響を及ぼす
　　原始規約の不備，不正のために，その是正に悩まされたマンションは少なくない。（高島平マンション事件等）こうした事件を背景に，2002年の区分所有法の改正で以下の規定が新たに設けられた。
　　「……専有部分若しくは共用部分又は建物の敷地若しくは附属施設（建物の敷地又は附属施設に関する権利を含む。）につき，これらの形状，面積，位置関係，使用目的及び利用状況並びに区分所有者が支払った対価その他の事情を総合的に考慮して，区分所有者間の利害の衡平が図られるように定めなければならない（30条3項）。」

基礎用語 10

 Q. マンション標準管理規約とは？
【マンション管理はどう進めるの？】

A. マンション標準管理規約とは，管理規約の1つのモデルである。

[解説]

■マンション標準管理規約とは？

　マンション管理規約は，そのマンションの区分所有者相互の契約となりますが，それが適正であるか否かは，一般消費者はなかなか判断しにくいものです。規約にある条項によって将来起こりうる問題を予想することは困難です。そこで，マンションの管理運営の衡平性・合理性・計画性・継続性等を考慮した上で作成された標準版の管理規約としてマンション標準管理規約があります。この規約には，1棟のマンションを対象とした**単棟型**，2棟以上のマンションの場合には**団地型**，1階に店舗がある場合の**複合用途型**があります。なお，マンション標準管理規約には法的な拘束力がありません。管理組合がマンションの実態に応じて規約を制定，変更する際の参考とするものです。しかし，現実には標準管理規約におおむねは準拠している事例が約9割です（平成20年度マンション総合調査結果）。

○団　地
　区分所有法などのマンション管理における「団地」とは，区画内に数棟の建物があり，土地又は附属施設がこれらの建物の所有者により共有の場合をいう。

■団地型管理規約の特徴

　団地型マンションでは，1棟内の管理上の権利・義務の調整だけでなく，複数棟間の管理上の権利・義務の調整が必要になってきます。
　例えば，1棟に400戸がある超高層のマンション（A棟）と，1棟で6戸の低層3階建てマンション（B棟）があり，この2棟で集会所を使い，敷地を共有し，団地を形成する場合に，A棟のエレベーターが故障したとします。規約では決まっていない場合，その修繕費用を誰が負担するのか。B棟の人はエレベーターを全く使っていないから，費用を負担したくない。しかし，多数決にすると，A棟の人が多く，A棟とB棟の全員で負担することに決ま

る可能性があります。

　こうした状況を踏まえ，標準管理規約の団地型では管理を2段階構成で進める考え方をとっています。つまり，棟のことは棟内で話し合って費用負担も行い，全体のことはA棟とB棟が協力し，全体で話し合って費用負担もするという考え方です。そのため，総会は団地総会と棟の総会の2段階構成になります。

　　○団地型管理規約
　　団地共用部分と棟共用部分を持つ。
　　費用負担：管理費は各棟のものは各棟の持分に応じて，団地レベルは土地の共有持分に
　　　　　　応じて。団地修繕積立金と各棟修繕積立金を区別する。
　　総　　会：団地総会の議決権は土地の持分割合，棟総会の議決権は棟共用部分の共有持
　　　　　　分割合

■複合用途型管理規約の特徴

　1階に店舗があり2階以上が住居部分というように，1つの建物に複合の用途がある場合も，基本的には2段階構成をとります。店舗のことは店舗部会で，住宅部分は住宅部会で話し合う。しかし，それぞれは部会であるため，部会で話し合ったことを管理組合で話し合うことになります。

　　○複合用途型管理規約
　　費用負担：管理費は，全体管理費，住宅一部管理費，店舗一部管理費
　　　　　　　修繕積立金は，全体修繕積立金，住宅一部修繕積立金，店舗一部修繕積立金
　　部　　会：店舗部会と住宅部会。ここでは，総会のような意思決定はしない。

●団地型と複合用途型

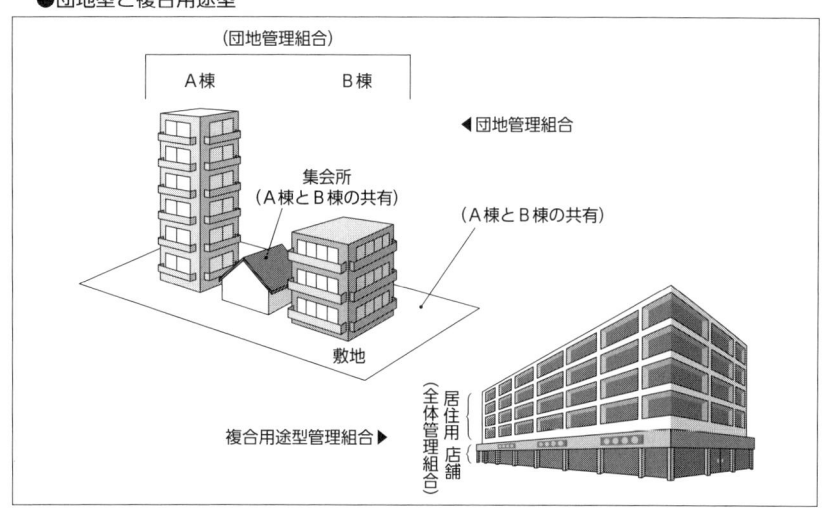

基礎用語 11

Q. 団地型の管理組合とは？　【マンション管理はどう進めるの？】

A. 団地型の管理組合とは，2棟以上の建物があるマンションの管理組合である。

解説

■団地型の管理組合とは？

　区分所有のマンションが2棟以上ある場合は「団地型」と呼ばれ，その管理組合の運営方法は，多様な所有形態の設定があり，それに応じて設定されていますが，実態として大きく次の3つの方法があります。

Ⅰ（全体型）　団地管理組合のみで対応。棟別管理組合という考え方がない。会計は基本的には団地全体で1つであるが，積立金には棟別会計がある。標準管理規約の団地型の考え方。なお，積立金に棟別会計がない場合もある。

Ⅱ（棟型）　棟別の管理組合のみで対応。団地全体という考え方がない。会計も団地全体という考え方がなく，基本は棟別で，団地全体で必要なときは棟別で集めて全体で使う。

Ⅲ（全体＋棟型）　棟別管理組合で対応し，団地全体所有の部分のみ，団地全体で話し合い，会計は団地全体と棟別がある。例えば，団地全体で使える集会所に関することのみ団地管理組合で対応する。なお，団地管理組合で管理範囲を所有部分に限定せず，規約で広げている場合もある。

■団地型管理組合の運営

　団地建物所有者は，その共有する団地内の土地又は附属施設を共同で管理するために当然団体を構成します。この考え方は単棟型と同様です。管理の対象物は，団地内の土地，附属施設及び専有部分のある建物の共有であるものです。また，右図の《ケース3》のように規約で共有ではない団地内の土地，附属施設及び専有部分のある建物を管理対象物にできます。ゆえに，団地管理組合の役割を規約で定めることができます。規約，集会，管理者の考え方も単棟型と同じです。

　なお，例えば全体で1,000戸のマンションでも，単棟型と同様に団地管理

組合の集会では全員が参加することになります。

　○区分所有法65条
　　一団地内に数棟の建物があつて，その団地内の土地又は附属施設（これらに関する権利を含む。）がそれらの建物の所有者（専有部分のある建物にあつては，区分所有者）の共有に属する場合には，それらの所有者（以下「団地建物所有者」という。）は，全員で，その団地内の土地，附属施設及び専有部分のある建物の管理を行うための団体を構成し，この法律の定めるところにより，集会を開き，規約を定め，及び管理者を置くことができる。

■被災復興上の取扱い

　日常的にⅠ（全体型）の体制を取る団地管理組合で棟の集会，棟の修繕の費用が用意されていない場合に，被災した際に意思決定や費用負担でもめることがあります。それは，復興の意思決定や費用負担はあくまで棟単位で行うことになるからです。なお，このように団地管理に準用されず棟単位で行うものとして敷地利用権，義務違反者に対する措置，復旧及び建替えがあります。

●団地型マンションの事例

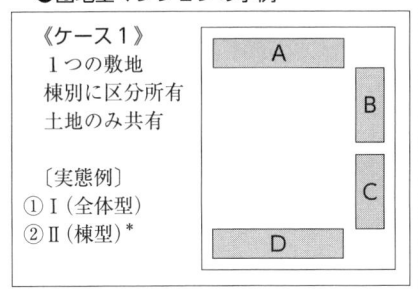

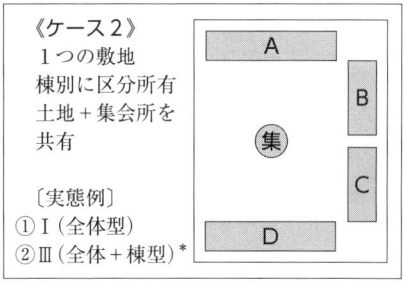

《ケース1》
1つの敷地
棟別に区分所有
土地のみ共有

〔実態例〕
①Ⅰ（全体型）
②Ⅱ（棟型）*

《ケース2》
1つの敷地
棟別に区分所有
土地＋集会所を共有

〔実態例〕
①Ⅰ（全体型）
②Ⅲ（全体＋棟型）*

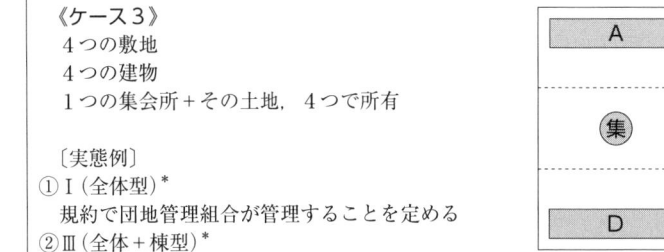

《ケース3》
4つの敷地
4つの建物
1つの集会所＋その土地，4つで所有

〔実態例〕
①Ⅰ（全体型）*
　規約で団地管理組合が管理することを定める
②Ⅲ（全体＋棟型）*

＊印は一括建替えができない。将来にそなえて1つの土地にするには，全員で1つの土地にし，団地管理組合の規約で団地内の建物が管理の対象とされていることが必要である（区分所有法68条）。よって，ケース2の②の場合，規約で規定し通常の管理も団地管理組合で対応する場合は，可能である。

基礎用語 12

Q. 総会とは？　　　【マンション管理はどう進めるの？】

A. 総会とは，区分所有者全員による管理の方針決定の場である。

[解説]

■総会とは？

　マンションでは，大事なことは区分所有者全員が集まる**集会**で方針を決めます。区分所有法で「集会」といわれているものは，現実の組合運営では「**総会**」と呼ばれています。総会で決まったことは**規約**に書いてあることと同じ効力を持ちます。つまり，総会に参加して議決権を行使し，賛成した人だけでなく，反対した人も，また，その日参加しなかった人，所有権はないけれどそこに住んでいる人，これから住む人も，総会で決まったことには従う必要があります。ですから，総会には区分所有者は全員参加する権利を持ち，**議決権**を持ち，議案の決定に直接かかわる仕組みになっています。このように，マンションの管理は，区分所有者による**直接参加の民主主義**の制度になっています。

■総会の開き方は？

　マンションでは，最低年1回は**総会**を開くことになっています。総会は必ず年に1回招集することが管理者（基礎用語16参照）に義務付けられています。総会の招集は管理者が行います。通知は遅くても1週間前にする必要があります。また，招集を管理者が行わない場合等は，区分所有者の5分の1以上の者で発起し，招集を請求できます。請求されると，管理者は招集する手続を行う必要がありますが，2週間以内に請求の日から4週間以内の日を会日とする集会の招集の手続がなされない場合は，招集を請求した区分所有者が招集することができます（区分所有法34条3項・4項）。

■総会の成立は？

　総会がどうすれば成立するのか，何人参加すると成立するのかといった規定は区分所有法には特にありません。規約に「議決権総数の半数以上を有する組合員が出席すること」を成立要件としている場合がみられます。この出

席には，代理による議決権の行使（いわゆる「委任状」による）や書面による議決権行使（議決権行使書）も含まれます。そこで，委任状等の取扱いが重要になってきます。

●関連判例

《白紙委任状を総会議長に一任とし，賛成票として扱ったことが有効となった事例》

横浜地判平成3年12月12日（判時1420号108頁）マンション管理センター通信1992年3月号・判例のひろば14

26戸の分譲マンションで，マンションの分譲会社は規約に「ペットの飼育禁止」規定はなく，分譲をした。その後，管理会社が入居前に「入居案内」を全入居者に配布し，その中に「動物の飼育はトラブルの最大の原因ですので一応禁止されています」との記載があった。そこで，管理組合は臨時総会で規約を改正し，居住者は犬，猫，小鳥等のペット，動物類の飼育を禁止する規約を新設しようとした。その際，規定改正に賛成した22人のうち，13人は白紙委任状によって議決権の行使を委任していた。そして，規約改正が成立したものとして管理組合の管理者は犬の飼主に飼育禁止を求めて訴えを提起した。

争点は，①白紙委任状の取扱い，②既に飼育していた人は利害関係者となり，承諾が必要ないのか，規約改正が有効になれば既にペットを飼育していた人にも及ぶのかである。①に関しては「有効である」と判断され，②については，既に飼育していた人の承諾はなく「有効」で，ペット飼育禁止は既に飼っている人にも及ぶとしている。

なお，こうした事件が起こったそもそもの原因は，分譲会社が明確にペット飼育に関する規定を設けていなかったことが大きい。

●総会の招集，総会の成立

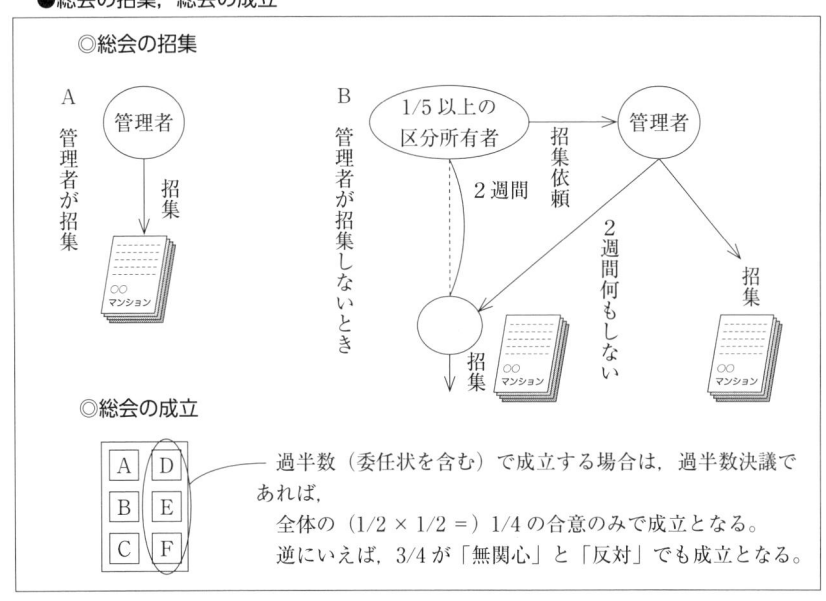

◎総会の招集

A 管理者が招集
管理者 → 招集 → ○○マンション

B 管理者が招集しないとき
1/5以上の区分所有者 → 招集依頼 → 管理者
2週間
管理者が2週間何もしない → 招集 → ○○マンション
1/5以上の区分所有者 → 招集 → ○○マンション

◎総会の成立

[A][D]
[B][E]
[C][F]
（D・E・Fが丸で囲まれている）

― 過半数（委任状を含む）で成立する場合は，過半数決議であれば，
　全体の（1/2 × 1/2 =）1/4の合意のみで成立となる。
　逆にいえば，3/4が「無関心」と「反対」でも成立となる。

基礎用語 13

Q. 総会での議決権は？ 【マンション管理はどう進めるの？】

A. 総会での議決権の割合は，通常は各住戸の専有面積割合である。

解説

■総会での議決権は？

　総会で決めましょう。「半分以上の人が賛成ですから，この議案は承認されました」とはいかないことがあります。議決権は必ずしも1住戸1票ではありません。マンションの規約で規定することになりますが，特に規定されていない場合は区分所有法の規定に従い，議決権は専有部分の床面積の割合に応じます。例えば，50m² 住戸の区分所有者と100m² 住戸の区分所有者では議決権の割合は1：2となります。ただし，決議する際には，「区分所有者及び議決権」ですので，区分所有者の数をカウントすることも必要です。

　　○区分所有法
　　第38条　各区分所有者の議決権は，規約に別段の定めがない限り，第14条に定める割合による。
　　第14条　各共有者の持分は，その有する専有部分の床面積の割合による。
　　2　前項の場合において，一部共用部分（附属の建物であるものを除く。）で床面積を有するものがあるときは，その一部共用部分の床面積は，これを共用すべき各区分所有者の専有部分の床面積の割合により配分して，それぞれその区分所有者の専有部分の床面積に算入するものとする。
　　3　前二項の床面積は，壁その他の区画の内側線で囲まれた部分の水平投影面積による。
　　4　前三項の規定は，規約で別段の定めをすることを妨げない。

■総会に出席できる人は？

　総会に出席できる人は，区分所有者は当然ですが，その他に，区分所有者の承諾を得て専有部分を占有する者（賃借人，親，知人の家に住んでいる人，会社所有の住戸に住む社員等）は，会議の目的たる事項につき利害関係を有する場合には，集会に出席して意見を述べることができます（区分所有法44条）。

　なお，占有者は，出席はできますが，議決権はありません。その他に規約で定め，理事会が認めた人として管理会社や管理員，マンション管理士などが出席する場合があります。

■書面又は電磁的方法による決議と記録の保管

　区分所有者全員の承諾がある場合は，書面又は電磁的方法による決議を行うことができます（区分所有法45条）。集会の議事については，書面又は電磁的記録により，議事録を作成しなければなりません（同法42条）。また，保管は管理者が行い，利害関係者の請求があったときは，閲覧を拒んではいけません（同法42条，33条）。

●総会の進め方（条文は区分所有法）

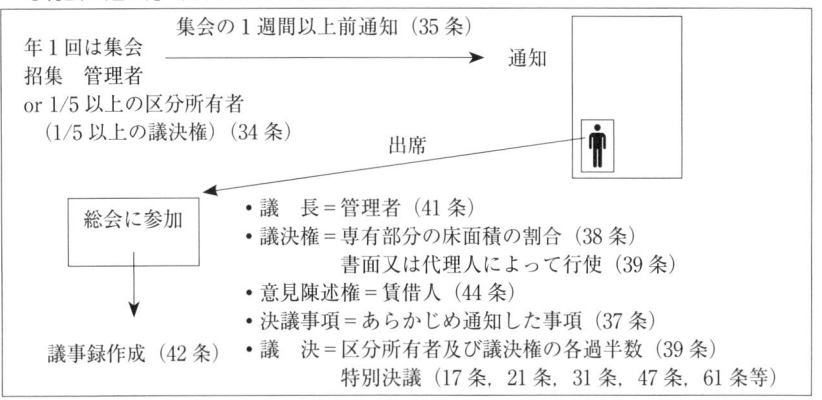

```
年1回は集会        集会の1週間以上前通知（35条）
招集　管理者       ──────────────→ 通知
or 1/5以上の区分所有者
（1/5以上の議決権）（34条）
                        出席
  総会に参加 ←──────────
       │        ・議　長＝管理者（41条）
       │        ・議決権＝専有部分の床面積の割合（38条）
       ↓                　　書面又は代理人によって行使（39条）
  議事録作成（42条） ・意見陳述権＝賃借人（44条）
                   ・決議事項＝あらかじめ通知した事項（37条）
                   ・議　決＝区分所有者及び議決権の各過半数（39条）
                         　　特別決議（17条，21条，31条，47条，61条等）
```

●議決権が問題となった事例

《規約改正困難事例》
　Aマンションは等価交換によるマンションで，元地主が4分の1以上の住戸を保有している。元地主の住戸の管理費は必要ない，あるいは元地主は駐車場を永遠に無料で使える，あるいは屋上にある元地主の営業用看板を管理組合でメンテナンスする等が規約に書かれている。こうしたことがあって，規約を衡平なものに改正しようとしても，元地主の持分が議決権の4分の1以上あり，改正が困難な例がある。なお，こうした場合に，規約の改正において元地主の承諾が必要か（特別の影響を及ぼすか否か）という点については，ケースによる。

《建替え事例》
　Bマンションは長年建替えを検討している。しかし，元分譲会社及びその関係者で議決権の5分の1以上に当たる住戸を保有しているため，建替え決議が成立しない。1人の大口所有者の存在のために，建替えがなかなかできない事例である。

●議決権割合が問題となった事例

　総床面積の半数以上を持っていたCさんがいるマンションでは，原始規約では「集会の議事は議決権の過半数で決する」との規定があり，実質的にCさんが管理組合総会運営を意のままにできる可能性があった。そこで，管理組合は「1住戸につき1議決権」とする規約に改正した。しかし，Cさんはその規約改正が有効ではないとし，裁判となった。結果，規約改正は有効ではないが，原始規約も無効であるとし，「集会の議事は区分所有者及び議決権の過半数」が必要であるとした。区分所有者の数が入ったことで，「運営を意のまま」は回避できることになる（福岡高判平成4年7月30日）。

基礎用語 14

Q. 普通決議・特別決議とは？　【マンション管理はどう進めるの？】

A. 普通決議は過半数の賛成で，特別決議は4分の3以上，建替え決議は5分の4以上の賛成がいる。

解説

■**総会で決議すべきこと**
　総会で決議をすべき項目にはどのようなものがあるでしょうか。区分所有法でみてみましょう。
- 共用部分の変更（17条）
- 共用部分の管理に関する事項（18条）
- 区分所有者の共有に属する敷地・附属施設の変更，管理（21条）
- 管理者の選任（25条：規約に別段の定めがない場合は集会の決議で選任）
- 管理者が原告又は被告に（26条：規約又は集会の決議）
- 規約の設定，変更又は廃止（31条）
- 規約等の保管者の選任（33条，42条，45条：管理者が保管。管理者がいない場合は規約又は集会の決議）
- 集会での議長（41条：別段の決議をする場合）
- 管理組合法人の成立と解散（47条，55条）
- 管理組合法人の理事等の選任，解任，任期（49条，50条，25条：集会の決議）
- 義務違反者に対する措置（57条，58条，59条，60条：集会の決議）
- 復旧・建替え（61条，62条，70条）

　こうしたものをベースに，実際の管理組合の運営では，**通常総会**で1年間の事業報告，会計報告をはじめ，次年度の事業計画・予算案を審議し，理事の交代などを決めます。臨時に集まる必要がある場合には，**臨時総会**を開きます。

■**普通決議，特別決議とは？**
　総会での決議には，**普通決議事項**と**特別決議事項**があります。次年度の事業計画・予算案等は，管理に関する事項で，普通決議事項です。マンション管理の大きな方針，特に方針変更に関わること，例えば共用部分の変更，敷地や附属施設の変更，**規約の改正**，**管理組合法人**にする等は，特別決議事項になります。普通決議事項は過半数，特別決議事項は4分の3以上の区分所有者と議決権の多数の賛成が必要です。なお，建替えは5分の4以上の区分

所有者と議決権の多数の賛成が必要です。総会で決議できるのはあらかじめ通知したことのみです（区分所有法37条）。

●決議の内容

普通決議事項	収支決算と事業報告 収支予算と事業計画 理事・監事の選任又は解任，役員活動費の額及び支払方法 管理会社の変更，管理業務の委託契約等の更新や変更 管理費等の金額の決定や変更，賦課徴収方法 （規約に金額が定めてある場合は規約の変更になるので4分の3以上） 使用細則の制定及び変更や廃止 長期修繕計画の作成・変更 資金の借入れや修繕積立金の取崩し 建物の建替えにかかわる計画又は設計等の経費のための積立金の取崩し 修繕積立金の保管及び運用方法 専有部分の共同管理 義務違反者への停止の請求（区分所有法57条）
特別決議事項 区分所有者数及び議決権数の各4分の3以上	共用部分の変更（区分所有法17条1項） 　その形状又は効用の著しい変更を伴わないものは除く。 建物の敷地又は附属施設の変更（区分所有法21条） ※この決議は，規約により，区分所有者の定数を過半数まで緩和できる。
	管理規約の制定・変更・廃止（区分所有法31条） 管理組合の法人化（区分所有法47条1項） 管理組合法人の解散（区分所有法55条） 義務違反者に対する使用禁止・競売・引渡し（区分所有法58条～60条） 建物の一部が滅失した場合の共用部分の復旧（区分所有法61条5項）
特別決議事項 区分所有者数及び議決権数の各5分の4以上	建替え決議（区分所有法62条） 団地内の建物一括建替え（区分所有法70条） ※建物ごとにその区分所有者及び議決権の各3分の2以上の賛成がともに必要。

●普通決議か特別決議かの判断

□基本的な方針：現状の方法を変えない場合は，普通決議
　　　　　　　　空間や管理の方法を変える場合は，特別決議
□判断の基本的な基準
・建物の基本的構造部分に影響が少なく，原状復帰ができる，基本的には形状に変更を与えない。・多額の費用を要しない。　→　普通決議
□計画修繕工事では，鉄部塗装工事，外壁補修工事，屋上等防水工事，給水管更生・更新工事，照明設備，共聴設備，消防用設備，エレベーター設備の更新工事，窓枠，窓ガラス，玄関扉等の一斉交換工事，既に不要となったダストボックスや高置水槽の撤去工事は普通決議。集会室，駐車場，駐輪場の増改築工事などで，大規模なものや著しい加工を伴うものは特別決議。

基礎用語 15

Q. 理事とは？　　【マンション管理はどう進めるの？】

A. 理事とは，区分所有者を代表する管理組合の役員である。

解説

■理事とは？

　総会で決めたことを，より具体的に進めるために相談をする，総会で審議する案を作るなどを行う執行機関は**理事会**です。何でも総会を開いて決めるのでは手間隙がかかりますから，区分所有者の中から数名の**理事**を選び，理事会をつくります。

　理事会では，具体的には，①収支決算案，事業報告案，収支予算案及び事業計画案づくり，②規約及び使用細則の制定又は変更・廃止案づくり，③長期修繕計画の作成又は変更案づくり，④専有部分のリフォームの承認等を行います。理事会は管理組合の舵を取る大切な役割です。

■理事，理事会は必ず選ぶの？

　通常の管理組合の場合，理事は区分所有法で選出が義務付けられてはいません。マンションでは，建物が区分所有された瞬間から「管理を行う団体」が存在しますが，管理規約を整備するなどの管理組合としての体制を整えても，**権利能力なき社団**で，法人格を持っていません。この法人格のない管理組合では，**理事，理事会**については区分所有法では何も規定していません。つまり，理事を選びなさいとか，選んではいけませんとかいっていないので，必要であれば選出することになります。

　わが国の現状をみると，管理組合の法人格の有無にかかわらず，99％のマンションに理事会があります。これは，理事会がマンション管理で重要な役割を果たすからです。こうして，理事会が重要な役割を果たす，わが国のマンション管理方式は「**理事会方式**」と呼ばれています。

　なお，誰が理事になるのかの資格は，各マンションの規約で定めることになり，法律上は，管理会社や管理員，区分所有者以外でも理事になることができます。また，人数も決まっていません。理事の資格は規約で規定すること，

その際に，役員のなり手候補を単に増やすことを目的とするのではなく，管理組合の代表として適切に仕事を務めてくれる人を増やすことをめざすべきです。

■理事会の出席資格と進め方

誰でも理事会に出席できるわけではありません。だからといって，理事以外の人は一切出席できないということでもありません。管理会社からの報告等が必要なときは，管理会社の担当者が理事会に出席します。理事会の運営で大事なことは，管理組合のメンバーである区分所有者自身が主体的に運営することです。

理事会への出席は「理事の半数以上が出席しなければ開くことができず，その議事は出席理事の過半数で決する」というケースが多くなっています。理事会では通常，委任状等を認めていません。

●理事のなり手

マンションで借家人が増加してきた，社宅が多い，空き家が多い，などといった場合に，居住している区分所有者が少なくなる。その中で，役員のなり手を確保することは難しい。一般的には，規約で理事の条件に「現に居住する区分所有者」と規定するところが多いが，その要件を，例えば「区分所有者と同居する配偶者・子・親」などに資格を広げる，あるいは，「賃借人等の占有者」，「不在所有者」などに広げているケースもある。
☆調査結果（平成20年度マンション総合調査より）
居住している組合員以外の理事資格者として，「居住していない組合員14.5％」，「居住組合員の同居家族18.8％」，「賃借人2.4％」，「管理会社社員0.3％」（複数回答）である。

●理事の任期

日本では，理事は輪番で任期1年が多い。しかし，最近では，理事が1年で全員交替すると，管理組合や理事会の運営がしにくいので，組合運営の継続性を持たせるために任期を2年にし「半数ずつ交代にする」マンションが増えている。
☆調査結果（平成20年度マンション総合調査より）
任期1年が65.9％，2年が30.4％，3年以上が0.6％で，半数ごとの改正は23.4％である。

●理事会方式と管理者方式

日本では理事会が重要な執行機関となり，**理事会方式**と呼ばれている一方，専門家が管理者となり，執行機関となるフランスやドイツでは**管理者方式**と呼ばれている。

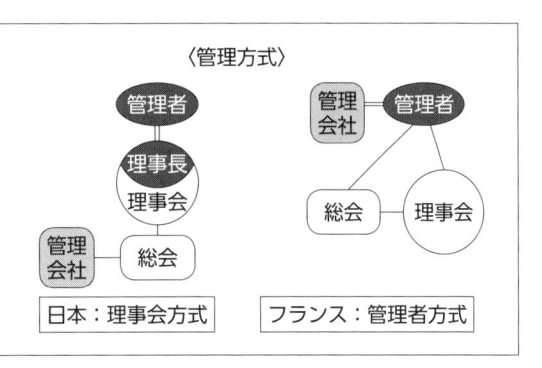

〈管理方式〉

日本：理事会方式
フランス：管理者方式

基礎用語 16

Q. 管理者とは？　【マンション管理はどう進めるの？】

A. 管理者とは，マンション管理の最高責任者である。

[解説]

■**管理者とは？**

　管理者とは，マンション管理の最高責任者で，管理組合の業務を統括する役割を担う人であり，管理組合の代理人です。全区分所有者が常に集まり，皆で管理行為を実行することは困難であるため，管理を円滑に進めるために，一定の範囲の管理行為について特定の者に権限を与え，管理を行わせる代理人が必要となります。これが管理者です。

■**誰が管理者に？**

　管理者は総会の決議で選任・解任されます（区分所有法25条1項）。ただし，規約で別の定めをしてもよいため，標準管理規約に従って「管理者は理事長とする」と規約で決めているマンションが多く，そのため実態も，理事の中から理事長を選び，理事長が管理者になっている例が多いです。管理者は，法的には区分所有者である必要はなく，自然人でも法人でも可能で，1人でも2人以上でも可能です。

■**管理者の職務**

　管理者は，共用部分及び建物の敷地や附属施設を保存し，集会の決議を実行し，規約で定めている行為をする権利と義務を負います。また，損害保険契約に基づく保険金額，共用部分等について生じた損害賠償金などの請求や受領について，区分所有者を代理します。規約を保管し，集会を年1回は招集し，年1回一定の時期に事務報告等を行うことが規定されています。こうして，区分所有法で定められた権限があり，さらに，規約又は集会の決議により与えられる権限があります。「管理者」とは，マンション内の日常生活にはほとんど登場してきませんが，管理上重要な役割を持つ人です。

■**管理者と管理組合の関係**

　管理組合と管理者は委任の関係（区分所有法28条）で，民法の委任規定が

準用（運用）されます。つまり，管理者に次のような義務が生じます。

1つは，「善管注意義務」です。管理者は，善良な管理者の注意をもって管理業務を行わなければなりません（民法644条）。善良な管理者の注意とは，個人の力量に応じて要求される注意ではなく，その職業，社会的・経済的地位などに応じて一般的に要求される注意です。善管注意義務に違反して区分所有者に損害を与えた場合，管理者はそれを賠償しなければなりません。

2つ目は「報告義務」です。区分所有法43条で，管理者は毎年1回一定の時期にその事務を報告すべきことが義務付けられており，その他に，区分所有者の請求があれば，いつでもその事務の処理の状況を報告しなければなりません（民法645条）。

3つ目は「受取物引渡義務」です。管理者は，事務の処理に当たり受け取った金銭その他の物を区分所有者に引き渡します（民法646条）。

●管理者の職務（管理者は集会の決議によって選任，あるいは解任される）

1. 管理者は共用部分を保存する（区分所有法26条1項）。
2. 管理者は集会で決議されたことを実行する（同項）。
3. 管理者は規約で定められた行為を行う（同項）。
4. 管理者は損害保険金請求代理権等，区分所有者を代理する（同法26条2項）。
5. 管理者はその職務に関し，区分所有者のために，民事裁判の原告又は被告になれる（同条4項）。
6. 管理者は規約・集会の議事録を保管し，閲覧させる（同法33条，42条）。
7. 管理者は少なくとも毎年1回集会を招集する（同法34条）。
8. 管理者は集会において，毎年1回一定時期に，その事務に関する報告をする（同法43条）。

　管理者の解任：集会の普通決議
　管理者の解任　各区分所有者が
　　　　請求　裁判所に請求

　共用部分等の損害賠償金及び不当利得による返還金の請求や受領は，2002年（平成14年）の区分所有法改正の際に加わった。これは，例えば，それまでは，建物の共用部分や敷地の欠陥があった場合に，分譲会社に瑕疵担保責任として損害賠償を請求する権利は各区分所有者の権限となり，管理組合が一括で行えないと考えられていた。つまり，共用部分の瑕疵の損害賠償を求める権利は，共用部分の持分に関する金銭賠償の権利で，各区分所有者が分割して所有する債権と考えられていた。しかし，これでは共用部分の瑕疵があった時に必ずしも全員が分譲会社に損害賠償を請求するとは限らず，また個々の区分所有者が取得した賠償金を管理組合に払わないこともありえる。それでは共用部分の瑕疵補修が円滑に行えない。そこで，管理組合が各区分所有者の分を一括して分譲会社に請求できるように，管理者に区分所有者の代理権，訴訟における当事者適格が認められるようにし，管理者の管理組合を代表する権限が大きくされた。

●管理者の実態（平成20年度マンション総合調査より）

○理事長89.0％，理事長以外の区分所有者0.4％，マンション管理業者4.8％，管理者選定なし1.1％，分譲会社0.1％，マンション管理士0.1％。
○区分所有者以外の第三者を管理者に検討している2.2％，将来検討したい40.4％

基礎用語 17

Q. 管理組合法人とは？　【マンション管理はどう進めるの？】

A. 管理組合法人とは，法人格のある管理組合組織である。

[解説]

■管理組合法人とは？

　管理組合は，生まれた状態では法人格はありません。管理組合の総会で「管理組合を法人にする」旨を特別多数決（区分所有者及び議決権の各4分の3以上の多数による決議）で決議をし，法人の名称，事務所を定め，理事と監事を選び，事務所の所在地において登記所で登記します。これで**管理組合法人**になります（区分所有法47条～56条）。

■管理組合を法人にする理由

　法人格を取得すると，不動産登記，電話加入権，預金などの面で管理組合法人名を使えます。そのほか，法人にした場合には，①管理組合が権利・義務の帰属主体となれる，②法人登記により管理組合の存在及びその代表者が公示できる，③取引相手の不安が取り除かれ，融資その他の取引の円滑化を図れる，④団体財産と個人財産との区別が明確になる，との指摘があります。

　管理組合は，法人にすると「**理事**」が必要になり，理事の責任が明確になります。例えば，管理組合法人以外の場合は，区分所有法では理事が位置付けられていないため，法律で理事の役割が明確になっていません。しかし，管理組合法人では，特別多数決の決議事項及び共同利益に反する行為の停止の訴訟の提起以外を規約にその旨の定めがあれば理事その他の役員で決めることが可能と法律で定められており，共用部分の保存行為は「理事で決することができる」と明確になっています。

■管理組合と管理組合法人の運営上の違い

　《**理　事**》　管理組合法人には**理事**が必要で，理事は対外的には管理組合を代表します。そのため，管理者を選出しません。理事には，財産目録や区分所有者名簿作成義務が課されます。

　理事が数人いる場合は，各理事が単独の代表権を持ちます。また，規約や

集会で複数の理事の中から代表する理事1人（代表理事）か複数の理事が共同してのみ代理権を行使する（共同代表）かを決めます。また，規約で決めておけば，代表理事を理事の互選によって決めることができます。

代表理事や共同代表は，その旨を登記しないと**善意の第三者**に対抗できません。例えば，共同代表の定めがあるのに，理事が単独で契約しても，共同代表の登記をしていないと，それを知らなかった人に「その契約は共同代表に反するので無効だ」とは主張できないことになります。

理事は対内的には法人の事務を執行します。

理事の任期は2年ですが，規約で3年以内に定めることも可能です。

《監　事》管理組合法人には監事を置かなければなりません。監事は，管理組合法人の監督機関として法人の財産状況や理事の業務執行状況を監査し，不正行為を発見すると総会でその旨を報告します。こうして，監事は理事を監督する立場にあるため，理事やその監督のもとにある管理組合法人の使用人であってはなりません。さらに，管理組合法人と理事の利益が相反する場合には，監事が管理組合法人を代表する権利を持ちます。

●管理組合と管理組合法人の制度の相違

	〔管理組合〕	〔管理組合法人〕
名　称	自　由	「管理組合法人」と付ける
管理者	置くことができる	置かない
理　事	規定なし	置く必要がある　原則2年任期
監　事	規定なし	置く必要がある
決　議	集会・規約	集会・規約 ただし，特別決議事項以外は理事等の役員で決められる（規約）
集会招集	管理者	理　事
議事録の保管，事務報告	管理者	理　事
規　約	決めることができる	登記時に必要
保存行為	各区分所有者，管理者	各区分所有者，理事単独，理事数人の場合は過半数

○諸外国の管理組合の法人制度
　アメリカ（選択），イギリス（全組合），フランス（全組合），ドイツ（なし）
○管理組合法人活用例：101号室を管理組合法人で購入し集会室として利用している等
○管理組合法人率：10.8％（平成20年度マンション総合調査より）

基礎用語 18

Q. 管理費とは？　【マンション管理はどう進めるの？】

A. 管理費とは，日常的な維持管理・運営のための必要費用である。

[解説]

■管理費とは？

　マンションを共同で管理するための費用が管理費です。具体的には，管理会社に業務を委託する費用，管理員の人件費，共用部分の電気代・水道代，エレベーター等の設備の保守点検代などです。そのため，管理会社にどんな業務を委託するのか，管理員が何人で何時間勤務するのか，エレベーターが何台あるのか，それを何人の区分所有者で負担するのかにより，金額は違います。

　なお，管理費の支払は区分所有者の責任になります。

●管理費に含まれる項目

1．管理員（人）人件費	6．経常的な補修費，軽微な損傷箇所の補修費
2．公租公課	7．清掃費，消毒費，ごみ処理費
3．共用設備の保守維持費・運転費 （共用部分にかかわる水道光熱費，エレベーター，電気，防火・給排水設備等の保守点検）	8．委託業務費
	9．専門的な知識を有する者の活用に要する費用
	10．地域コミュニティにも配慮した居住者間のコミュニティ形成に要する費用
4．備品費及び通信費及び事務費	11．管理組合の運営に要する費用
5．共用部分などに係る火災保険その他損害保険料	12．その他

■管理費金額の算定方法

　管理費は，1年間で必要な費用を算出し，それを12か月で割り，それを各住戸分の負担割合で分け，月々の各住戸の負担金額を算出します。平成20年度のマンション総合調査結果では，負担割合は「専有面積比の負担」が82.7％「各住戸均一の負担」が10.6％，「その他」0.9％，「不明」5.8％です。全国の戸当たり月額管理費の平均は15,848円です。これは専用部分の使用料などからの充当分も含まれているため，それを除くと，戸当たり月額平均管理費は10,990円です。

■中古マンションを買った際の滞納管理費を支払うのは誰？

　中古マンションを買った際に管理費が滞納されていた場合は，誰がそれを

払うのでしょうか。管理組合の人が尋ねてきて,「管理費を支払え」と言われた場合には,どうしたらよいのでしょうか。

滞納管理費は,マンションを買った人が支払うことが求められます。それは,マンションを次に買った人は「**特定承継人**」といい,特定承継人は前の人の管理組合に対する債務も引き継ぐことになるからです。管理組合から見れば,前の区分所有者に対して持っていた**債権**を次の所有者に対しても請求できます。しかし,だからといって前の区分所有者の責任はなくなりません。管理組合は新しい所有者に対しても,かつ,前の所有者の時効が成立していない限りは前の所有者に対しても,滞納した管理費を請求する権利があります。しかし,両方から二重に取れるわけではありません。「**不真正連帯債務**」といって,前の所有者か次の所有者かどちらか一方が債務を支払えば,他方の債務もなくなります。管理組合は,たとえ所有者が変わっても,滞納した管理費を回収できます。ですから,中古マンションを買う際には管理費滞納の有無を確認する必要があり,住宅購入時の契約前の重要事項説明で説明されることになっています（宅地建物取引業法35条）。

■**管理費滞納の時効**

滞納していた管理費を催促できる権利には時効があり,5年です。そこで,2004年に出された最高裁の判例結果で確認しましょう。

●**管理費の時効が成立した判例**

Aさんは,BさんからCマンションの506号室を購入し,所有権移転登記手続を行った。ところが,Bさんは平成4年1月分から平成10年4月分までの管理費等を滞納し,その合計額は1,739,920円になっていた。Aさんは,Bさんの滞納分を支払えと管理組合から請求された。判例では,今まで滞納していた費用全てを管理組合が要求することは認められなかった。マンション管理組合が組合員である区分所有者に対して持っている管理費や修繕積立金にかかわる債権は,5年間の短期消滅時効を定める民法169条所定の定期給付債権に当たるとしたからである。つまり,5年を経過した管理費滞納分に時効が成立したのである。しかし,時効不成立分については,Aさんは支払うことになる。
管理費等請求事件（平成16年4月23日最高裁判所第二小法廷判決平成14年（受）第248号破棄自判）

●**平均月額管理費**（戸数別,平成20年度マンション総合調査,円,使用料充当分含む）

総住戸数	戸当たり	m²当たり
20戸以下	19,603	181
30戸以下	18,043	174
50戸以下	16,569	176
75戸以下	15,458	159
100戸以下	14,708	147
150戸以下	15,126	144
200戸以下	15,398	161
300戸以下	14,448	135
500戸以下	14,622	164
501戸以上	10,087	106

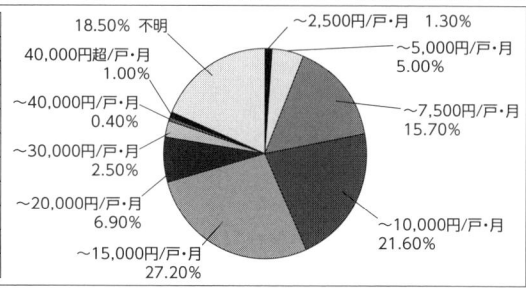

18.50% 不明
40,000円超/戸・月 1.00%
～40,000円/戸・月 0.40%
～30,000円/戸・月 2.50%
～20,000円/戸・月 6.90%
～15,000円/戸・月 27.20%
～10,000円/戸・月 21.60%
～7,500円/戸・月 15.70%
～5,000円/戸・月 5.00%
～2,500円/戸・月 1.30%

基礎用語 19

Q. 計画修繕とは？　【マンションの維持管理はどうするの？】

A. 計画修繕とは，予防の視点で計画的に行う修繕である。

解説

■計画修繕とは？

　修繕には，破損や雨漏りなど，建物に障害が生じてから行う**経常修繕**と，予防の視点で計画的に行う修繕があり，後者を「**計画修繕**」といいます。マンションのように鉄とコンクリートでつくられた建物は物理的には100年，またはそれ以上持つことが可能です。しかし，それは予防の視点から定期的な修繕を実施した場合に限られます。つまり，建物を長持ちさせるには，外壁の色をきれいにするだけでなく，予防のため，傷んだところを適切に修繕する必要があります。これが計画修繕です。

■鉄とコンクリートでできたマンションのしくみ

　マンションという建物は，マンション建物本体と，駐車場・駐輪場・集会所などの附属施設に分けられます。建物は，基礎構造部と，主体構造・壁・床・屋根・天井・開口部・設備などの上部構造からできています。材料でみると，**鉄筋コンクリート構造**［鉄筋コンクリート造（RC）・鉄骨鉄筋コンクリート造（SRC）・プレキャストコンクリート造（PC）］と**鉄骨構造**［鉄骨造（S）］があります。さらに構造でみると**ラーメン構造**と**壁式構造**があります。

　マンションの主要な部分は，鉄とコンクリートでできています。鉄は引っ張られる力に強い材料で，逆に押される力には弱いものです。一方，コンクリートとは押される力に強く，引っ張られる力は苦手な材料です。こうして鉄とコンクリートの2つが共にお互いの欠点を補いながら長所を生かす仕組みになっています。

■計画修繕がなぜ必要なのか？

　コンクリートはもともとセメントと砂と砂利を水で練ってつくったもので，コンクリートが乾燥するとひび割れが生じます。ヒビが入ると，そこに空気や水がだんだんと入り，中の鉄筋を錆びさせてしまいます。錆びた鉄筋は膨

張し，まわりを囲んでいるコンクリートをぐいぐいと押し出し，その結果，コンクリートがぽろっと落ちてしまいます。コンクリートは本来アルカリ性のものですが，空気中の二酸化炭素に触れると**中性化**が進み，鉄を守ることができず弱くなります。ですから，コンクリート表面に入ったヒビは小さいうちに，また，取り返しがつかなくなる前に，しっかりと埋め，建物の傷みの進行を防ぐ必要があります。さらには，水をコンクリートに浸入させないことです。そこで，計画修繕として外壁の修繕を行います。その他の計画修繕としては，屋上の防水，鉄部の塗装等があります。

☞ 適正な修繕を実施していないことから，コンクリートが落下し，歩行者にけがをさせた場合には，マンションの管理組合が責任を問われることになる（注意義務違反で，賠償責任（民法709条，710条）として，治療費や休業損害，慰謝料なども含まれる）。

　例えば，1989年に生じた昭和町公団外壁落下事件は，通行人2名が死亡，1名が重傷となり，公団は建築物の所有者かつ管理者であり，建築基準法により建築物の適切な維持保全を行う義務があるとし，厳しく責任が問われた。

●マンションの構造

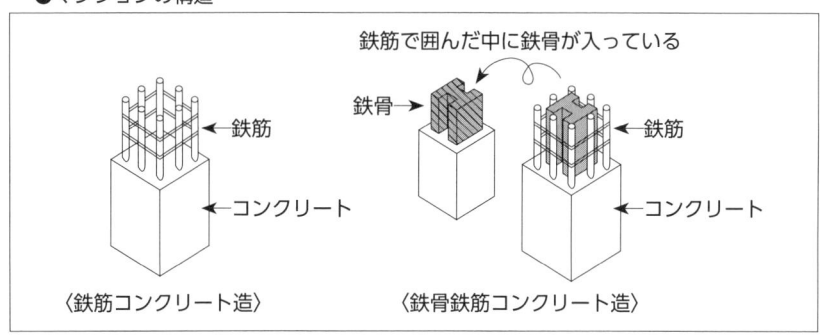

〈鉄筋コンクリート造〉　〈鉄骨鉄筋コンクリート造〉
鉄筋で囲んだ中に鉄骨が入っている

●劣化の仕組み

新築時 ⇒ 表面の塗装の劣化が進行 ⇒ ひび割れが発生 ⇒ ひび割れから雨水等が浸透し，鉄筋にさびが発生。ひび割れも大きくなる ⇒ 鉄筋のさびが進み，コンクリートがもろくなり，はがれ落ちる

修繕が必要 / 早急な修繕が必要 / 工事内容が大がかりになり，費用も多額となる

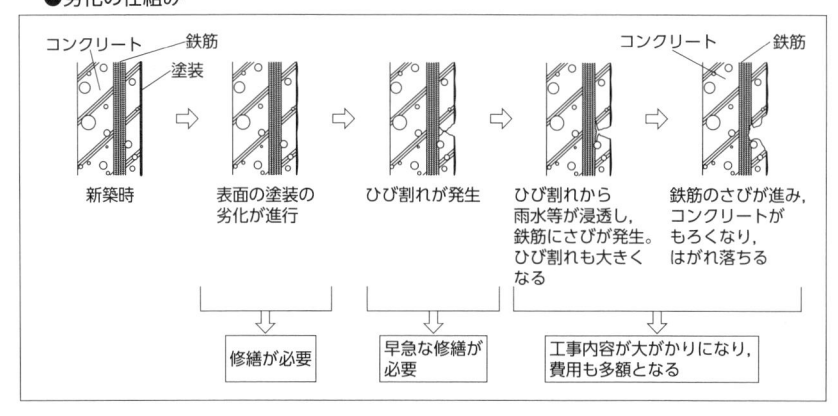

基礎用語 20

Q. 長期修繕計画(書)とは？【マンションの維持管理はどうするの？】

A. 長期修繕計画(書)とは，年単位でつくられた長期的な修繕の予定表である。

[解説]

■長期修繕計画(書)とは？

計画修繕を場当たり的ではなく計画的に行うには，**長期修繕計画**が必要です。マンションには多くの区分所有者がいます。そのため，「今年修繕をしよう」となっても，「わが家は今お金が無いからいやよ」，「うちは来年出ていくのでその後にしてね」など，意見がまとまらず実施できないことがあります。そこで，区分所有者全員で修繕の予定や目標を共有するために，長期修繕計画(書)が必要です。長期修繕計画(書)とは，マンションの計画修繕を，いつ，どこを，どのように，どれだけの費用をかけて行うかの計画書です。

■修繕周期

修繕すべき時期は，その建物が建てられた状態と，その後の経過によって異なります。しかし，目安として4～6年で鉄部の塗装，10～14年で外壁の塗装や屋上防水のやり直し，築15年ぐらいから設備の更生や取替えの工事等が必要になってきます。こうした外壁や屋上，設備の修繕を「**大規模修繕**」といいます。30年を超えると，給水管，排水管，ガス管，エレベーター等の設備の取替え等も必要になってきます。

なお，計画は，大規模な修繕が2，3回含まれる長期的なものが必要で，最低でも25年，新築時には30年のものを策定することが必要です。

■長期修繕計画(書)の作成，見直し

分譲会社が長期修繕計画付きでマンションを販売することが多くなっています。しかし，ある程度年月が経てば，計画内容に見直しが必要です。それは，計画どおりに建物が傷むとは限らず，あまり修繕を急がなくてよい場合もあるからです。また，反対に，計画よりも急いで行った方がよい場合もあります。計画内容の見直しのためには，建物の傷みぐあいを診断することが，

人間と同様に必要です。それを，建物の**劣化診断，調査・診断**といいます。
■修繕積立金

長期修繕計画を立て，それに基づいて，いつ，何を修繕するのか，そのための費用はいくらかかるのかを計算して，費用を積み立てます。これが**修繕積立金**です。修繕積立金の金額算定は，計画された期間の25年間（新築では30年間）に全体としてどれだけの費用が必要かを算出し，それを期間の年数で割り，月当たりにするために12で割り，それを住戸ごとの負担割合に基づいて算出します。これが均等割の考え方です。しかし，均等割ではなく，段階的に修繕積立金の額が上がるように設定されている場合もあります。

●計画修繕の周期

	推定修繕工事項目	工事区分	修繕周期		推定修繕工事項目	工事区分	修繕周期
I 仮設	1 仮設工事			III 設備	9 排水設備		
	①共通仮設	仮設	12年		①排水管	更生	15年
	②直接仮設	仮設	12年			取替	30年
II 建物	2 屋根防水				②排水ポンプ	補修	8年
	①屋上防水（保護）	補修	12年			取替	16年
		修繕	24年		10 ガス設備		
	②屋上防水（露出）	修繕	12年		①ガス管	取替	30年
		撤去・新設	24年		11 空調・換気設備		
	③傾斜屋根	補修	12年		①空調設備	取替	15年
		撤去・葺替	24年		②換気設備	取替	15年
	④庇・笠木等防水	修繕	12年		12 電灯設備等		
	3 床防水				①電灯設備	取替	15年
	①バルコニー床防水	修繕	12年		②配電盤類	取替	30年
	②開放廊下・階段等床防水	修繕	12年		③幹線設備	取替	30年
	4 外壁塗装等				④避雷針設備	取替	40年
	①コンクリート補修	補修	12年		⑤自家発電設備	取替	30年
	②外壁塗装	塗替	12年		13 情報・通信設備		
		除去・塗装	36年		①電話設備	取替	30年
	③軒天塗装	塗替	12年		②テレビ共聴設備	取替	15年
		除去・塗装	36年		③インターネット設備	取替	15年
	④タイル張補修	補修	12年		④インターホン設備等	取替	15年
	⑤シーリング	打替	12年		14 消防用設備		
	5 鉄部塗装等				①屋内消火栓設備	取替	25年
	①鉄部塗装（雨掛かり部分）	塗替	4年		②自動火災報知設備	取替	20年
	②鉄部塗装（非雨掛かり部分）	塗替	6年		③連結送水管設備	取替	25年
	③非鉄部塗装	清掃・塗替	12年		15 昇降機設備		
	6 建具・金物等				①昇降機	補修	15年
	①建具関係	点検・調整	12年			取替	30年
		取替	36年		16 立体駐車場設備		
	②手すり	取替	36年		①自走式駐車場	補修	10年
	③屋外鉄骨階段	補修	12年			建替	30年
		取替	36年		②機械式駐車場	補修	5年
	④金物類（集合郵便受等）	取替	24年			取替	20年
	⑤金物類（メーターボックス扉等）	取替	36年	IV 外構・その他	17 外構・附属施設		
	7 共用内部				①外構	補修，取替	24年
	①共用内部	張替・塗替	12年		②附属施設	取替，整備	24年
III 設備	8 給水設備				18 調査・診断，設計，工事監理等費用		
	①給水管	更生	15年		①調査・診断，設計等		12年
		取替	30年		②工事監理		12年
	②貯水槽	取替	25年		19 長期修繕計画作成費用		
	③給水ポンプ	補修	8年		①見直し		5年
		取替	16年				

出典：国土交通省「長期修繕計画作成ガイドライン・同コメント」平成20年6月策定

基礎用語 21

Q. 大規模修繕とは？　【マンションの維持管理はどうするの？】

A. 大規模修繕とは，外壁の塗替えや屋上防水等の大規模な計画修繕である。

解説

■大規模修繕とは？

　大規模修繕とは，一定期間の経過ごとに行う計画修繕の中でも，大規模な工事が伴い，多額の費用がかかるものです。具体的には，外壁の修繕，屋上防水工事，給排水管の工事などです。

■大規模修繕工事の工程

　外壁修繕を行う場合をみていきましょう。工事は，足場組立作業あるいはゴンドラ設置作業である仮設工事から始まります。これは，外壁の修繕を行うには，足場を組んで作業することが必要になるからです。また，超高層マンションでは全て足場を組んでその上で作業することはできないため，ゴンドラを使う，あるいは連続吊り足場とするなどの対応が必要です。次には，洗浄工事，躯体補修工事，シーリング工事，外壁塗装工事あるいはバルコニーや屋上の防水工事などを行い，仮設を解体し工事完了検査，竣工，引渡しとなります。マンションでは居住者が生活しながらの工事となり，生活への配慮とともに，居住者の協力が必須です。

●大規模修繕工事の主な内容

洗浄工事	躯体補修に先立ち，外壁や天井などの表面に付着した汚れや脆弱化した仕上げ材を除去し，躯体の劣化部分を顕在化されるために，高圧水で洗浄する等である。
躯体補修工事	鉄筋の発錆箇所の補修，ジャンカ・巣穴・木片などの補修，ひび割れの補修，モルタルの浮いている部分などの補修である。
シーリング工事	コンクリートの打ち継ぎ目地，伸縮目地，サッシ枠周囲，手すり金具支柱のコンクリート取付部にはシーリング材が充填されており，その劣化を新たにシーリング材を打ち替えるなどで補修する。
鉄部塗装工事	鉄部が錆びないように錆を落とし，その後，下塗り・中塗り・上塗りを行う。
外壁塗装工事	躯体の保護と美観の維持のために，外壁塗装を行う。最近では，時代に合わせて外壁の色を変更する等，居住者の意向を踏まえた改善がみられる。
バルコニー防水工事	コンクリートの保護・耐久性の向上，居室への水漏れを防ぐために，ウレタン塗膜防水材等による防水処理を行う。バルコニーに物を置いている場合は，一時的に撤去が必要となる。
屋上防水工事	アスファルト防水，シート防水，塗膜防水等の防水方法があり，それらを全面的あるいは部分的に補修する。

●大規模修繕工事の主な工程

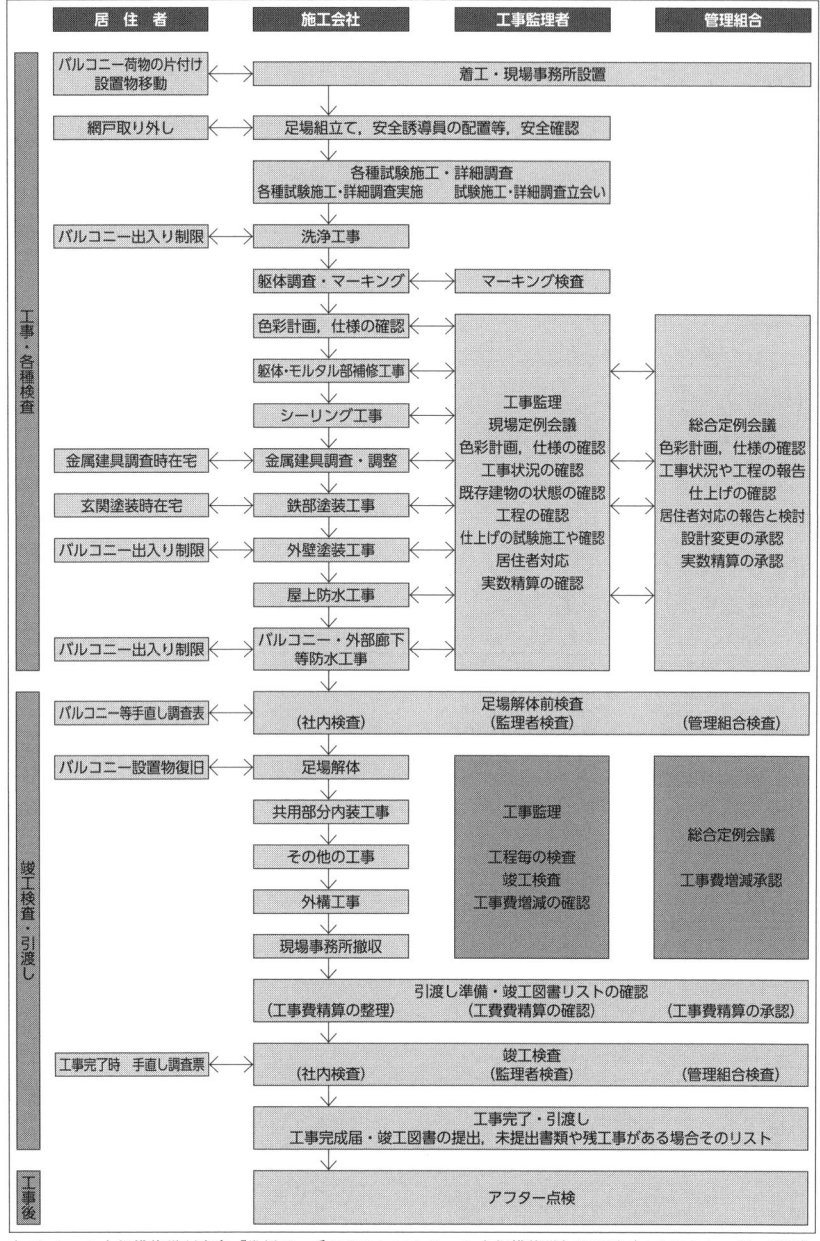

居住者	施工会社	工事監理者	管理組合

【工事・各種検査】

- バルコニー荷物の片付け、設置物移動 ↔ 着工・現場事務所設置
- 網戸取り外し ↔ 足場組立て、安全誘導員の配置等、安全確認
- 各種試験施工・詳細調査実施 ↔ 各種試験施工・詳細調査／試験施工・詳細調査立会い
- バルコニー出入り制限 ↔ 洗浄工事
- 躯体調査・マーキング ↔ マーキング検査
- 色彩計画、仕様の確認
- 躯体・モルタル部補修工事
- シーリング工事
- 金属建具調査時在宅 ↔ 金属建具調査・調整
- 玄関塗装時在宅 ↔ 鉄部塗装工事
- バルコニー出入り制限 ↔ 外壁塗装工事
- 屋上防水工事
- バルコニー出入り制限 ↔ バルコニー・外部廊下等防水工事

工事監理：現場定例会議／色彩計画、仕様の確認／工事状況の確認／既存建物の状態の確認／工程の確認／仕上げの試験施工や確認／居住者対応／実数精算の確認

総合定例会議：色彩計画、仕様の確認／工事状況や工程の報告／仕上げの確認／居住者対応の報告と検討／設計変更の承認／実数精算の承認

【竣工検査・引渡し】

- バルコニー等手直し調査表 ↔ (社内検査) ／ 足場解体前検査 (監理者検査) ／ (管理組合検査)
- バルコニー設置物復旧 ↔ 足場解体
- 共用部分内装工事
- その他の工事
- 外構工事
- 現場事務所撤収

工事監理：工程毎の検査／竣工検査／工事費増減の確認

総合定例会議：工事費増減承認

- 引渡し準備・竣工図書リストの確認
  (工事費精算の整理) ／ (工事費精算の確認) ／ (工事費精算の承認)
- 工事完了時 手直し調査票 ↔ (社内検査) ／ 竣工検査 (監理者検査) ／ (管理組合検査)
- 工事完了・引渡し／工事完成届・竣工図書の提出、未提出書類や残工事がある場合そのリスト

【工事後】

- アフター点検

(マンション大規模修繕研究会『世界で一番やさしいマンション大規模修繕』117頁（エクスナレッジ，2010）を参考に作成)

基礎用語 22

Q. 大規模修繕の決議は？　【マンションの維持管理はどうするの？】

A. 大規模修繕の決議は，基本は，総会において普通決議で行う。

解説

■決議までの進め方

　大規模修繕の決議は総会の普通決議ですが，総会決議まではどのように取り組めばよいのでしょうか。

　マンションでは，毎年，理事会理事等の役員が替わるケースが多いため，理事会だけで**大規模修繕**に取り組むのが困難なことが多いです。そうすると修繕のタイミングを逃すことになりやすいので，大規模修繕に取り組む体制を整えることが必要です。理事会で取り組んでもよいのですが，**大規模修繕専門委員会**を理事会の諮問機関としてつくる方法があります。既に大規模修繕に取り組んだマンションでは，約4割が専門委員会を作って取り組みました。それにより，計画途中で全理事が交替してスタートに戻るのを避けることや，居住者の中の専門家を活用することができます。

　大規模修繕を進めるには，情報の共有が大切です。大規模修繕には多額の資金が必要です。そして，全員の協力が必要です。工事を行うには，各部屋への立入り，さらには，バルコニーに入って作業をするために，洗濯物の干し方への注意，バルコニーにある物を動かすこと等も必要となります。全ての人の生活に影響を与え，全ての人の協力なしには実現できません。そのため，広報誌や説明会で工事の内容と進め方を説明し，正しい理解を促すことが必要です。「勝手に決めた」などと言われないように，区分所有者の意見

●合意形成のステップとスケジュール

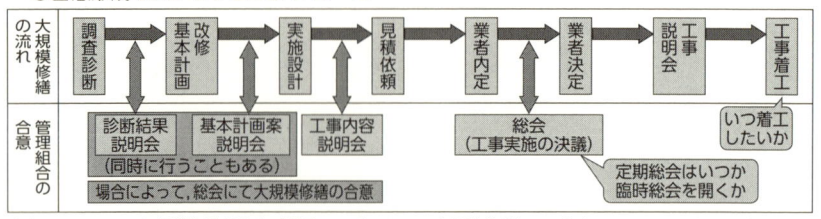

大規模修繕の流れ	調査診断	改修基本計画	実施設計	見積依頼	業者内定	業者決定	説明会	工事着工
管理組合の合意	診断結果説明会	基本計画案説明会	工事内容説明会		総会（工事実施の決議）		いつ着工したいか	

（同時に行うこともある）
場合によって，総会にて大規模修繕の合意
定期総会はいつか臨時総会を開くか

出典：マンション大規模修繕研究会『世界で一番やさしい大規模修繕』55頁（エクスナレッジ，2010）

を聞き，意見が反映できる場と機会を積極的につくることです。

■大規模修繕の決議は？

修繕実施には決議が必要です。工事内容の検討，金額の見積り，業者・施工者の選定を行い，修繕積立金の取崩しを総会で諮ります。

共用部分の維持管理は区分所有法では保存行為，管理行為，変更行為と，3つのレベルがあります。区分所有法には大規模修繕という言葉はなく，「共用部分の変更」と呼ばれています。「共用部分の変更」は所有者及び議決権の各4分の3以上の多数の賛成が必要です。しかし，通常の大規模修繕は普通決議，つまり過半数の賛成を得て行います。

なぜ，大規模修繕は「共用部分の変更」なのに，過半数でよいのでしょうか。共用部分の変更に該当する，区分所有法の条文で確認しましょう。区分所有法17条に「その形状又は効用の著しい変更を伴わないものを除く。」とあり，大規模修繕はこれに該当すると考えられるからです。

○区分所有法17条1項
　共用部分の変更（その形状又は効用の著しい変更を伴わないものを除く。）は，区分所有者及び議決権の各4分の3以上の多数による集会の決議で決する。ただし，この区分所有者の定数は，規約でその過半数まで減ずることができる。

大規模修繕に伴い，改善・改良工事を行う場合で，「形状又は効用の著しい変更を伴わないもの」以外は，4分の3以上の多数による賛成，特別決議が必要となります。

そして，決議を行うと施工会社と契約をします。

■民法との相違：変更は多数決で可能

共用部分の管理について，区分所有法は，民法とは異なった規定を設けています。民法では，共有物の管理は「単独でできるもの」，「過半数でできるもの」，「全員合意でできるもの」に分けて規定しています。共用部分（共有物）の変更は，民法では全員合意になりますが，区分所有法では4分の3以上の多数の決議で行います。

●マンションの保存行為・管理行為・変更行為

保存行為：エレベーターの点検や，廊下の清掃，電球の取替えなどの，共用部分の軽微な修繕等，現状を維持する行為は，各区分所有者が「単独で行える」。総会での決議は不要。
管理行為：エレベーターの修繕，壁のひび割れの修繕など，外壁の改修工事等の維持管理行為は，総会の普通決議（過半数決議）が必要。
変更行為：エレベーターを設置するなど，区分所有者と議決権の「各4分の3以上」の総会の特別決議が必要。

基礎用語 23

Q. 設計監理方式とは？　【マンションの維持管理はどうするの？】

A. 設計監理方式とは，管理組合に代わり，施工状態を設計事務所等がチェックする方法である。

解説

■設計監理方式とは？

大規模修繕工事を発注するのは管理組合です。管理組合からすると，「よろしくね」と言って，工事の設計・工事の監理・工事の施工を1つの会社に委託することもできます。しかし，それでは，万が一施工会社が手抜き工事をしても，建築の素人集団である管理組合ではその実態は見抜けません。そこで，工事の設計と監理を施工会社から引き離す方法があります。これが「設計監理方式」で，調査・診断・修繕設計，工事監理などの専門的部分を施工会社とは独立した設計事務所等が行います。

これに対し，**設計（責任）施工方式**は，管理組合と施工会社が，工事の設計から施工までを一括して契約する方式です。

■施工会社の選定の仕方

施工会社の選定は，理事会やその諮問機関である専門委員会が行います。正式な契約までに総会で決議することが必要です。

また，総会での決議では，具体的な業者を決議するのではなく，業者を決めるプロセスを決議する方法があります。例えば，「大規模修繕を行います。このように施工会社を決めていきます。」といった仕方があります。

施工会社選定方法には3つあります。1つ目は「入札方式」，2つ目は「見積り合せ方式」，3つ目は「特命随意契約方式」です。

① 入札方式：入札希望者を公募又は競争入札する方式。原則として，最低価格の会社と契約をする。
② 見積り合せ方式：数社に見積りを依頼し，その内容から選定する方式。管理組合の場合に一般的に多い方式。担当者にヒアリングをするなどして絞っていく。

③　特命随意契約方式：新築時の施工会社や前回の大規模修繕の施工会社，監理会社など，特定の1社を指名し，見積りを取り，選定する方式。

●設計（責任）施工方式と設計監理方式の違い

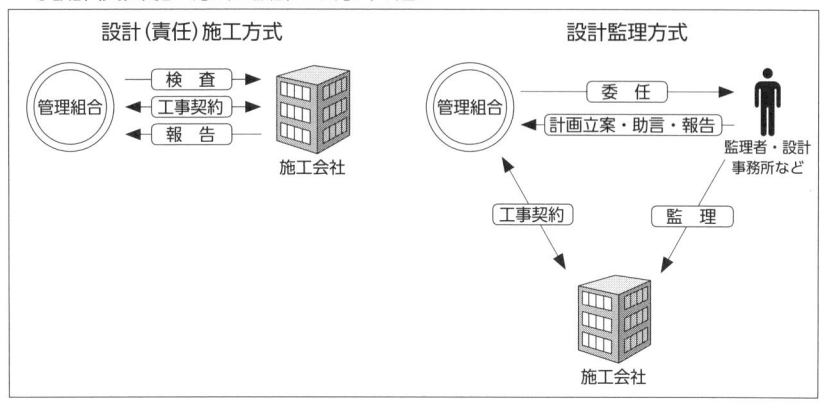

```
設計（責任）施工方式                    設計監理方式

管理組合 ──検査──→ 施工会社       管理組合 ──委任──→ 監理者・設計事務所など
        ←工事契約─                          ←計画立案・助言・報告─
        ←報告──                       │                    │
                                   工事契約               監理
                                      ↓                    ↓
                                         施工会社
```

●見積比較表（事例）

数社から見積りを取った場合に，金額だけでなく，項目や仕様・数量・単価などを確認し，比較し，ヒアリングに残る施工会社を数社に絞る。

○○マンション　大規模修繕工事　見積比較表

平成○年○月○日

		A社	B社	C社	設計積算
	見積金額（税込）	165,900,000	174,300,000	175,350,000	185,430,000
	工事金額	158,000,000	166,000,000	167,000,000	176,600,000
	消費税（5％）	7,900,000	8,300,000	8,350,000	8,830,000
1	共通仮設工事	4,458,000	8,635,000	7,303,000	5,110,000
2	直接仮設工事	15,725,150	23,183,548	23,433,330	21,971,450
3	躯体補修工事	16,334,680	15,629,600	18,043,790	21,708,600
4	塗装工事	21,003,120	27,181,787	20,051,552	24,521,354
5	防水工事	40,178,800	26,757,843	28,540,974	34,652,430
6	シーリング工事	20,893,011	20,689,432	15,921,556	15,411,409
7	金物工事	6,582,200	9,837,350	8,212,250	8,810,740
8	斜壁屋根工事	4,223,000	4,701,730	7,274,210	9,843,840
9	金属製建具工事	145,200	484,000	895,400	175,200
10	洗浄工事	7,796,030	8,059,635	8,437,819	11,735,820
11	剥離工事	60,000	29,000	61,200	40,950
12	共用部内装工事	552,900	586,480	1,367,534	594,860
13	その他工事	5,022,800	6,575,105	7,468,692	6,695,036
14	外構工事	1,050,000	3,312,350	4,168,200	4,185,800
15	現場管理費	6,050,000	5,500,000	9,227,000	6,240,000
16	一般管理費	8,000,000	4,837,140	6,593,493	5,000,000
	小計	158,074,891	166,000,000	167,000,000	176,697,489
	値引き（端数調整）	−74,891			−97,489
	合計	158,000,000	166,000,000	167,000,000	176,600,000

（マンション大規模修繕研究会『世界で一番やさしい大規模修繕』113頁（エクスナレッジ，2010）を参考に作成）

基礎用語 24

Q. 修繕積立金の会計区分とは？【マンションの維持管理はどうするの？】

A. 修繕積立金の会計区分とは，管理組合が計画修繕としてどこまで費用負担するかの区分である。

解説

■修繕積立金の会計区分とは？

　管理組合として計画修繕をどの範囲まで行うのでしょうか。共用部分と専有部分の区分の仕方により異なってきます。ですから，基本的に各マンションの管理規約で共用部分を確認することが必要です。特に，注意が必要なのは，所有区分と管理区分が一致していない場所です。

　例えば，バルコニーは共用部分で維持管理は管理組合ですが，使用は専用使用となっており，日常的な清掃等は区分所有者が行っています。同じく共用部分で専用使用されているところに玄関扉があります。共用部分であり，管理も管理組合で行うことが多いですが，鍵の取替え等は各戸別に行うことになっていることが多いです。

　修繕積立金の会計区分とは，管理組合が計画修繕としてどこまで費用負担するかの区分になります。

■共用部分と一体になった専有部分は対象か？

　問題となるのは共用部分と一体になっている専有部分の管理をどのようにするかです。標準管理規約では，「専有部分である設備のうち共用部分と構造上一体になった部分の管理を共用部分の管理と一体として行う必要があるときは，管理組合がこれをできる」（同規約 21 条）とあります。具体的にはどんなケースでしょうか。配管や設備になります。給排水管は共用部分と専有部分に分かれています（右図参照）。

　管理組合として修繕を行うのは，通常，共用部分の配管ですが，上の住戸の配管が下の住戸の天井にある場合（右図スラブ下配管の場合）は，管理組合が共用部分として管理することが望ましいです。それは，上階の人が漏水対応等をできないためです。こうした取扱いを明確にすることです。

さらに、築年数が経ったマンションでは、専有部分として位置付けている配管の清掃を一斉に行った方が効率的かつ経済的、また、漏水のおそれも少ないことから、そのように取り組んでいる場合があります。規約や長期修繕計画で、このことを位置付けておくことが必要です。なお、工事は一体にしても、費用は各戸負担とする等のルールが必要です。

■団地（全体）会計と棟別会計

もう1つ、修繕積立金会計で大事なことに、棟別の積立金と全体の積立金があります。区分所有法も標準管理規約も、全体の共用部分と棟の共用部分について、それらを持分に応じて徴収することを想定しています。こうした棟ごとの修繕計画、全体の修繕計画を持ち、それに伴って積立金の会計処理をすることも大事です。さらに、機械式車庫などは修繕費用がかさむため、使用料会計で独立した会計とすることも必要です。

●共用部分と専有部分　　　　　●配管の帰属の考え方

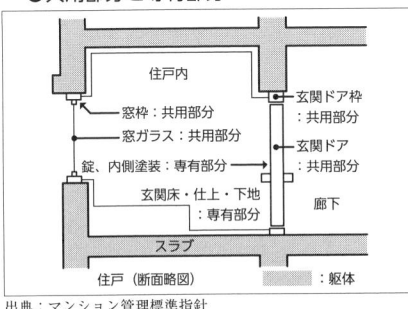

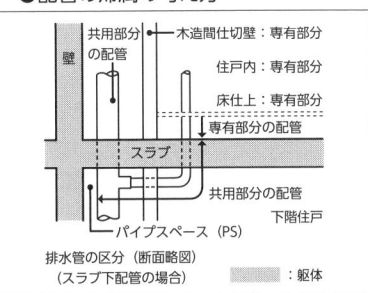

出典：マンション管理標準指針

●配管が専有部分か共用部分かについての判例

① 平成12年3月21日最高裁判所第三小法廷判決
　本件建物の707号室の台所や便所からの汚水が607号室の天井裏に配されている場合に、排水管はコンクリートスラブの下にあるため、707号室から本件排水管の点検・修理は不可能であり、607号室からその天井裏に入ってこれを実施するしか方法はない。この場合は構造及び設置場所に照らし建物の区分所有等に関する法律2条4項にいう専有部分に属しない建物の附属物に当たり、かつ、区分所有者全員の共用部分に当たると解するのが相当である。（判時1715号20頁）。

② 平成3年11月29日東京地方裁判所判決
　本件の雑排水管は共用部分と見られる床下と階下の天井との間に敷設されており、維持管理の面からは、むしろ、「本件マンション全体への附属物」というべきであり、建物区分所有法2条4項から除外される専有部分に属する建物の附属物とはいえず、同法2条4項の専有部分に属しない建物の附属物に該当すると解するのが合理的である。したがって、本件雑排水管取替工事については、建物区分所有法18条1項の「共用部分の管理」として集会の決議で行うことができるというべきである（判時1431号138頁）。

基礎用語 25

Q. 耐震診断とは？　【マンションの維持管理はどうするの？】

A. 耐震診断とは，地震に対する建物の強さの診断である。

解説

■耐震診断とは？

建物の地震に対する強さが耐震性能です。建物には常に重さや力がかかっています。建物そのものの重さ，人や家具等の重さ，雪が積もったときの雪の重さ等は垂直方向にかかる鉛直荷重です。また，地震（地震力）や台風（風圧力）などの横からの力は水平荷重になります。地震や台風のときには鉛直荷重に加えて水平荷重が建物に加わるので，建物の強度を高めておくことが必要です。地震に対する安全性，受ける被害の程度を判断するのが**耐震診断**となります。

■新耐震基準と旧耐震基準

マンションについては，「1981年以前につくられたものは旧耐震基準のものなので，耐震診断をしてください」と，よく言われます。これは，1978年の宮城県沖地震を受けて，1981年に建築基準法施行令が改正され，一次設計，二次設計の概念が導入されたからです。

一次設計では構造耐力上主要な部分の地震時の応力（外力により内部に生じる力）度が許容応力度を超えないことを確認し（建築基準法施行令82条），二次設計では地震による変形に関する計算及び材料強度による耐力計算を行い，基準を満たすことを確認（同施行令82条の2～82条の4）します。

こうした基準に沿ってつくられたものを「**新耐震基準**」によるものとしており，それ以前のものを「**旧耐震基準**」によるものとしています。ですから，旧耐震基準でつくられたマンションに耐震性能が低いマンションが多い可能性があります。

さらに，「旧旧耐震基準」という呼び方をされることがあります。これは，1968年の十勝沖地震の被害を踏まえ，1971年（昭和46年）に建築基準法施行令を改正し，RC造の帯筋の基準を強化したからです。そこで，1971年よ

り前につくられたものは「旧旧耐震基準」と呼ばれることがあるのです。こちらは，旧耐震基準でつくられたマンションよりも，さらに耐震性能が低い可能性が高いです。

■ Is 値

耐震診断の基準値としてIs値と呼ばれるものがあります。これは，構造耐震指標で，地震力に対する建物の強度，靱性（じんせい：変形能力，粘り強さ）を考慮し，建築物の階ごとに算出するものです。**「建築物の耐震改修の促進に関する法律（耐震改修促進法）」**に基づいて定められた告示「特定建築物の耐震診断及び耐震改修に関する指針」（平成7年建設省告示第2089号）では，震度6～7程度の規模の地震に対するIs値の評価を，以下のように定めています。

● Is 値

Is 値 0.6 以上	：倒壊，又は崩壊する危険性が低い
Is 値 0.3 以上 0.6 未満	：倒壊，又は崩壊する危険性がある
Is 値が 0.3 未満	：倒壊，又は崩壊する危険性が高い

■ 耐震診断の仕方は？

診断には簡易診断と精密診断があり，簡易診断は柱と壁の断面積とその階が支えている建物重量から計算する最も簡便な方法です。精密診断は柱と壁のコンクリートと鉄筋の寸法から耐力を計算して，その階が支えている建物重量と比較する計算方法で，コンクリートの圧縮強度・中性化等の試験，建物の劣化状態（ひび割れ・漏水・鉄筋の錆・コンクリート爆裂）などの調査も併せて行われます。どちらも図面が必要になってきます。

● 耐震基準の変遷

旧耐震基準		新耐震基準
第1世代（旧旧基準）	第2世代（旧基準）	第3世代

1968年（M7.9）十勝沖地震
1971年 建築基準法施行令改正（柱の帯筋間隔を細かく）
1978年（M7.4）宮城県沖地震
1981年 建築基準法施行令改正（新耐震設計法の導入）
1995年（M7.3）兵庫県南部地震
1995年 耐震改修促進法制定

Is 値の求め方
Is = $E_0 \times S_D \times T$
 E_0：保有性能基本指標（建物が保有している基本的な耐震性能を表す指標）
  → Is を求めるに当たって最も重要な指標＝C（強度の指標）×F（粘り強さの指標）
 S_D：形状指標（平面・立面形状の非整形性を考慮する指標）
  1.0 が基準で建物形状や耐震壁の配置バランスが悪いほど数値が小さくなる
 T：経年指標（経年劣化を考慮する指標）

基礎用語 26

Q. 耐震補強工事とは？　【マンションの維持管理はどうするの？】

A. 耐震補強工事とは，耐震性能を高めるための工事で，耐震改修工事ともいう。

[解説]

■耐震補強工事

地震に弱い建物を補強する耐震補強工事には多様な方法があります。それぞれの長所と短所を踏まえて方法を選択することです(54頁，55頁の表参照)。例えば，「制震スリット」の新設や，空き住戸が多い場合は上層階の住戸の撤去などにより，耐震性を高める方法もあります。こうした取組には管理組合として専門委員会を設置し，説明会を十分に行い，専門委員会設置や積立金から出すことを耐震改修推進決議として総会の決議を行うことが望ましいです。推進決議は過半数決議で，実施には工事内容により普通決議の場合と特別決議の場合があります(第2部Q17参照)。

■免震工法・制震工法

耐震性能を高めるために，耐震工法とともに免震工法，制震工法があります。免震工法は，建物に免震層をつくり，そこで建物を変形させることで，建物の固有の周期を短くし，建物本体に入ってくる地震力を低減します。建物基礎部分に免震装置と呼ばれるものを設置することが多くなっています。

制震工法とは，地震の際にはダンパーなどの制震装置が揺れを吸収して，エネルギーに変える建築工法です。根本的に揺れをかわそうとする免震工法

●地震の揺れ

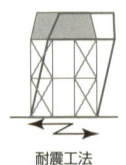

耐震工法	免震工法	制震工法
建物の骨組みなどを強化し地震の揺れに対して建物の破壊を防ぐ	地震の衝撃（揺れ）を吸収し，地震のエネルギーを建物に伝わりにくくする	地震時に発生する建物の変形を制震装置が吸収し，地震エネルギーが建物に伝わりにくく揺れを低減

に対し，制震工法は地震の揺れを柔らかく受け止めるという工法です。

■**耐震補強工事の費用負担**

　耐震補強工事の費用は，通常の計画修繕と同様に，区分所有法19条に基づいて，共用部分の持分割合に応じることが原則です。その際に考慮すべきこととして，工事により居住性や財産性に影響を与える場合の価値補填費用や，工事に伴い仮住まいが求められる場合の費用等をどのように考えるかということがあります。補填の費用は以下の項目を考慮し，仮住まいの費用も区分所有者間で負担し合うことが望ましいでしょう。

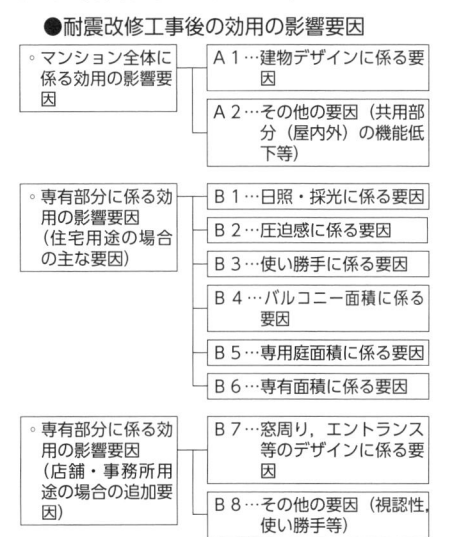

●耐震改修工事後の効用の影響要因

マンション全体に係る効用の影響要因	A1…建物デザインに係る要因
	A2…その他の要因（共用部分（屋内外）の機能低下等）
専有部分に係る効用の影響要因（住宅用途の場合の主な要因）	B1…日照・採光に係る要因
	B2…圧迫感に係る要因
	B3…使い勝手に係る要因
	B4…バルコニー面積に係る要因
	B5…専用庭面積に係る要因
	B6…専有面積に係る要因
専有部分に係る効用の影響要因（店舗・事務所用途の場合の追加要因）	B7…窓周り，エントランス等のデザインに係る要因
	B8…その他の要因（視認性，使い勝手等）

●居住性等の影響に対する費用の算定方法（概念図）

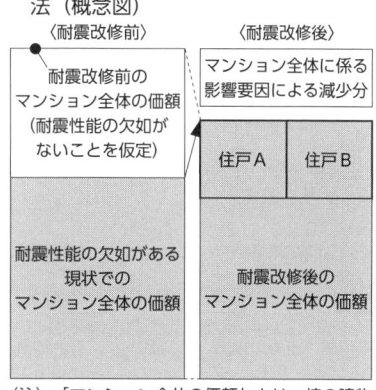

〈耐震改修前〉　　〈耐震改修後〉

耐震改修前のマンション全体の価額（耐震性能の欠如がないことを仮定）

マンション全体に係る影響要因による減少分

住戸A　住戸B

耐震性能の欠如がある現状でのマンション全体の価額

耐震改修後のマンション全体の価額

（注）「マンション全体の価額」とは一棟の建物及びその敷地の価額を意味する。

各住戸の「影響を受ける専有部分に係る居住性等の影響に対する費用」を算定する。

■**耐震補強工事の合意形成**

　耐震補強工事の実施において，区分所有法上の共用部分の変更の手続（耐震改修促進法に基づく場合は第3部219頁を参照）については以下のとおりです。

① 　特別決議か普通決議かは，「形状又は効用の著しい変更を伴うか伴わないか」により変わってきます。多くは「伴う」もので，区分所有法17条1項の共用部分の変更となり，特別決議（4分の3以上の賛成）に，軽微な変更であれば普通決議（同法18条1項，39条）となります。

② 　専有部分の使用に特別の影響を及ぼす場合，すなわち，工事により，ある専有部分への出入りが不自由になったり，採光・通風が悪化する等の場合には，その所有者の承諾が必要となります（同法17条2項）。ただし，一時的なもの，例えば，工事中のみ不自由であるものは含みません。

●耐震補強工事の種類

工事の種類	居住者への影響	工期・工事費
①枠付き鉄骨ブレース補強	耐震壁のない箇所 住戸内での設置は仮住居が必要 工事後の使い勝手や部屋の広さに影響等	1構面30日程度（躯体工事のみ、仕上げ除く） ②より高い
②RC造壁増設	耐震壁のない箇所 住戸内での設置は仮住居が必要 工事後の使い勝手や部屋の広さに影響等	1構面30日程度（躯体工事のみ、仕上げ除く） 200万円程度（躯体工事のみ、仕上げ除く）
③増打ち壁	既存耐震壁のある箇所 住戸内での設置は仮住居が必要 工事後の使い勝手や部屋の広さに影響等	1構面30日程度（躯体工事のみ、仕上げ除く） 200万円程度（躯体工事のみ、仕上げ除く）
④鋼板壁増設	耐震壁のない箇所 住戸内での設置は仮住居が必要 工事後の使い勝手や部屋の広さに影響等	1構面30日程度 ②より高い
⑤そで壁補強	ピロティ階等の柱 住戸内での設置は仮住居が必要 工事後の使い勝手や部屋の広さに影響等	1部材30日程度（躯体工事のみ、仕上げ除く） ②より安い
⑥外付けフレーム補強	既存建物外側に柱・梁フレームを新設 住戸内に入らないので仮住居不要 敷地に余裕が必要	10階建SRC造マンションで約6か月 ①より高い
⑦バットレス補強	既存建物の外側にバットレスを新設 住戸内に入らないので仮住居不要 敷地に余裕が必要	10階建SRC造マンションで約6か月 ①より高い

（国土交通省「マンション耐震化マニュアル　平成19年6月」より作成）

耐震補強工事とは？ 55

工事の種類	居住者への影響	工期・工事費
⑧鋼板巻き立て補強	ピロティ階等の柱 住戸内の柱を補強する場合は仮住居が必要 工事後の使い勝手や部屋の広さに影響等	柱1本2週間程度 柱1本80万円程度
⑨炭素繊維巻き補強	ピロティ階等の柱 住戸内の柱を補強する場合は仮住居が必要 使い勝手や専有面積への影響は少ない	柱1本1日程度 柱1本80万円程度
⑩RC巻き立て補強	ピロティ階等の柱 住戸内の柱を補強する場合は仮住居が必要 使い勝手や専有面積減少への影響がある	⑧より安いが、工期は⑧より長い
⑪耐震スリットの設置	柱に付いている腰壁やそで壁 住戸内を補強する場合は仮住居が必要 使い勝手や専有面積減少への影響がある	切断する長さに応じて，2万円/m程度
⑫免震	既存の柱や基礎 住戸内を補強する場合は仮住居が必要 使い勝手の影響はほとんどなく，面積の増減もない	10階建SRC造マンションで10か月程度 ①より高い
⑬制震	耐震壁のない箇所 住戸内を補強する場合は仮住居が必要 使い勝手や専有面積減少への影響がある	10階建SRC造マンションで2〜6か月 ①より高い

基礎用語 27

Q. リノベーションとは？　【マンションの維持管理はどうするの？】

A. リノベーションとは，大規模な改修である。

[解説]

■大規模改修（リノベーション）とは？

　リノベーションとは大規模な改修ですが，なぜ，必要になるのでしょうか。

　建物は「**老朽化**」します。一般的に，建物の老朽化には大きく2つの意味があります。

　1つは建物の物質としての老朽化で，物理的・化学的・生物的な要因から，物の機能や性能が低下することです。これは「**劣化**」と呼ばれるものです。

　もう1つは，社会的情勢や技術の進歩により，建物の性能・機能が相対的に低下することです。これは「**陳腐化**」と呼ばれるものです。

　このように，建物の老朽化は，物としての側面だけでなく，時代に合った機能を備えているか，経済的であるか，社会的水準からみて劣っていないか，これらが総合して決まります。ですから，建物の原状を維持するだけの修繕ではなく，**改良も含めた改修，大規模改修（リノベーション）**が必要です。

●マンションの経年による性能の変化と修繕・改良

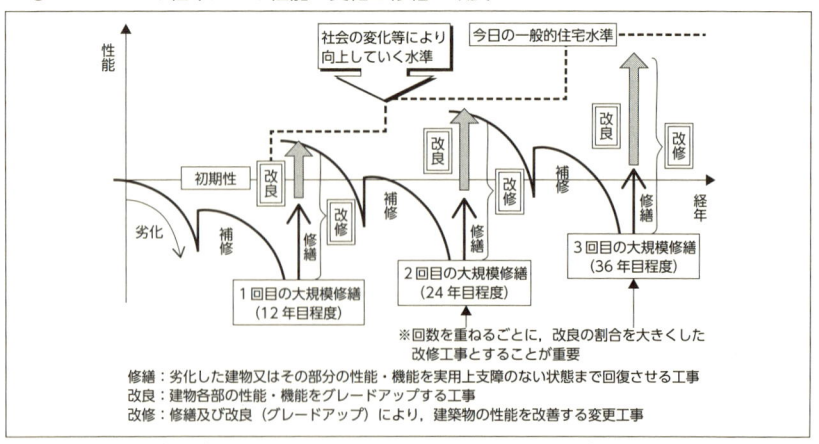

（図：性能の経年変化を示すグラフ。初期性、劣化、補修、1回目の大規模修繕（12年目程度）、2回目の大規模修繕（24年目程度）、3回目の大規模修繕（36年目程度）、社会の変化等により向上していく水準、今日の一般的住宅水準を示す）

※回数を重ねるごとに，改良の割合を大きくした改修工事とすることが重要

修繕：劣化した建物又はその部分の性能・機能を実用上支障のない状態まで回復させる工事
改良：建物各部の性能・機能をグレードアップする工事
改修：修繕及び改良（グレードアップ）により，建築物の性能を改善する変更工事

出典：国土交通省資料（http://www.mlit.go.jp/kisha/kisha04/07/070603_.html）

■大規模な改修には特別決議が必要

　従来，わが国では建物の維持管理は，修繕か建替えかの二者択一の傾向が強かったのですが，欧米諸国ではリノベーションの方法がとられてきました。ちなみに，リノベーションと似た言葉として，「リフォーム」があります。リノベーション（renovation）とは，古い建物を新たな使用に耐えられるように修繕，改造することであり，リフォーム（reform, alteration）とは，建設後年数が経て陳腐化した建物の内装・外装・設備・デザイン等を改良することです（日本建築学会編『建築学用語辞典』（岩波書店，第2版，1993）による）。つまり，建築学では以下のように使い分けています。

●建築学の改修レベルの分類とマンションで実行するための決議要件

　　レベル I ：修理・修繕　　　　　　　→過半数決議
　　レベル II ：改良・改修（リフォーム）→過半数あるいは4分の3以上の賛成多数決議
　　レベル III ：大規模改良・改修（増床，建物利用変更，サポート拡充，外装衣替え，住戸内部全面改造，共用空間改変・外部環境整備等）
　　　　　　　　　　　　　　　　　　　　→4分の3以上又は全員賛成による決議
　　レベル IV ：建替え　　　　　　　　　→5分の4以上の賛成多数の決議

●普通（過半数）決議でよいと考えられている具体的な改善行為

① バリアフリー化の工事：建物の基本的構造部分を取り壊す等の加工を伴わずに階段にスロープを併設し，手すりを追加する工事
② 耐震改修工事：柱や梁に炭素繊維シートや鉄板を巻き付けて補修する工事や構造躯体に壁や筋かいなどの耐震部材を設置する工事で基本的構造部分への加工が小さいもの
③ 防犯化工事：オートロック設備を設置する際，配線を空き管路内に通したり，建物の外周に敷設したりするなど共用部分の加工の程度が小さい場合の工事や，防犯カメラ，防犯灯の設置工事
④ IT化工事：光ファイバー・ケーブルの敷設工事を実施する場合，その工事が既存のパイプスペースを利用するなど共用部分の形状に変更を加えることなく実施できる場合や，新たに光ファイバー・ケーブルを通すために，外壁，耐力壁等に工事を加え，その形状を変更するような場合でも，建物の躯体部分に相当程度の加工を要するものではなく，外観を見苦しくない状態に復元する場合
⑤ 計画修繕工事：鉄部塗装工事，外壁補修工事，屋上等防水工事，給水管更生・更新工事，照明設備，共聴設備，消防用設備，エレベーター設備の更新工事
⑥ その他：小規模な集会室・駐車場・駐輪場の増改築工事。窓枠，窓ガラス，玄関扉等の一斉交換工事，既に不要となったダストボックスや高置水槽等の撤去工事
☆ 階段室部分を改造したり，建物の外壁に新たに外付けしたりして，エレベーターを新たに設置する工事は特別多数決議

☞ 大規模な改修（リノベーション）を韓国などでは「リモデリング」と呼んでいる。

基礎用語 28

Q. 修繕履歴情報とは？　【マンションの維持管理はどうするの？】

A. 修繕履歴情報とは，修繕の履歴であり，広義には，新築時の状態と現状，今後の予定（計画）を含む。

解説

■修繕履歴情報とは？

　マンションの維持管理を進める上で，新築時の図面や書類，保守・点検・修繕の記録は大切になります。これらの情報が**修繕履歴情報**です。大規模修繕に必要なだけでなく，震災からの復興工事，日常的な保守・点検，耐震診断にも必要です。

　では，修繕も含めてどのような記録を残すべきでしょうか。工事記録はマンションの弱点や不具合，施工不良などを探す手掛かりとなります。特に，過去の大規模修繕の履歴は，次の大規模修繕を行う上でとても重要な記録になります。その基本として，マンションの設計図書の保管は必須です。2000年に制定されたマンション管理適正化法で，マンションの図面を分譲会社が管理組合の管理者に引き渡すことが義務付けられています。

■諸外国のマンションの修繕履歴

　米国カリフォルニア州やフランスでは，管理組合の共用部分の修繕履歴（計画を含む）の整備が法で位置付けられ，中古住宅購入者はその情報開示を求める権利があり，管理状態が市場で評価される仕組みがあります。フランスでは「修繕カルネ」と呼ばれ，履歴情報のストックが義務付けられています。日本のマンションでも履歴情報の蓄積は管理組合業務に位置付けられています（マンション標準管理規約）。

■修繕履歴が誰でも見られるしくみ：みらいネット／ID番号を持ついえかるて

　日本の住宅の履歴情報の蓄積の仕組みが変化してきています。財団法人マンション管理センターが運営する「みらいネット」では，各マンションの様々な情報が開示されており，その中の1つに修繕履歴があります。

　修繕履歴を含む，**住宅履歴情報（いえかるて）**を生成，蓄積・開示し，適

正な修繕・リフォームの実施促進が日本の重要な課題になっています。そのため，住宅履歴情報蓄積・活用推進協議会（いえかるて協議会）では，日本国中の住宅にID番号を振れる体制を持ち，様々な住宅に関する情報を共通のしくみにのっとり，集約できる体制がつくられています。

●マンションで保存すべき書類

次の11項目について，マンション管理適正化法及び同施行規則で分譲会社から管理組合が図面の引渡しを受けることが決められている。

(1) 付近見取図	(5) 二面以上の立面図	(9) 小屋伏図
(2) 配置図	(6) 断面図又は矩計図	(10) 構造詳細図
(3) 仕様書（仕上げ表を含む）	(7) 基礎伏図	(11) 構造計算書
(4) 各階平面図	(8) 各階床伏図	

これだけでは足りない。管理がスムーズにできるように以下の情報を蓄積する必要がある。

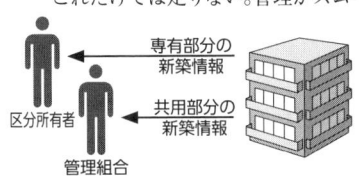

新築時の住宅履歴情報『いえかるて』には，分譲会社等から管理組合が受け取るものと，区分所有者が受け取るものがある。
（★を付したものは区分所有者が受け取るもの。）

分譲会社から受けとる！　新築のときの『いえかるて』

届出
1. 確認申請副本
2. 検査済証
3. 一団地認定申請副本
　（団地の場合）
など

図面
1. 仕様書
2. 意匠図（建築図）
3. 構造図
4. 構造計算書
5. 機械設備図
6. 電気設備図　など

書類
1. 管理規約
2. 長期修繕計画（書）
3. 売買契約書★
4. 重要事項説明書★
5. 保証書★
6. 取扱説明書★　など

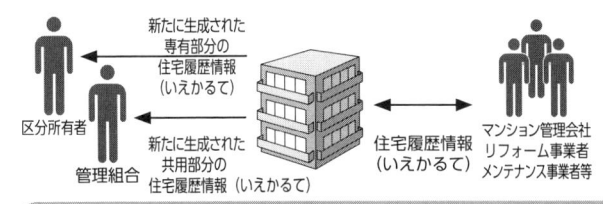

住宅履歴情報『いえかるて』には，大規模修繕や調査・点検の記録など，維持管理段階の情報も重要である。これらを活用し管理・修繕を行う。

みんなで集める！　修繕のときの『いえかるて』

届出
1. 専有部分修繕申請
　（管理組合でルールを定めている場合）
2. 許認可申請
　（共用部分で必要な場合）
など

図面等
1. 仕様書
2. 仕上表
3. 改修図
　（意匠図・設備図等）
4. 調査診断報告書
など

書類
1. 工事請負契約書
2. 竣工引渡書類
3. 保証書
4. 取扱説明書
5. 使用材料・機器一覧
6. 長期修繕計画見直し
など

基礎用語 29

Q. マンション建替えとは？　【マンションの維持管理はどうするの？】

A. マンション建替えとは，区分所有者が合意し，古い建物を解体し，新しい建物を建設することである。

解説

■マンション建替えとは？

　マンション建替えとは，区分所有者が合意し，古い建物を解体し，新しい建物を建設することです。今までのマンション建替え事例をみると，**劣化（物理的老朽化）** よりも，**陳腐化（社会的・機能的・経済的老朽化）** が原因の場合が多いです。マンションは築20年を超えると，2度目の大規模修繕・給排水管の修繕など，修繕費用負担が高くなります。特に，初期に供給されたものは長期修繕計画の立案やそれに基づいて修繕費用を積み立てるといった制度が整備されておらず，こうした場合には一時金の負担が高くなります。しかし，所有者の費用負担能力が異なるために，足並みがそろわず，修繕実施が難しくなりがちです。さらに，新規に供給されているマンションと比較すると，専有部分では住戸専有面積が狭い，洗濯機置場がない，電気容量が低いなどがあり，共用部分ではエレベーターがない，駐車場が少ないなど，相対的に質が低い等があります。そのため，当初に供給された建物の維持管理だけではなく，物的向上を伴う改善を行う必要性がありますが，共用部分の改善は所有者の合意形成・費用負担の点で実施することは難しいのが現状で，将来のことも考えて建替えを検討するマンションがあります。

　最近は，耐震性能の点から建替えを検討するマンションも増えています。

■マンション建替えの決議

　マンション建替えは区分所有者及び議決権の各5分の4以上の多数の賛成があれば決議できます。区分所有法が2002年に改正され，以前からあった様々な要件が全て撤廃され，それとともに，各区分所有者の自己責任のもとで，建替えを決議することがより一層重要となり，区分所有者が十分な判断材料と期間を得るための項目が新たに新設されました（区分所有法62条4項

～6項)。

　いきなり建替え決議をするのではなく，準備段階・検討段階・計画段階と進みます。また，決議をする前に，推進決議をすることが多くみられます。

　マンション建替えの決議は，区分所有法62条1項で「集会においては，区分所有者及び議決権の各5分の4以上の多数で，建物を取り壊し，かつ，当該建物の敷地若しくはその一部の土地又は当該建物の敷地の全部若しくは一部を含む土地に新たに建物を建築する旨の決議をすることができる。」と規定しています。

●建替えの法的手続の流れ（条文は区分所有法）

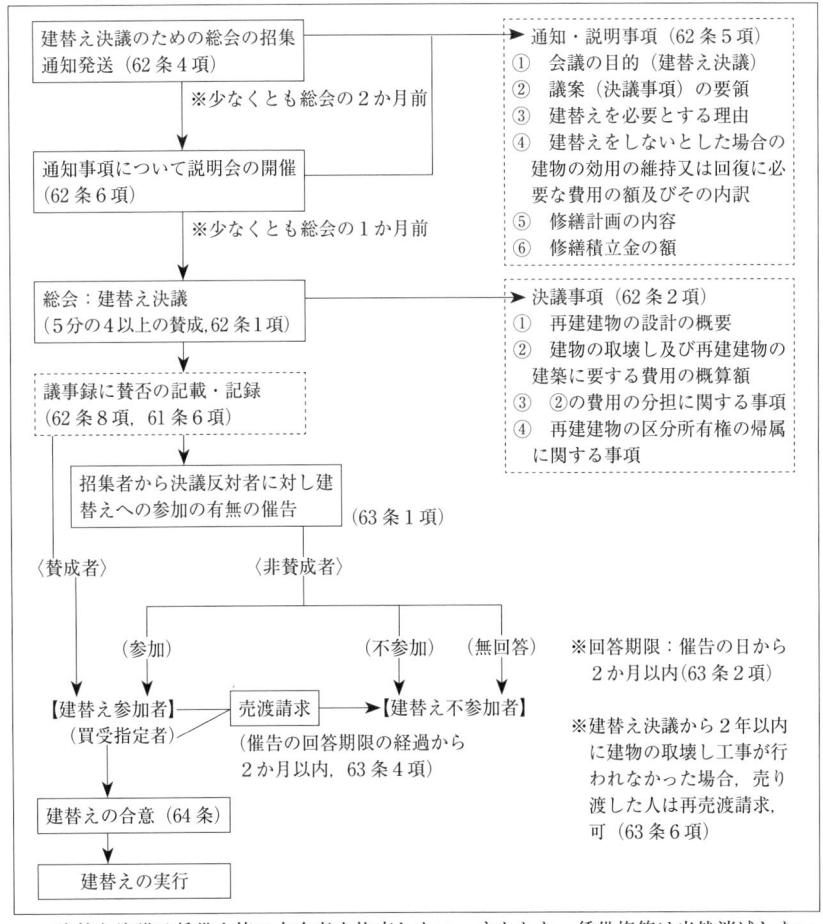

```
建替え決議のための総会の招集     →  通知・説明事項（62条5項）
通知発送（62条4項）                ①  会議の目的（建替え決議）
        │                         ②  議案（決議事項）の要領
        │ ※少なくとも総会の2か月前  ③  建替えを必要とする理由
        ↓                         ④  建替えをしないとした場合の
通知事項について説明会の開催          建物の効用の維持又は回復に必
（62条6項）                          要な費用の額及びその内訳
        │                         ⑤  修繕計画の内容
        │ ※少なくとも総会の1か月前  ⑥  修繕積立金の額
        ↓
総会：建替え決議                  →  決議事項（62条2項）
（5分の4以上の賛成，62条1項）        ①  再建建物の設計の概要
        │                         ②  建物の取壊し及び再建建物の
        ↓                            建築に要する費用の概算額
議事録に賛否の記載・記録            ③  ②の費用の分担に関する事項
（62条8項，61条6項）                ④  再建建物の区分所有権の帰属
        │                            に関する事項
        ↓
招集者から決議反対者に対し建
替えへの参加の有無の催告
                    （63条1項）
   ┌────┴────┐
〈賛成者〉  〈非賛成者〉
       ┌──────┼──────┐
     （参加）  （不参加）（無回答）   ※回答期限：催告の日から
                                     2か月以内（63条2項）
【建替え参加者】← 売渡請求 →【建替え不参加者】
（買受指定者）  （催告の回答期限の経過から  ※建替え決議から2年以内
                2か月以内，63条4項）       に建物の取壊し工事が行
        │                                 われなかった場合，売り
        ↓                                 渡した人は再売渡請求，
建替えの合意（64条）                        可（63条6項）
        │
        ↓
建替えの実行
```

☞　建替え決議は賃借人等の占有者を拘束しない。すなわち，賃借権等は当然消滅しない。

基礎用語 30

Q. 団地型マンション建替えとは？【マンションの維持管理はどうするの？】

A. 団地型マンション建替えは，棟別に行う場合と，一括で行う場合がある。

[解説]

■ 団地型マンションの建替えの決議とは？

　団地型マンションの建替えには，「棟別建替え（棟ごとの建替え）」と「一括建替え」の制度があります。

《棟ごとの建替え》

　棟ごとの建替えは，棟の区分所有者及び議決権の各5分の4以上の多数による集会の決議（区分所有法62条1項）又は全員の同意（同法69条1項1号）が必要です。そして団地管理組合（法人の場合も含む）の集会において，議決権の4分の3以上の多数による承認の決議が必要です。これは，団地で土地を共有している場合，1棟の建替えが，将来も含めて他の棟にも影響を及ぼすためです。承認決議では，各自の議決権は土地の共有持分割合です（同条2項）。建替え棟の区分所有者は，その棟の建替え決議に賛成しなかった場合でも承認決議では賛成したとみなされます（同条3項）。ある棟に特別な影響を及ぼす場合は，その棟の区分所有者全員の4分の3以上の議決権を持つ区分所有者の賛成が必要です（同条5項）。承認決議の集会招集は，集会開催の少なくとも2か月前に，再建建物の設計概要をも示して発することが必要です（同条4項）。なお，2013年5月現在で区分所有建物のみで構成されている団地での一部の棟のみの建替え実績はみられず，実質的には困難性が高くなっています。

《一括建替え》

　数棟の一括の建替えは，その棟の全区分所有者の合意が必要です。そのために，各棟の決議の際に，複数棟一括建替えすることを承認決議します（区分所有法69条6項）。この決議があれば該当する棟の全区分所有者が合意したとみなされます（同条7項）。団地内建物の全部が区分所有建物である場合に一括建替えするには，それらの敷地が共有であること，団地全体の規約

に基づいて管理が行われていることが必要です。この場合には，団地全体で一括建替え決議を行います。ここでは，各自の議決権は土地の共有持分割合となります（同法70条2項）。そして，決議には，再建団地敷地の一体的な利用についての計画の概要，再建建物の設計の概要，費用の概算額，費用分担に関して，再建建物の区分所有権の帰属などを示して決議をします（同条3項）。

一括建替え決議は，全体の区分所有者及び議決権の各5分の4以上の賛成と，各棟の区分所有者及び議決権（規約で別段の定めがない場合は共用部分の持分割合）の各3分の2以上の賛成が必要です。

●敷地を共有する団地の建替えの考え方（条文は区分所有法）

	団地内の建物の建替え承認決議（69条）	団地内の建物の一括建替え決議（70条）
決議の適用要件	①団地内の数棟の建物の全部または一部が区分所有建物であること ②団地内の特定建物（建替えを行う建物）の所在する土地が当該団地内建物の団地建物所有者（65条）の共有にあること注 ※団地内の数棟の建物の全部または一部が区分所有建物	①団地内建物の全部が区分所有建物であること ②当該団地内建物の敷地が当該団地内建物の区分所有者の共有にあること ③団地管理組合の規約により，団地内の建物が管理の対象とされていること注 ※団地内建物の全部が区分所有建物 ※団地管理組合の規約で，団地内の建物が管理の対象とされている
決議の成立要件・議決権の考え方	①団地内の特定建物について，区分所有建物の場合はその建替え決議（62条）またはその区分所有者の全員同意があること，区分所有建物以外の建物の場合はその所有者の同意があること ②団地建物所有者の団体の団地集会において議決権の4分の3以上の多数による承認決議を得ること ・①の各区分所有建物の建替え決議における議決権は，規約に別段の定めがない限り，専有部分の床面積の割合による（38条，14条） ・②の団地内建物の建替え承認決議における議決権は，規約に別段の定めがある場合であっても，土地の持分割合による（69条2項）	①団地内建物の区分所有者で構成される団地集会において，区分所有者及び議決権の各5分の4以上の多数による賛成を得ること，かつ各団地内建物ごとに区分所有者及び議決権（38条）の各3分の2以上の多数による賛成を得ること ・団地全体の決議成立を確認する議決権は，規約に別段の定めがある場合であっても，敷地の持分割合による（70条2項で準用する69条2項） ・ただし，各団地内建物ごとの決議成立を確認する議決権は，規約に別段の定めがない限り，専有部分の床面積の割合による（38条，14条）

注：建物の敷地利用権が所有権以外の権利である場合は，その権利が準共有に属していること。
出典：国土交通省住宅局市街地建築課「よくわかるマンション建替え実務マニュアル」（ぎょうせい，2006）

基礎用語 31

Q. 建替え決議で反対した人は？【マンションの維持管理はどうするの？】

A. 建替え決議で反対した人に対して、売渡請求をすることができる。

[解説]

■建替え決議で反対した人は？

建替え決議成立の後、区分所有法上の手続として以下の過程をたどります。

① 決議の際に建替えに賛成でなかった人（例えば、決議に出てこない人、何も言わない人）に参加するか否かを回答するよう書面で催告する（区分所有法63条1項）。
② 2か月以内に回答しなければならず（同条2項）、その期間内に回答しなかった場合は建替えに参加しないものとみなす（同条3項）。
③ さらに2か月の間に、買受け指定者などは、建替えに参加しない人々に対し、区分所有権及び敷地利用権を**時価**で売り渡すように請求をする。区分所有権及び敷地利用権を相続したり売却されたりした場合にも、その被相続人や譲受人に請求できる（同条4項）。
④ 売渡請求された区分所有権及び敷地利用権が移転される。

建替え決議をし、2年が経っても建物の取壊しの工事に着手しない場合は、買い取られた人は買戻しを請求できます（同条6項）。これは「建替えるから……」とだまし取ることや、追い出すことを防ぐためです。この場合にすぐに工事にかかれない正当な事由があれば買戻しを請求できません。

■売渡請求

売渡請求ができるのは建替えに参加する区分所有者及び買受け指定者です。買受け指定者とは、建替えに参加する区分所有者全員の合意により選ばれた者です。売渡請求ができる期間は、催告が到達した日から2か月の翌日から2か月以内です。なお、**売渡請求権**は「**形成権**」であるため、売渡請求の意思表示が相手に到達した時点で売買契約が成立し、区分所有権及び敷地利用権が売渡請求者に移転します。売渡請求をした者は代金を支払い、請求を受けた者は建物を明け渡すことになります。また、1年を超えない範囲で、明

渡しの期限の許与するように裁判所に請求することはできます。

現実には，賛成をしなかった人に売渡請求した事例が多いわけではありません。決議後に事業へ参加することの意思表示が行われる等があります。その一方で，売渡請求の後，訴訟となるケースもあります。

●売渡請求で裁判になった事例（江戸川アパートの建替え）

所　在　地	東京都新宿区
従前建物建築年	1934年（昭和9年）竣工
敷　地　面　積	6,813.70m²
建替え決議等	2002年の区分所有法改正前であったため，区分所有法62条による建替え決議
事　業　手　法	全員同意による任意建替え（等価交換方式）
建替えの経緯	2001年5月コンペにより事業協力者に選定，2002年3月建替え決議成立，2003年7月建替え工事着工，2005年5月建替え工事完了

延　床　面　積	約12,270m²	⇒	約20,211m²
階　数・棟　数	地上6階，地下1階，地上4階，2棟	⇒	地上11階，地下1階
総　戸　数	258戸	⇒	234戸
間　取　り	1ルーム～4K	⇒	1ルーム～4LDK
専　有　面　積	約10m²～約85m²	⇒	27m²～120m²

建替え非賛成者は31人で，売渡請求を9人に行い，うち，8名について売渡請求の時価について訴訟となった。なお，この事例では「時価」が問題となったが，工事着工には合意をしてもらい工事に取りかかった。裁判は最高裁までいき，約2年がかかった。最高裁は，下記の時価の考え方を支持し，かつ，時価の評価時点は，「建替え決議が成立した時点における価額」とした。

●時価とは？

建替え決議が成立した時点における価額
① （建替えが完成した場合の再建建物及び敷地利用権の価格[*1] −建替えに要した費用）×持分
② （再建建物の敷地とすることを予定した更地価格[*2] −建物取壊し費用）×持分
　①及び②の両方を鑑みて決める。
＊1　近傍類似地域の新築分譲マンションの販売事例等から再建建物の新築販売価格の総額を算出し，ここから現物建物の取壊費用及び再建建物の建築に要する費用等を控除して算出する方法によるのが相当。
＊2　近傍類似地域において再建建物に類似する分譲マンションの敷地にする目的で開発業者によって取得された事例を対象とする取引事例比較法によって算出するのが相当。

●被災したマンションの時価の考え方

「時価」は「具体的には更地となった建物敷地の価格から建物除去費用を控除した金額によって算定するのが相当であるとした。」そして，「売渡請求権行使時点での，本件敷地の建付地価格を建物除去費用を勘案しつつ，取引事例比較法による比準価格，収益還元法による収益価格及び開発法による価格から査定し，各区分所有物の位置に基づく階層別・位置別効用積数比を求め，建付地価格を効用積数比により配分する方法」を妥当と判断した。なお，本判決では費用の過分性，決議の手続的瑕疵，代金額の提示がない売渡請求の有効性，売渡請求により成立した売買契約の取消・解除，建替え反対者による再売渡請求，所有権移転登記手続・建物明渡しと代金支払との同時履行が争点となった。
阪神淡路大震災で被災したマンションの判例（神戸地裁平成11年6月21日判決，控訴，判時1705号112頁）（マンション管理センター通信1999年10月号・判例のひろば45）

基礎用語 32

Q. マンション建替え円滑化法とは？
【マンションの維持管理はどうするの？】

A. マンション建替え円滑化法とは，マンション建替えの事業を円滑にするために整備された法律である。

[解説]

■マンション建替え円滑法とは？

　区分所有法に基づいて**建替え決議**をした後，建替えの事業を円滑に進めるために「**マンションの建替えの円滑化等に関する法律**」が2002年6月に公布，同年12月に施行されました。この法律では，国は方針を策定し，地方公共団体・国は，マンションの建替えを円滑にできるように支援することが位置付けられています。**建替え合意者**5人以上で定款及び事業計画を定め，都道府県知事（市の区域内にあっては，市長）の認可を受けて，法人格を持つ**マンション建替組合**を設立します。申請については建替え合意者の4分の3以上の同意を得ます。施行者・地方公共団体・国は，賃借人も含めた居住の安定を考慮することになります。これにより，建替事業の際に建替組合が施行者になり，建替組合として契約すること，建替え前の建物の抵当権者の権利を新しいマンションに移行すること，建替えに伴い退去する区分所有者・借家人の転居が自治体の支援を受けること，あるいは，建替えに賛成したが権利変換計画に合意しない人に対し，売渡し請求をすることができるようになりました。

■円滑化法での手続

　円滑化法では，マンション建替組合と個人の施行の場合が可能ですが，一般的には組合の施行となります。組合設立には決議に賛成した者5人以上が共同して定款・事業計画を作成し，知事等の認可を受けます。その際，建替え合意者の4分の3以上かつ議決権も4分の3以上の同意が必要です。

　申請があれば知事等は内容を審査し，基準に適合すると判断した場合は，市町村を通じて事業計画を2週間縦覧させ，認可したときはすぐに告知します。

　組合は認可を受けたら30日以内に設立総会を招集します。設立総会では

役員等の選出・選任を行い，理事長が選出されたら，知事等に届け出ます。なお，組合は事業完成後に解散しようとするときは，知事等から認可を受け告知されます。また，理事が清算者となり決算報告書を作成し，知事等の承認を得て組合員に報告することとなります。

●マンション建替え円滑化法に基づく事業実施の４つのステップ

> **ステップ１　建替組合の設立段階**　参加組合員を選定し，定款及び事業計画を策定し，建替組合の設立に対する建替え参加者の所要の同意を得て（建替え同意者の４分の３以上の同意），知事等の認可を受け，建替組合を設立する。
>
> **ステップ２　権利変換段階**　建替組合は，建替え不参加者[*1]に対して売渡し請求を行い，建替え参加者を確定した上で，権利変換計画を策定する。権利変換計画に対する建替え参加者の同意を得て[*2]，知事等の認可を受け，権利変換を行う。
> *1　権利変換を希望しない旨の提出　*2　組合員の５分の４以上の同意及び関係権利者の同意
>
> **ステップ３　工事実施段階**　事業計画や権利変換計画に基づき，実施設計を確定し，建替えの建築工事を施工する。工事が完了すると，必要な登記や清算業務を行う。
>
> **ステップ４　再入居・新管理組合の設立段階**　新マンションに再入居し，新マンションの管理組合を発足する。新マンションの管理組合設立に合わせて新しい管理規約などを作成する（知事等の認可）。

●マンションの建替えの円滑化等に関する法律の概要

> 《成立の背景》：マンションの建替えを行う団体の法的な位置付けや運営ルールが不明確で，意思決定や契約行為などが円滑にできない，区分所有権や抵当権等の関係権利を再建したマンションに移行させるための法的な仕組みがないこと等が課題であり，それに対応する必要があった。
> 《内容》：区分所有法に基づく建替え決議を行う。その後の手続について以下のとおりとする。
> - 建替え決議がされた場合，マンション建替組合は建替え合意者５人以上で知事等の認可で組合（**法人格所有**）を設立する。申請は建替え合意者の４分の３以上の同意を得る。
> - 民間ディベロッパー等が参加組合員になることが可能である。
> - 組合は，総会における５分の４以上の多数決決議により，**権利変換計画**を定め，知事等の認可を受ける。
> - 認可を受けた権利変換計画に従い，区分所有権，抵当権等の**関係権利が再建されたマンションに移行**する。
> - **登記を一括申請**できる。
> - 組合は，権利変換計画についての総会の議決に賛成しなかった組合員に対し，その区分所有権等を時価で**売り渡すことを請求**できる。賛成しなかった組合員は，組合に対して，その区分所有権を時価で買い取ることを請求できる。
> - 施行者・地方公共団体・国は，賃借人も含めた**居住の安定**を考慮することとなる。
> - 国は方針を策定し，地方公共団体・国はマンションの建替えを円滑にできるよう支援する。
> - 地元の市町村長は，保安上危険又は衛生上有害な状態にあるマンションに**建替え勧告**ができる。
>
> 《法制度創設の際につくられた支援措置》
> - 優良建築物等整備事業（マンション建替えタイプ）：調査設計計画費，土地整備費，共同施設整備費などに対する補助制度
> - 都市再生住宅制度：従前居住者の民間賃貸住宅借上げ家賃の補助制度
> - 住宅金融支援機構（都市居住再生融資）：60歳以上の高齢者の死亡時一括償還制度適用可能
> - 民間再開発促進基金による債務保証制度：既存抵当権抹消資金に対する債務保証
> - 本法に基づくマンション建替事業に伴う所得課税・流通課税等の特別措置

基礎用語 33

Q. 復旧とは？　【マンションの維持管理はどうするの？】

A. 復旧とは，災害等で被害を受けたものを元の状態に戻すことである。

[解説]

■復旧とは？

　2011年3月11日に起こった東日本大震災でもマンションは被害を受けました。そこで，それを復旧するには，建物の被害の状態により区分所有法上の手続が異なってきます。

　　保存行為………各区分所有者，管理者が単独
　　簡単な修繕……理事会で決議

　それ以上は，何らかの形で，総会で区分所有者全員に意思を諮る必要があります。

○小規模滅失の場合（建物価格の2分の1以下の滅失）

　専有部分は自分で，共用部分も各区分所有者が行えますが，それより以前に集会の復旧決議が行われた場合は行えません。決議は普通決議です。

○大規模滅失の場合（建物価格の2分の1を超える滅失）

　集会で区分所有者及び議決権の各4分の3以上の多数での決議が必要です。なお，賛成しなかった人は賛成した人に建物及び敷地を時価で買い取ることを請求できます。

○建替え決議は区分所有者及び議決権の各5分の4以上の賛成が必要です。

　東日本大震災では建物を解体し，共有関係を解消し，管理組合を解散する道を選択したマンションがありました。これは，区分所有法には規定がないことから，民法に従い，全員の合意が必要でした（これにより被災マンション法改正）。

　なお，建物価格の2分の1以下を判断するための「建物価格」とは，建物の再調達価格から経年減価を差し引いた額をもって「一部滅失前の状態における建物全体の価格」に代え，復旧に必要な補修費用の見積額をもって滅失した部分に代えるという考え方が取られています（日本不動産鑑定協会カウンセラー部会作成マニュアルより）。

■6か月経っても復旧も建替えも決議がない場合は……

　各区分所有者は他の区分所有者に対して，建物並びに敷地に関する権利を時価（基礎用語31参照）で買い取ることを請求できます。

●建物が一部滅失した場合の共用部分の復旧の手続（条文は区分所有法）

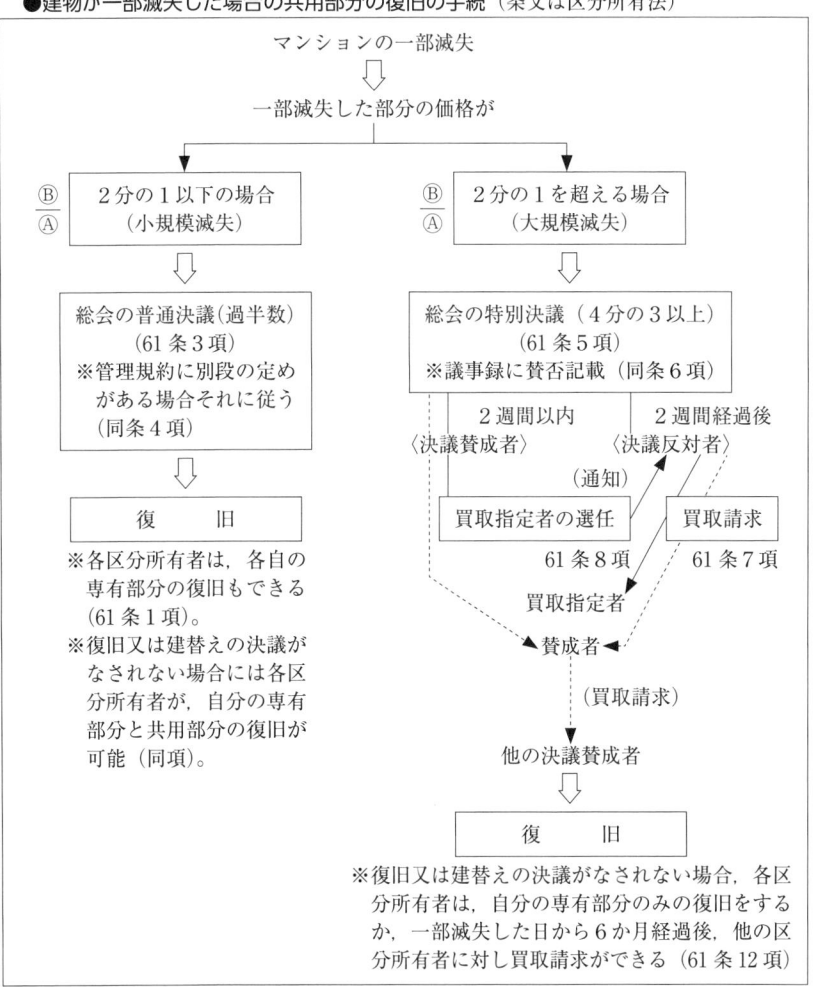

```
                    マンションの一部滅失
                           ⇩
                    一部滅失した部分の価格が
           ┌───────────────┴───────────────┐
           ⇩                               ⇩
    Ⓑ/Ⓐ  2分の1以下の場合           Ⓑ/Ⓐ  2分の1を超える場合
         （小規模滅失）                   （大規模滅失）
           ⇩                               ⇩
    総会の普通決議（過半数）          総会の特別決議（4分の3以上）
        （61条3項）                       （61条5項）
    ※管理規約に別段の定め             ※議事録に賛否記載（同条6項）
     がある場合それに従う
        （同条4項）                   2週間以内        2週間経過後
           ⇩                       〈決議賛成者〉       〈決議反対者〉
         復　旧                        （通知）
    ※各区分所有者は，各自の         買取指定者の選任     買取請求
     専有部分の復旧もできる            61条8項         61条7項
     （61条1項）。                          ↓
    ※復旧又は建替えの決議が              買取指定者
     なされない場合には各区                ↓
     分所有者が，自分の専有          ──▶ 賛成者 ◀──
     部分と共用部分の復旧が                ↓
     可能（同項）。                    （買取請求）
                                          ↓
                                     他の決議賛成者
                                          ⇩
                                        復　旧
                               ※復旧又は建替えの決議がなされない場合，各区
                                分所有者は，自分の専有部分のみの復旧をする
                                か，一部滅失した日から6か月経過後，他の区
                                分所有者に対し買取請求ができる（61条12項）
```

●「建物価格の2分の1」の考え方

$$\frac{Ⓑ}{Ⓐ} = \frac{〔復旧に必要な補修費用の見積額〕}{建物再調達価格－経年減価〔一部滅失前の状態における建物全体の価格〕}$$

これが「2分の1以下か」「超える」か

基礎用語 34

Q. ペット飼育の問題とは？【マンションの居住ルール，マナーって何？】

A. ペット飼育の問題とは，ペットの飼育に伴う居住者間のトラブルである。

[解説]

■ペット飼育の問題とは？

　私たちの暮らしにおいて，身近な小動物，犬や猫に癒されることが多くなっています。しかし残念なことに，ペットをめぐるトラブルも多くあります。マンション総合調査（平成20年度）では約8割のマンションが何らかのトラブルを抱えており，その中で最も多いのが，居住者間のマナーをめぐるトラブルです。ペット飼育のトラブルがあるというマンションは，34.8％と，約3分の1です。

　居住者が感じているペット飼育による迷惑や被害は「動物の鳴き声」が多く，そのほか，「共用部分の汚れ」，例えば，糞尿の不始末，それによる不愉快な臭い，そして「動物の専有部分への侵入」で，「ベランダを通って動物が室内に入る」や，「走り回る音がうるさい」，「隣戸や階下に毛が飛ぶ」，「犬にほえられて怖い思いをした」などです。

■まずは問題の予防から

　ペットは，少子高齢化社会の到来から，より一層，人生の伴侶としてコンパニオンアニマルとして位置付けられる一方で，ペットアレルギーの人もいて，私たちの生活に与える影響が大きくなっています。だからこそ，マンション居住者全員が納得する形での解決策を探し出し，実行することが難しくなっています。ですから，問題が深刻化する前にしっかりと予防策を講じましょう。ペット飼育にはルールが必要です。マンションのルールとして管理規約があります。ペット飼育に関することはマンション居住者にとって重要なことですので，管理規約で決めておきましょう。そして，ペット飼育を可能とした場合には，管理規約に基づいてペット飼育細則を定めましょう。

　そして，ルールを作ればそれをしっかりと守ってもらうように広報，普及啓

発が必要です。守っていない人には,「文書等による勧告」などが必要です。

■ペット飼育ルールの実態

先のマンション総合調査によると,「禁止している」が52.1％,「種類や共用部分での通行形態などを限定し,認めている（条件付き飼育可）」が39.4％,「全面的に認めている」が,2.7％,「規則はない」が4.9％です。近年分譲されたマンションの9割以上で「条件付き飼育可」と,条件を決めて飼育を認める傾向にあります。

●ペット飼育問題の解決へ

ステップ1：飼育の実態の把握。
ステップ2：居住者,不在所有者も含め,飼育についての意向・意見の把握。
ステップ3：実態や意見を踏まえ,飼育の可否,ルールの検討。
ステップ4：説明会や広報を通じて居住者へのルールの周知と理解促進。

規約の改正が伴う場合には,総会を開き,4分の3以上の賛成が必要となる。

また,問題予防のためにルールのあいまいな記述は避ける。例えば,「他の居住者に対して迷惑又は危害を及ぼすおそれのある動物（小鳥及び魚類は除く）を飼育することを禁止する」では,「迷惑をかけなければ何を飼育してもよい」と理解される場合がある。

飼育を認める場合には,動物などの種類・数などの限定,管理組合への登録・届出による動物飼育の状態の把握,専有部分での飼育の仕方,共用部分の利用方法,糞尿の処理など,飼育者が守るべきこと,被害に対する責任,違反者に対する措置などを決める必要がある。また,ペット飼育者でペットクラブを組織し,飼育方法の申合せや,周囲の方に迷惑をかけないための研修を行うなどの方法もある。ペット飼育者のマナー向上のための取組は重要である。

なお,目指すべき方向に時間をかけても,確実に進むことが必要である。現在飼育しているペットのみ一代限りで認め,その後は禁止する方法もある。その場合には,飼育されているペットの写真などで確認できるようにする。

●ペット飼育のルールの内容例〈規約・使用細則〉

マンション標準管理規約（単棟型）コメント
第○条　ペット飼育を希望する区分所有者及び占有者は,使用細則及びペット飼育に関する細則を遵守しなければならない。ただし,他の区分所有者又は占有者からの苦情の申し出があり,改善勧告に従わない場合には,理事会は,飼育禁止を含む措置をとることができる。

中高層共同住宅使用細則モデル　ペット飼育細則
第12条（遵守事項）　飼育者は,他の居住者の迷惑となる行為をさせないよう,動物を適正に管理するために,次の各号を遵守しなければならない。
　一　飼育は専有部分で行うこと
　二　バルコニー等で給餌,排尿,排便,ブラッシング,抜け毛の処理をしないこと
　三　盲導犬を除き,エレベーター,廊下等の共用部分等では,必ず動物を抱きかかえるかケージに入れて運ぶこと
　四　共用庭等の敷地及び屋上等共用部分で動物を遊ばせる等の行為をさせないこと
　五　動物の習性を理解し,運動不足による無駄吠え,発情期における鳴き声等に注意すること

基礎用語 35

Q. 違法駐車とは？　【マンションの居住ルール，マナーって何？】

A. 違法駐車とは，マンション内の決められた所以外に駐車することである。

[解説]

■違法駐車とは？

　マンションの違法駐車問題は，マンション総合調査（平成20年度）では，トラブルの第3位で，31.2％のマンションで最近1年間に生じています。違法駐車とは，法への違反だけでなく，マンション内のルールに違反し，他の居住者に迷惑をかけるものも含まれます。

　こうした問題には，①マンションに用事があり訪ねてきた人が，一時的に車を置くスペースがない，②駐車場が不足していて，他人の駐車スペースや来客用スペースを占用する人がいる，③マンションは私有地であり，警察が立ち入りにくく，その一方で，マンション居住者が自分たちのマンション内の変化や環境に関心が低いため，マンション居住者以外の人が車を駐車したり，不法に捨てたりする，などが原因としてあります。

■スペースの新設・増設

　一時利用等の駐車スペースや来客用駐車場が全くない場合に駐車スペースを増設することはできますが，これには次のような手続が必要です。

　理事会などで案を十分に検討します。それまで緑地だった所が駐車スペースになると，その周りの住戸の方への配慮が必要です。騒音や排気，人の出入り，安全性等は大丈夫か，また，法的に問題がないかの検討も必要です。マンション建設時の近隣協定等により，緑地等を削れないこともあります。

　次に，総会に提案し，議決をします。増設が専有部分の使用に特別な影響を及ぼす場合は，総会の決議だけでは足りず，その専有部分の所有者の承諾が必要です。

　さらに，過半数決議ではなく，特別決議が必要な場合もあります。これは，増設する駐車場の種類や規模によって「形状又は効用の著しい変更を伴う」

場合となり，区分所有者及び議決権の各4分の3以上の多数による決議が必要となります（区分所有法17条）。

■昼間の来客用スペースの確保

新たにスペースをつくらないで対応した例もあります。昼間に使われていないスペースを利用する方法です。もちろん無断駐車は困りますので，管理員に届け出てもらい，「駐車許可証」をフロントガラス内に置くのに加え，訪問先の部屋番号や連絡先，利用予定時間も明記しておく例があります。こうした取組は，協力者を募ることや，管理組合が朝・昼・夕方に駐車場の空き調査を行い，昼間の不在スペースを把握した上で実現しています。

■違法駐車をさせない体制づくり

迷惑な駐車の予防には，管理組合の取組が必要です。実際にどんなことが行われているかは以下のとおりです。

●マンションにおける違法駐車予防の取組例

- 広報誌で啓発する。
- 禁止看板，規制看板などを設置する。
- 駐車禁止エリアを設け表示する。
- 駐車しにくいようプランター等を置く。
- 違法駐車には警告票を挟み込む。
- 来客用駐車には駐車許可書を発行する。
- 来客用駐車は予約制とする。
- ロボットゲートを設置する。
- 夜間・休日などに見回りをする。

■駐車場余り対策と外部貸し出し

最近は，超高層マンションをはじめとして，駐車スペースが余る問題も深刻です。その場合に，駐車スペースを貸し出すと税金がかかる場合があります。分譲マンションの駐車場収入に対する法人税課税について見解が示されました（2012年2月）。マンション管理組合が空きスペースを入居者（区分所有者）以外に公募して貸し出した場合，収益事業とみなして，その分の収入だけが課税対象になるとしています。よって，貸すスペースの設定の仕方とルールによって，駐車場の使用については，①外部使用部分だけでなく，区分所有者の使用も含め，その全てが収益事業に該当する，②外部使用部分のみが収益事業に該当する，③区分所有者への使用のみならず，外部使用部分も含め，その全てが収益事業に該当しない，の3つのケースが生じます。外部使用の募集の仕方，区画が分離していること等がありますので，十分に配慮することが必要です（国税庁「マンション管理組合の区分所有者以外の者へのマンション駐車場の使用を認めた場合の収益事業の判定について」2012年2月13日付）。

基礎用語 36

Q. 専有部分のリフォームの手続は？
【マンションの居住ルール，マナーって何？】

A. 専有部分のリフォームの手続は，区分所有者が管理組合に届け出て承認を得る。

解説

■リフォームのトラブルとは？
　専有部分のリフォームにまつわるトラブルは，マンション総合調査（平成20年度）によると，過去1年の間に5.4％のマンションで発生しています。どんなトラブルがあるのでしょうか。
《構造に影響を与える工事》隣の住戸を購入し，2つの住戸をつなぐために勝手に壁を取り除いた事例や，ユニットバスを入れるために梁などの建物の大事な躯体を解体した事例があります。これでは，建物の構造に影響を与え，安全性が低下します。
《防火性が低下する工事》玄関ドアを和風にしたいとガラス入りドアにしたり，ベランダを囲ったりする事例があります。共用部分であれば個人で勝手に改造できないだけでなく，マンション全体の防火性が低下します。
《近隣住戸に迷惑となる工事》絨毯敷きだったリビングをフローリングにしたら下の階の住戸に大変響き，トラブルになった事例があります。
《共用部分への配慮不足の工事》リフォーム資材搬入により，共用部分を傷つける，工事作業員の車がマンション内に違法駐車をする，あるいは，工事作業員で見知らぬ人がマンション内に多く出入する等が問題となる事例があります。
《近隣生活を脅かす工事》床を解体する，間仕切を撤去する，タイルをはがす等の大掛かりな工事による騒音や，夜間や休日の工事等により，近隣住戸の快適な暮らしが阻害される事例があります。

■必要なリフォームのルールとマナー，手続は？
　上記のような困った事例を出さないためにルールをしっかりつくり，規約や使用細則に明記，運用し，区分所有者のマナーを高める必要があります。
① リフォーム工事の内容の指針をつくります。専有部分のリフォームの使

用細則があるマンションは61.3％です（平成20年度マンション総合調査より）。どんな工事ができるのか，あるいはできないのか。これはマンションによって違います。例えば，マンションによって遮音性能が異なるため，フローリングのための具体的な床衝撃音の遮音等級L値を定める等があります。また，構造によっては住戸間の壁を一定限度で撤去可能な場合があります。マンションに合った指針が必要です。

② リフォーム工事承認のルールをつくります。工事前に管理組合に届出をして，理事会の承認を得ます。その際に，近隣の承諾を得て，工事内容が分かる図面（設計図・仕様書・工程表等）をつけます。提出書類の部数や，工事の何日前に提出するのか，どんな工事が該当するのかも決めます。

③ リフォーム工事実施のルールをつくります。工事可能な日時，資材置場や搬入方法，工事作業員であることの表示（腕章義務付け等）や休憩場所，工事用車の駐車スペース，共用部分の養生の仕方，ゴミの処理などです。

④ 居住者全体に工事の内容を知らせます。振動や騒音を含め，全体の居住者に何らかの影響を与える可能性があるからです。また，近隣に配慮するマナーを高めます。所有者自らが挨拶に行き，工事期間や振動・騒音の可能性等を説明します。事前に分かることで問題予防につながります。

⑤ 共用部分の計画修繕の情報を区分所有者にしっかりと伝えます。完了したばかりのリフォーム部分を撤去して共用部分の工事を行うことを避けるためです。管理組合が共同管理する範囲を明確にすることも大事です。

こうした取組を管理組合が行うことがトラブル予防につながります。

● L値（床の遮音等級）

遮音等級		L-30	L-35	L-40	L-45	L-50	L-55	L-60	L-65	L-70	L-75	L-80	備考
床衝撃音	人の走り回り，飛び跳ねなど	・通常ではほとんど聞こえない	・ほとんど聞こえない	・関こえない	・かすかに聞こえるが，遠くから聞こえる感じ	・小さく聞こえる	・聞こえる	・よく聞こえる	・発生音がかなり気になる	・うるさい	・かなりうるさい	・うるさくて我慢できない	低音域の音，重量・柔撃源
	椅子の移動音，物の落下音など	・聞こえない	・通常ではほとんど聞こえない	・ほとんど聞こえない	・小さく聞こえる	・聞こえる	・発生音が気になる	・発生音がかなり気になる	・うるさい	・かなりうるさい	・大変うるさい	・うるさくて我慢できない	高音域の音，軽量・硬撃源
	生活実感，プライバシーの確保	・上階の気配を全く感じない	・上階の気配を感じることがある	・上階で物音がかすかにする程度 ・気配は感じるが気にはならない	・上階の生活が多少意識される状態 ・スプーンを落とすとか素足が気に聞こえる ・大きな動きはわかる	・上階の生活状況が意識される ・椅子を引きずる音が聞こえる ・歩行などがわかる	・上階の生活行為がある程度わかる ・椅子を引きずる音うるさく感じる ・スリッパ歩行音が聞こえる	・上階住戸の生活行為がわかる ・スリッパ歩行音がよくわかる	・上階住戸の生活行為がよくわかる	・たいていの落下音がはっきり聞こえる ・素足でも聞こえる	・生活行為が大変よくわかる ・人の位置がわかる ・すべての落下音が気になる ・大変うるさい	・同左	生活行為，気配での例

(注) 本表は室内の暗騒音を30dBA程度と想定してまとめたものである。暗騒音が20〜25dBAの場合には，1ランク左に寄ると考えたほうがよい。

特に，遮音等級がD-65〜D-50，L-30〜L-45の高性能の範囲では，暗騒音の影響が大きく，2ランク程度左に寄る場合もある。

出典：日本建築学会編『建築物の遮音性能基準と設計指針』（技術堂出版，第2版，1999）

基礎用語 37

Q. バルコニーは誰のもの？
【マンションの居住ルール，マナーって何？】

A. バルコニーはみんなのもの，共用部分である。

[解説]

■バルコニーは誰のもの？

　マンションのバルコニーは多くの事例では共用部分です。それを各住戸の人が**専用使用**しています。そこで，使い方にはルールがあります。なぜ共用部分なのでしょうか。どうして使い方にルールがいるのでしょうか。

① 　バルコニーは建物の大事な躯体です。だから，勝手な使い方をして建物を傷めると困ります。共用部分として適正に維持保全する必要があり，それを阻害するものは取り除く必要があります。

② 　それぞれの住戸が勝手な使い方をすると，建物全体の美観を損ねます。

③ 　重い物を置き，荷重がかかりすぎると，落下の危険等があります。

④ 　使い方によっては下階に水が浸透する等，近隣居住者に迷惑をかける可能性があります。

⑤ 　避難経路を失い，居住者の生命が危険にさらされる可能性があります。

　したがって，バルコニーは共用部分とし，勝手な使い方を認めず，管理組合が規約や使用細則で使い方を決めているのです。

■困った使い方

　バルコニーに温室をつくる，物置を置く，人工芝を張る，庭園にする，アンテナを設置するなどです。

　このようなバルコニーの使い方が問題になっているマンションが全国で15.2％あります。

　こうした使い方が問題になるのは，多くのマンションではバルコニーは避難経路になるからです。例えば，住戸内で火事が発生すると，玄関から共用廊下に逃げ

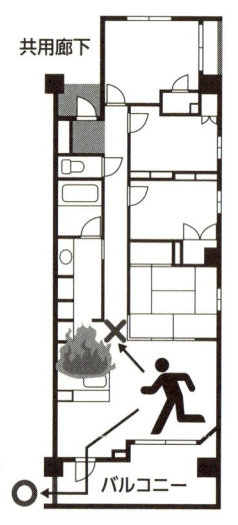

る以外に，もう1つの避難経路を確保することが必要です。バルコニー側に出て，バルコニーを伝って逃げる方法です。ですから，バルコニーに物置などがあれば，避難の際には，自分や隣の住戸の方の命にかかわることになります。マンションでお互いが安心して居住するには，万が一に備え，避難経路をきちんと確保した利用の仕方がとても大切になります。ですから，物置が置いてあるとか植木鉢がいっぱいで通れないことは問題なのです。

■人工芝はいけないの？

避難の邪魔にならないのに人工芝を張るのはいけないことでしょうか。必ずしもいけないとは限りません。人工芝が問題になるのは，管理組合がバルコニーの防水工事をする際です。共用部分ですから，管理組合は修繕する義務があります。そこで，防水工事をする際に各住戸の所有者が手間や費用を負担して人工芝を外す等のルールを明確にしたうえで認めることがあります。

バルコニーに多くの土を入れて庭園にすることを禁止するのは，土の重さや下階への水の浸入等を考慮してのことです。美観を考慮し，衛星放送用のアンテナの設置を禁止しているところが多くなっています。

しかし，何もかも禁止では，**マンションライフ**が窮屈になってしまいます。そこで，前記①〜⑤の原因を考え，どんな場合なら認めるのか，管理組合でルールを作ることが必要です。

●ルールを作る際の参考になる裁判事例

バルコニーに物置を設置した人に，物置撤去を命じた判例があります。物置は間口1.5m，奥行き90cm，おおむね人の身長ぐらいの高さでした。取り外しての移動が容易ではないこと，バルコニーの清掃がしにくく落ち葉がたまり，排水の妨げになること，防水工事の際に移動の手間暇がかかること，外観を悪くしていることなどから，撤去命令が出されました。美観面，緊急時の避難の妨げとなる機能面，修繕工事への影響，そして躯体への影響等を考慮して総合的に判断されました。(東京地判平成3年11月19日判時1420号82頁)

●使用細則例

(バルコニー等での禁止行為)
第○条　バルコニー等の専用使用権者は，バルコニー等において，次の各号に掲げる行為をしてはならない。
　一　煉瓦，モルタル，コンクリート及び多量の土砂による花壇等（芝生を含む。）の設置又は造成
　二　家屋，倉庫，物置，サンルーム，ビニールハウス，縁側，遊戯施設その他の工作物の設置又は築造
　三　テレビ用アンテナ，アマチュア無線アンテナ，音響機器及び照明機器等の設置
　四　緊急避難の妨げとなる物品の設置又は放置
　五　手摺りを毀損し，又は落下のおそれのある物品の設置若しくは取付け
　六　多量の撒水
　七　その他バルコニー等の通常の用法以外の使用

基礎用語 38

Q. マンションの賃借人の権利・義務は？
【マンションの居住ルール，マナーって何？】

A. マンションの賃借人には，規約を順守する等，マンション居住者としての権利と義務がある。

解説

■**賃借人の権利・義務は？**

　区分所有者はどこにいても管理組合の構成員です。しかし，住戸を借りて住んでいる賃借人は法的には「**占有者**」といい，管理組合の構成員ではありません。

　したがって，管理費や修繕積立金を支払うという区分所有者の義務や，総会に出席して議決権を行使する権利はありません。だからといって，規約や総会で決まったことを守らなくてよいわけではなく，ペット飼育のルール，夜間に騒がない等，マンションのルールを守って暮らすことが必要です。また，必要があれば，総会に出席して意見を言うことができます（区分所有法44条）。居住者としての責任は，マンションの利用に係る部分です。

■**賃借人が周りに迷惑をかける場合**

　賃借人がルールを守らず周りに迷惑をかける場合には，管理組合はどうすればよいでしょうか。

　住戸の所有者である家主は，賃貸借契約違反として契約解除ができます。しかし，家主が対処しない場合には，管理組合は直接この居住者に「やめろ」と，あまりにもひどい場合は「出ていけ」と言うことができます。区分所有法では，マンションでは共同の利益に反する人，その居住者が区分所有者の場合には，損害賠償請求あるいは差止め請求ができます（区分所有法57条，58条）。さらに区分所有権の競売の請求もできます（同法59条）。また，その居住者が賃借人の場合には，区分所有者全体でこの人をマンションから転居してもらうことを可能としています（同法60条）。

　しかし，この規定は厳しいものなので，いつでも使えるわけではありません。問題を解決するためには退去してもらうしかないという客観的要件と，

かつ，区分所有者の特別多数決が必要です。区分所有者及び議決権の各4分の3以上の多数決を集会でしなければなりません。また，区分所有者や占有者の弁明を事前に受ける必要があることを区分所有法で規定しています。

● ルール違反の賃借人の追い出し

事例1　区分所有者が専有部分を暴力団組長に貸したため，マンション内に組関係者が出入りし，他の暴力団との抗争もあって，他の居住者に対してボディーチェックをしたり，婦女子をからかったり，ベランダに鳩小屋の設置，駐車場の無断使用，その他の不品行等ルール違反の行為が多く行われたため，管理組合は，賃借人である暴力団組長と賃貸人である区分所有者に，組長の退去を求めた。（判例紹介　マンション管理センター通信1990年11月号・判例のひろば1　横浜地判昭和61年1月29日，東京高判昭和61年11月17日，最判昭和62年7月17日）

事例2　ある宗教団体が専有部分を借りて教団施設として使用していたことから，他の居住者に不安や恐怖を与えるなどして，「共同の利益に反する行為」として，管理組合は集会の決議に基づき，賃貸借関係の解除及び退去明渡しを求めた。
（大阪高判平成10年12月17日判時1678号89頁）

事例3　マンションの区分所有者Aから住戸を使用貸借しているBは，専有部分内で大声でどなったり，居住者の名誉を毀損する悪口を叫んだり，ボール等を床，壁，梁にたたきつける行為を行い，広範囲の居住者が被害を受けていた。また，Bは，排水管清掃や消防設備点検などにも協力していなかった。
　理事長Cは，Bとの話合いは不成立で，Aと話合いをしようとしても，Bがどなりこんできて，身の危険を感じたCは警察を呼んだ。管理組合は総会の決議に基づき，Aに対し，Bの行為が区分所有者の共同の利益に反するとして，AとBの使用貸借の解除及び本件専有部分の引渡請求，競売請求を行った。
（東京地判平成17年9月13日判時1937号112頁，判タ1213号163頁）

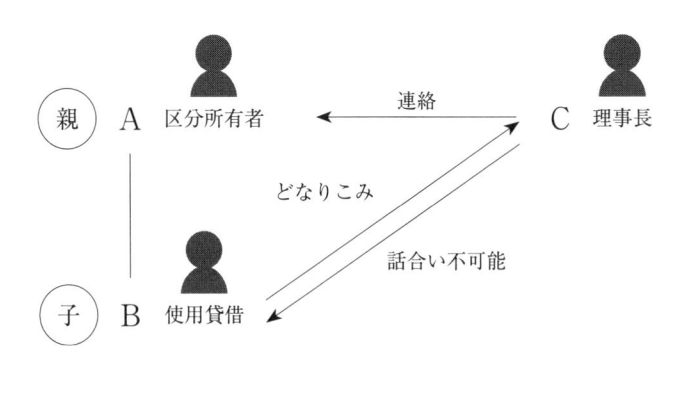

基礎用語 39

Q. マンションのコミュニティ活動とは？
【マンションの居住ルール，マナーって何？】

A. マンションのコミュニティ活動とは，マンションの居住環境を良くするための活動の中でも，人と人との交流により相互が理解し，協力し合える関係をつくるための活動である。

[解説]

■マンションのコミュニティ活動とは？

　マンションのコミュニティ活動には，居住者の日々の近所付き合いなどもありますが，単発で行うイベント・行事，継続的に行うサークルがあります。また，イベント系でも防災活動・防犯活動などの危機管理・危機回避型，スポーツ・音楽・祭り・展示等の楽しみ型等，様々です。

　マンションでイベント等を実施していない場合は約4割で，6割のマンションでは何らかのイベントをしています。年間2〜5回程度が多くなっています。全くしていないマンションは総戸数が少ないマンションが多いです。一方，イベントの回数が多いのは，戸数の多い大規模なマンションです。

　イベントとして多いものは，防災活動・清掃活動・夏祭り・餅つき大会などですが，マンションの規模や形態により，少し違っています（右の表を参照）。

■マンションのコミュニティ活動の効果

　イベント等の効果として，災害時の入居者間の助け合い，管理組合の即座な対応のみならず，居住者間のトラブルの減少，イベントを通じて管理組合の役員の担い手の発掘，総会や理事会での合意形成の円滑化などがあり，防犯・防災活動など，マンションの多様な側面から安心して暮らすための取組が多くみられます。

　例えば，「日ごろイベントに参加しにくい人が防災訓練に参加してくれた場合，縄ばしご降りで活躍してもらう。それはマンション内で役割を持つことがコミュニティの第一歩と考えているからです。こうしたことの積重ねで，上下階の音の問題がなくなりました」との報告があります。「超高層マンションで身近なコミュニティを大切にしよう。そこで，フロアーごとの食事会

やちょっとしたイベントで，いざという時に助け合える仲間作りを」と，あちらこちらで，フロアーごとやブロックごとの住民交流会がみられます。

マンションの上下階の音によるトラブルを予防するために，上下階の住居者が顔を合わせる機会をつくり，縦コミュニティの形成を目指し，そのために，防犯活動は1階段室20戸を単位に，年1回の見回りを実施します。なお，20戸という単位は大事です。20戸を超えると相互の認知能力が大幅に低下すること，仲間意識が低下することが分かりました。「挨拶運動で，車上荒らしや泥棒が減った」との報告もあります。

■コミュニティ活動は管理組合の仕事なの？

こうした活動は管理組合がすべきことでしょうか。もちろん，マンションで自治会等がある場合には，自治会が担当することもあります。しかし，あまり大きなマンションでない場合は，なかなか2つの組織をつくれず，管理組合がコミュニティ活動をすることも多いです。

気を付けるべきことは，管理組合と，町内会や自治会との関係です。町内会や自治会は，居住者のための任意参加の組織です。こうした組織への加入を強制的にする，あるいはこうした組織の活動に管理費の一部を充当するなどは，裁判になると必ずしも認められていません[注]。ですから，2つの組織の違いを理解し，各マンションに合った方法で，コミュニティ活動に取り組む必要があります。

（注）「東京簡判平成19年8月7日」及び「東京高判平成19年9月20日判例集未登載，パークシティ溝の口事件」。

●マンションで実施されることが多い行事・イベント

順位	全体	小規模マンション（～50戸）	中大規模高層マンション	超高層マンション
1	防災活動	清掃・ゴミ拾い・資源回収	防災活動	防災活動
2	清掃・ゴミ拾い・資源回収	防災活動	清掃・ゴミ拾い・資源回収	クリスマス会
3	夏祭り	懇親会	夏祭り	懇親会
4	餅つき大会	草花の手入れ	餅つき大会	夏祭り
5	草花の手入れ	季節の行事	懇親会	清掃・ゴミ拾い・資源回収

●管理組合と自治会
- 地域の町内会・自治会に管理組合として加入49％，管理組合として加入していない51％
- 管理組合しかない 56.6％，マンション居住者用自治会がある 43.4％

出典：全国のマンション約1,000の調査結果「マンションの適正な維持管理に向けたコミュニティ形成に関する研究報告」平成22年（国土交通政策研究所）

基礎用語 40

Q. マンション管理会社とは？【誰がマンションを支えてくれるの？】

A. マンション管理会社とは，管理組合から委託を受け管理業務を行う，国に登録した専門会社である。

[解説]

■マンションの管理会社とは？

多くのマンションでは管理会社が管理組合を日常的にサポートしています。では，管理会社とは何をするところでしょうか。

管理会社の業務は，大きく分けて次の4つがあります。

① 出納業務・会計業務・管理運営補助等の**事務管理業務**
② 管理員による受付や点検などの**管理員業務**
③ 共用の廊下・階段・玄関部分の清掃，植栽の手入れ等の**清掃業務**
④ エレベーターや受水槽等の設備の保守・点検等の**建物・設備管理業務**

■管理会社への委託：管理形態

管理組合が管理会社にどの業務を委託するのか，管理業務の委託の仕方に注目したタイプ分けを「管理形態」といい，4つのタイプがあります。管理会社に上記①～④の全てを委託する場合は「**全面委託（又は一括委託）**」，①～④のうち部分的に委託する場合は「**一部委託（又は部分委託）**」です。また，管理会社に委託せず管理員だけを雇用する場合は「**管理員直接雇用型**」，管理会社も管理員も雇用しない場合は「**自力管理（又は自主管理）**」です。

マンション総合調査（平成20年度）結果によると，全国のマンションで，上記①～④の全てを管理会社に委託している場合は74.9％と約4分の3，①～④を部分的に委託している場合（13.8％）あるいは②～④のみを委託している場合（1.7％）の一部委託は約15％，①～④を全く管理会社に委託していない場合は5％でした。

また，分譲時からマンションの管理会社を変更していないのは83.3％です。

■国への登録

管理会社は，事務管理業務の中の基幹事務全てを管理組合から委託を受け

る場合は国に登録する必要があり，**マンション管理適正化法**（基礎用語43参照）では，この登録をしている管理会社を「**マンション管理業者**」と呼んでいます。なお，登録には次のような一定の要件が決められています。

●マンション管理業登録要件の主な内容

(1) マンション管理業の登録について
　　登録申請書の様式・添付書類，登録要件としての財産的基礎の基準（基準資産額300万円以上），一般の閲覧に供すべき書類（登録申請書類及び添付書類，変更届出書類）を規定。
(2) 管理業務主任者の設置について
　　事務所ごとに設置すべき管理業務主任者の数を30組合につき1名以上とし，管理業務主任者の設置を要しない事務所を5戸以下のマンションのみを取り扱う事務所とする。
　　登録した管理会社は，管理会社の財産と管理組合の財産を分けること，定期的に管理組合の管理者に管理業務主任者が管理の状況を報告する等で，登録期間は5年で，問題があれば登録が取り消されることになる。

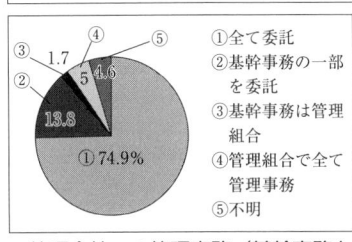

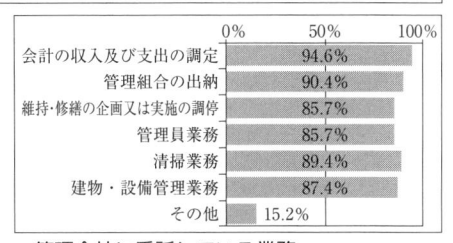

▲管理会社への管理事務（基幹事務を含む，マンションの管理に関する事務，右図の内容）の委託

①全て委託　74.9%
②基幹事務の一部を委託　13.8%
③基幹事務は管理組合　5%
④管理組合で全て管理事務　1.7%
⑤不明　4.6%

▲管理会社に委託している業務

業務	割合
会計の収入及び支出の調定	94.6%
管理組合の出納	90.4%
維持・修繕の企画又は実施の調停	85.7%
管理員業務	85.7%
清掃業務	89.4%
建物・設備管理業務	87.4%
その他	15.2%

（2つのグラフはマンション総合調査（平成20年度）より）

●管理業務の分類

事務管理業務	基幹事務	1）管理組合の会計の収入及び支出の調定 2）管理組合会計の出納 3）維持又は修繕に関する企画又は実施の調整
	基幹事務以外	1）理事会支援業務 2）総会支援業務 3）その他
管理員業務	1）受付等の業務　2）点検業務　3）立会業務　4）報告連絡業務	
清掃業務	1）日常清掃　2）特別清掃	
建物・設備管理業務	1）建物点検・検査　2）エレベーター設備　3）給水設備 4）浄化槽・排水設備　5）電気設備　6）消防用設備等 7）機械式駐車場設備	

●管理会社の系列

分　譲　会　社　系：マンションの分譲会社系列
ビルメンテナンス系：ビルのメンテナンス会社系列
施　工　会　社　系：マンションの施工会社系列
独　　　立　　　系：上記のどれでもない

基礎用語 41

Q. マンション標準管理委託契約書とは？
【誰がマンションを支えてくれるの？】

A. マンション標準管理委託契約書とは，管理組合が管理会社に委託をする場合に，委託契約書として参考とする雛型である。

解説

■マンション標準管理委託契約書とは？

　管理会社は管理組合から委託を受けて業務を行います。管理会社は委託を受けていない業務を行えません。

　管理組合と管理会社のトラブルの原因に，委託契約の内容が明確でないことがあります。委託業務の範囲や内容が明確になっていない場合に，管理組合と管理会社の間でトラブルになりやすいです。

　そこで，業務の範囲や内容を明確にして，管理組合と管理会社が**管理委託契約書を締結する必要があります。**管理委託契約書の参考にすべきものとして**マンション標準管理委託契約書**が国土交通省から出されています。

■マンション標準管理委託契約書の考え方

　標準管理委託契約書では，**マンション管理適正化法**（基礎用語43参照）に基づいて，契約更新時に管理組合に対して管理委託に関する重要事項説明が必要となったことを踏まえ，更新の申入時期を3か月前までと明記するとともに，自動更新条項がありません。つまり，双方の意志を確認し，契約を更新するものとしています。

　また，委託業務費を定額委託業務費とそれ以外の業務費に区分するとともに，委託した管理業務と委託費の関係が明確になるよう，それぞれの内訳を明記しています。免責事項を明確に，清掃業務，建物設備管理業務の内容をより詳細に規定するなど，情報開示による取引で，双方の信頼性の維持を前提としています。

　こうして，標準管理委託契約書では大きく4つの項目に分けています。また，各項目に業務費を示し，清掃業務，建物・設備管理業務は，具体的にどこの何を何回行う，などを明記するようになっています。

●標準管理委託契約書における管理業務の内容

Ⅰ．事務管理業務（出納業務・会計業務・管理運営業務）
1．基幹事務 　　　1）管理組合の会計の収入及び支出の調定 　　　　①収支予算案の素案の作成　②収支決算案の素案の作成　③収支状況の報告 　　　2）出納 　　　　①管理費などの収納　②管理費等滞納者に対する督促　③通帳などの保管等 　　　　④経費の支払　⑤帳簿などの管理 　　　3）マンションの（専有部分を除く）維持又は修繕に関する企画又は実施の調整 　　　　①長期修繕計画見直しの助言　②修繕外注の見積書の受理，発注補助，実施の確認
2．基幹事務以外の事務管理業務 　　　1）理事会支援業務 　　　　①組合員などの名簿の整備　②理事会の開催，運営の支援 　　　　③共用部分の保険等契約事務の処理 　　　2）総会支援業務　①総会の開催日程等の調整　②その他 　　　3）その他 　　　　①各種点検・検査などに基づく助言等　②各種検査などの報告，届出の補助 　　　　③図書などの保管等
Ⅱ．管理員業務（窓口業務）
1．業務実施の様態・通勤方式　①業務実施態様　②勤務日・時間　③休日　④執務場所
2．業務の区分及び業務内容 　　　1）受付等の業務 　　　　①各種使用申込みの受理及び報告　②組合員など異動届出書の受理及び報告 　　　　③宅配物の預かり，引渡し　④利害関係人に対する管理規約などの閲覧 　　　　⑤共用部分の鍵の管理及び貸出し　⑥管理用備品の在庫管理 　　　　⑦引越し業者等に対する指示 　　　2）点検業務 　　　　①建物，諸設備及び諸施設の外観目視点検　②照明の点灯及び消灯並びに管球類などの 　　　　　点検，交換　③諸設備の運転及び作動状況の点検並びにその記録　④無断駐車等の確認 　　　3）立会業務 　　　　①外注業者の業務の着手，実施の立会い　②ゴミ搬出時の際の立会い 　　　　③災害，事故等の処理の立会い 　　　4）報告連絡事務 　　　　①文書の配付又は掲示　②各種届出，点検結果，立会結果などの報告 　　　　③災害，事故などの発生時の連絡，報告
Ⅲ．清掃業務
1．日常清掃　①建物周囲　②建物内部
2．特別清掃
Ⅳ．建物・設備管理業務
1．建物点検・検査 　　　1）外観目視点検　①建物　②附属施設 　　　2）特殊建築物定期調査（建築基準法12条1項） 　　　3）建築設備定期検査（建築基準法12条3項）
2．エレベーター設備 　　　1）エレベーター設備の点検，整備 　　　2）昇降機定期検査（建築基準法12条3項）
3．給水設備（水道法施行規則に規定等） 　　　1）専用水道　①水質検査　②色度・濁度・残留塩素測定　③外観目視点検 　　　2）簡易専用水道　①貯水槽清掃　②水道法に規定する検査　③外観目視点検
4．浄化槽，排水設備（浄化法に規定等） 　　　1）水質検査　2）保守点検　3）清掃　4）排水桝清掃　5）排水管清掃 　　　6）外観目視点検
5．電気設備 　　　1）自家用電気工作物　2）1）以外の電気設備
6．消防用設備等（消防法に規定等） 　　　1）消防用設備等の点検　2）外観目視点検
7．機械式駐車場設備　　1）外観目視点検　2）定期保守点検

基礎用語 42

Q. 管理委託に関する説明会とは？
【誰がマンションを支えてくれるの？】

A. 管理委託に関する説明会とは，委託を受ける管理会社が，管理組合に対して委託業務内容を説明する会である。

解説

■管理委託に関する説明会とは？

　管理会社と管理組合のトラブルの原因としては，契約している内容が明確になっていないこともありますが，委託している内容を区分所有者が正しく理解していないことに起因するものがあります。管理会社と管理組合の代表者である管理者との間で委託契約書を締結しますが，管理組合構成員全員がその内容を理解していないと，管理業務の遂行は円滑に行えません。そこで，管理会社と管理組合が契約を締結する，または更新する際には，必ず，管理会社が契約の大事な事柄を書面で組合員全員に配付し，その内容を説明することになっています。これは**マンション管理適正化法**（基礎用語43参照）で決められています。説明会で重要事項を説明するのは**管理業務主任者**です。

■管理会社による管理委託の説明会の実施

　説明会に先立ち，書面を交付する必要があります。説明会の1週間前までに区分所有者及び管理者の全員に対して，重要事項，説明会の日時，場所を記載した書面を交付しなければなりません（右の表）。管理業務主任者は重要事項説明を記載した書面や説明会の日時・場所を記載した書面に記名押印します。

　契約が成立すると，管理会社は管理者等に対し，遅滞なく右の表の内容を記載した書面を交付します。ただし，管理会社が管理組合の管理者等である場合や管理者等が置かれていない場合は，区分所有者等全員に対し，遅滞なく書面を交付しなければなりません（マンション管理適正化法73条1項）。

　委託契約の更新時でも基本的には同様の手続をします。ただし，「同一の条件」での契約更新の場合には，管理組合に管理者が選任されている場合は区分所有者全員に重要事項を記載した書面を交付し，管理者などには重要事項を記載した書面を交付して説明をします。管理者がいない場合は，区分所

有者全員について，あらかじめ，重要事項を記載した書面を交付しなければなりません。ここでいう従前の管理受託契約と「同一の条件」とは，マンション管理業者の商号又は名称，登録年月日及び登録番号の変更等，管理組合に不利益をもたらさない契約内容の一部変更についても含むものです。例えば，全く同じ業務内容で費用を減額する場合，または同じ費用でもっと多くの業務をする場合も，広い意味で「同一の条件」に含まれます。つまり，管理組合が不利にならないように報告し，理解してもらう機会を設けることが義務付けられているのです。

●重要事項説明書の例

○○管理組合　組合員の皆様へ

○○管理会社

　貴管理組合と締結する管理受託契約の内容及びその履行に関する事項について，マンションの管理の適正化の推進に関する法律第72条に基づき，次の通り説明いたします。この内容は重要ですので，十分ご理解されますようにお願いいたします。

管理業務主任者	氏名	○○○○
	登録番号	第○○号
	業務に従事する事務所	○○　電話　○○-○○○○

説明にかかわる契約の態様：新規・更新・契約更新（契約条件同一）

1．商号又は名称，住所，登録番号及び登録年月日
2．管理事務の対象となるマンションの所在地に関する事項
3．管理事務の対象となるマンションの部分に関する事項
4．管理事務の内容及び実施方法
4-2．法76条の規定により管理する財産の管理の方法
　　貴管理組合と当社の管理委託契約における財産の管理方法は，マンション管理適正化法施行規則第87条第2項第一号「イ」に該当します。
5．管理事務に要する費用並びにその支払時期及び方法
6．管理事務の一部の再委託に関する事項
7．保証契約に関する事項
8．免責に関する事項
9．契約期間に関する事項
10．契約の更新に関する事項
11．契約の解除に関する事項
12．法第79条に規定する書類の閲覧方法
13．消費税等の税制改正に伴う税額等の変更
14．この書面の原本を交付した方のお名前
別表　本マンションの敷地及び建物に関する事項

基礎用語 43

Q. マンション管理適正化法とは？
【誰がマンションを支えてくれるの？】

A. マンション管理適正化法とは，管理組合を支援する社会体制を整備した法律である。

解説

■マンション管理適正化法とは？
　日本においてマンションは都市の主要な住宅形態ですが，全てのマンションで必ずしも管理が円滑に行われているとはいえません。適正な管理が行われないと，区分所有者の良好な生活環境が確保されないのみならず，周辺地域の住環境を損なうなど，近隣住民の生活に大きな影響を及ぼすことにもなりかねません。マンション管理の問題として次のトラブルがありました。

《マンション内部のトラブル》
　マンション内部の問題は，各マンションに合った適正なルール（規約や使用細則，長期修繕計画など）がないことに起因することが多いです。マンションは建物形態も多様であり，それぞれの利用状況なども異なります。そのため，そのマンションに合ったルールを作ることが重要な課題です。しかし，マンションの事情を鑑み，そのマンションに合ったルールを作ることには専門性が求められます。例えば以下のような問題があります。

- 管理組合の運営に関するトラブル（議決の際の区分所有者間の意見対立，規約違反行為，管理費の滞納，一部の区分所有者に有利な規約の存在，不十分な長期修繕計画，不公平な駐車場の使用ルール等）
- 居住者間の行為，マナーに関するトラブル（ペットや音による苦情，規約に違反するバルコニーの使用方法，専有部分のリフォーム等）
- こうしたトラブルを相談できる人・組織がなかった

《管理組合と管理会社のトラブル》
　マンションと外部の問題には，管理業務を委託しているマンション管理業者（管理会社）と管理組合のトラブルがあります。

- 修繕積立金等の管理をめぐるトラブル（マンション管理業者に預けていた修繕積立金がマンション管理業者名義であり，会社が倒産して返って来ない，会社の社員や管

理員が管理組合の費用を使い込んだなどがあった。マンション管理業者名義で修繕積立金等が管理されているものが約15％（平成11年度マンション総合調査（建設省））であった。その後，マンション管理適正化法ができ，法律で原則管理組合名義とするようにしたことから，平成15年度には3.1％と大幅にダウンした。）
- 管理委託契約内容の説明不足に伴うトラブル（マンション管理業者から十分な説明がなされていないため，契約解除に制限が設けられている等，管理組合に不利な契約内容となっているものが存在した。）
- 管理委託契約に係る書面交付をめぐるトラブル（マンション管理業者が書面契約に応じないなど）
- マンション管理の知識を持っていないマンション管理業者がいた

《管理組合と分譲会社のトラブル》

管理組合と分譲会社の間に生じるトラブルもあります。
- 建物の不具合，瑕疵に関するトラブル（雨漏り，水漏れ，外壁落下等）で対応しない。
- 設計図書がなく，大規模修繕の際に図面を作成する手間や費用がかかる。

■マンション管理適正化法の概要

上記のような状況に対応して，**マンション管理適正化法**（マンションの管理の適正化の推進に関する法律）が2000年に制定されました。これにより，改めて管理組合，区分所有者が主体となってマンションを管理することが位置付けられ，管理組合が主体的に管理するための支援体制が整備されました。

●マンション管理適正化法の主な内容

〔国の責任〕　「国土交通大臣は，マンションの管理の適正化の推進を図るため，管理組合による**マンションの管理の適正化に関する指針**を定め，これを公表するものとする」とある。つまり，わが国のマンション管理のあるべき姿を示す責任が国にあることが明確にされた。
〔区分所有者，管理組合の責任〕　「管理組合は，マンション管理適正化指針の定めるところに留意して，マンションを適正に管理するよう努めなければならない」と管理組合の責任が明確になり，さらに「マンションの区分所有者等は，マンションの管理に関し，管理組合の一員としての役割を適切に果たすよう努めなければならない」と区分所有者等の役割も明確になった。
〔国及び地方公共団体の支援責任〕　「国及び地方公共団体は，マンションの管理の適正化に資するため，管理組合又はマンションの区分所有者等の求めに応じ，必要な情報及び資料の提供その他の措置を講ずるよう努めなければならない」とあり，地方公共団体の役割も明確になった。
　こうして，法律において，各区分所有者，そしてそれら全員によって構成される管理組合の役割が明確になり，管理組合がどのような方向に進むべきかの指針を示し，支援する役割として行政が位置付けられた。
〔マンション管理士〕（基礎用語48参照）　マンションの管理を適正に行うためには，管理組合の運営，建物等の維持・修繕等に関する専門的知識が必要となる。しかしながら，管理組合の構成員であるマンションの区分所有者等はこれら専門的知識を十分に有していないことが多いことから，マンションの区分所有者等に対し，適正なアドバイスを行うことのできる専門家が必要とされていた。このため，本法律において，マンション管理士が国家資格として新たに創設された。マンション管理士試験に合格した者は，**マンション管理士**となる資格を有する。
〔管理会社〕（基礎用語40，41，42参照）　〔管理業務主任者〕（基礎用語47参照）
〔分譲会社〕（基礎用語44参照）

基礎用語44

Q. 分譲会社の管理上の責任は？　【誰がマンションを支えてくれるの？】

A. 分譲会社は，管理組合に図面を引き渡すほかに，管理方法を適正に初期設定する責任がある。

解説

■分譲会社の管理上の責任は？

　マンションの管理を適正に行うには，建物等の維持・修繕に係る長期的な計画をあらかじめ作成し，これを的確に実施することが必要です。しかし，現実には，マンションの維持・修繕の実施に必要な建物等に関する設計図書が交付されておらず，設計図書が紛失した等の理由から，その実施に必要な建物等の内部構造が把握できず，維持・修繕の計画的な実施に支障を来している事例が見られます。このため，マンション管理適正化法では，分譲会社（宅地建物取引業者）は，自ら売主としてマンション（新たに建設された建物で人の居住の用に供したことがないものに限る）を分譲した場合においては，1年以内に管理組合の管理者等が選任されたときは，速やかに，当該管理者等に対し，当該建物又はその附属施設の設計に関する図書を交付しなければならないことが定められました（同法103条1項，同法施行規則101条）。

　建物又はその附属施設の設計に関する図書とは，工事が完了した時点の建物及びその附属施設（駐車場，公園，緑地及び広場並びに電気設備及び機械設備を含む）に係る図書（11項目（基礎用語28参照））です。

●マンション供給のフロー

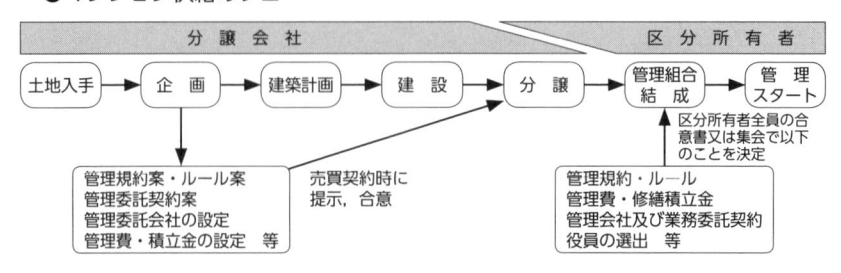

分譲会社					区分所有者	
土地入手 → 企画 → 建築計画 → 建設 → 分譲					管理組合結成 → 管理スタート	

企画段階：
- 管理規約案・ルール案
- 管理委託契約案
- 管理委託会社の設定
- 管理費・積立金の設定　等

分譲段階：売買契約時に提示，合意

管理組合結成段階：区分所有者全員の合意書又は集会で以下のことを決定
- 管理規約・ルール
- 管理費・修繕積立金
- 管理会社及び業務委託契約
- 役員の選出　等

■分譲会社の瑕疵担保責任

　分譲会社は，入居後には管理に全く関係ないわけではありません。購入したマンションに**瑕疵**があれば分譲会社に**瑕疵担保責任**を問うことができます。瑕疵とは当事者が予想していなかった物理的又は法律的な欠点です。

　例えば，新築マンションで雨漏りがするなど，建物に欠陥がある場合，これが瑕疵で，買主は，分譲会社（売主）に**損害賠償請求**や**契約解除**を求めることができます。これを「瑕疵担保」といい，これに応じる責任が売主にあります。これを「**瑕疵担保責任**」といいます。

　民法では，売買契約上の瑕疵担保責任を問える期間を，買主が瑕疵を知ったときから1年以内と規定し，**宅地建物取引業法**では，宅地建物取引業者が自ら売主となる場合には瑕疵担保責任の存続期間は引渡しから2年以上とする特約に限り有効としているため，マンションの売買契約における瑕疵担保期間は引渡しから2年とするケースが多くなっていました。

　しかし，実際には，2年を超えてから分かる瑕疵も多くあり，そこで「**住宅の品質確保の促進等に関する法律**」（1999年6月23日公布，2000年4月1日施行）が成立し，瑕疵担保責任特例制度として，主な基本構造部分の瑕疵担保責任の10年間が義務付けられるようになりました。

　この法律では，一般消費者が住宅建設・取得の際に，自己責任で的確な判断を行えるように，住宅供給者側に住宅の質の情報を十分に開示することを求めています。住宅供給者側による住宅の質の情報開示として**性能表示制度**があります。このように，マンションを購入する人の権利をしっかりと守る法律でもあり，かつ，購入者自身がしっかりと主体的に自覚して，マンション等の住宅を購入することを促すものです。

■管理の初期設定

　マンションの管理主体は管理組合ですが，入居前まで全く知らなかった人同士が集まって，規約を作り，管理会社を決めることは現実的ではありません。そのため，当初の管理方法を分譲会社が設定することが一般的で，**原始規約**（初めの管理規約），長期修繕計画，管理会社，管理費，修繕積立金などの管理方法の初期設定を分譲会社が行います。マンション管理は初期設定が重要です。それは，管理方法の変更は区分所有者及び議決権の各4分の3以上の合意が必要となり，現実には難しいからです。そこで，入居前や入居後すぐの管理方法の確認は重要になります。

基礎用語 45

Q. 管理組合の会計は？ 【誰がマンションを支えてくれるの？】

A. 管理組合の会計は，管理費と修繕積立金の会計があり，収納口座と保管口座がある。

[解説]

■管理組合の会計は？

　管理組合の会計は管理費会計と修繕積立金会計に分かれており，さらに駐車場等の使用料会計が分かれている場合があります。

　管理組合の会計は，営利追求団体ではないため，税制上の公益法人とみなされるため公益会計にすることを妥当としながらも，一般にはなじみがないため，企業会計の考え方を取り入れているものが多くなっています。

　こうした会計方法を取りながら，管理組合の会計には以下のような原則が求められます。

1）区分経理の原則：管理費と修繕積立金のように，目的に応じて別の会計にする。
2）予算準拠性の原則：予算と実績を比較し，予算を執行し，無駄がなく効率的な管理を行う。
3）収支対応の原則：限られた収入の中で事業を行っていくため，収入と支出を期間的に対応させる。
4）発生主義の原則：実際の現金の入出金に基づく現金主義に対して，発生主義は，収入と支出を発生事実に基づいて認識をする。管理組合の資産と負債が常に把握できるためである。

■収納口座と保管口座

　管理組合の管理費及び修繕積立金の保管は，管理会社が関与する場合には，右図のイ～ハの3つの方法のうちどれか1つをとらなければなりません。

　管理組合が管理会社にイ又はロの方法により修繕積立金等金銭を預けている場合は，区分所有者等から徴収される1月分の修繕積立金等金銭（ロの方法による場合にあっては，管理費用に充当する金銭）の合計額以上の額につ

き管理会社は有効な保証契約を締結していなければなりません（**マンション管理適正化法施行規則 87 条 3 項**）。

●管理会社の財産と管理組合の財産を分ける理由

> 管理組合の修繕積立金の名義を管理会社にしていた。管理会社の親会社の分譲会社が倒産し、子会社である管理会社も倒産した。修繕積立金は定期預金とされており、親会社の銀行からの融資金の担保として質権設定がされていた。親会社が倒産し、銀行は質権を実行し、修繕積立金が管理組合に返ってこない事件があり、マンション管理適正化法で分別会計が規定された。

■印鑑と通帳を一緒に管理することの禁止

修繕積立金等金銭を下図のイ～ハの方法で管理する場合に、保管口座又は収納・保管口座に係る管理組合等の印鑑、預貯金の引出用のカード等について、原則として管理会社が管理してはいけません（マンション管理適正化法施行規則 87 条 4 項）。

また、管理会社が修繕積立金等を管理する場合は、毎月、その月における管理組合の会計の収支状況に関する書面を作成し、翌月末日までに当該管理組合の管理者等に交付しなければなりません（同条 5 項）。

●3つの分別管理

マンション管理適正化法施行規則 87 条 2 項 1 号 イ の方法

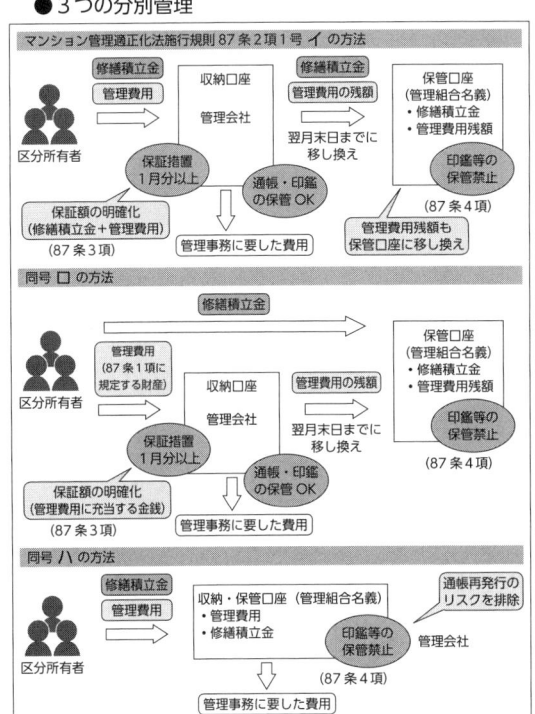

イ：区分所有者等から徴収された修繕積立金等金銭を収納口座に預入し、毎月、その月分の修繕積立金等金銭から当該月中の管理事務に要した費用を控除した残額を、翌月末日までに収納口座から保管口座（管理組合を名義人とする。以下同じ）に移し換える方法

同号 ロ の方法

ロ：区分所有者等から徴収された修繕積立金を保管口座に預入し、預貯金として管理するとともに、管理費用に充当する金銭を収納口座に預入し、毎月、その月分の管理費用から当該月中の管理事務に要した費用を控除した残額を、翌月末日までに収納口座から保管口座に移し換える方法

同号 ハ の方法

ハ：区分所有者等から徴収された修繕積立金等金銭を、管理組合等を名義人とする収納・保管口座において預貯金として管理する方法

基礎用語 46

Q. マンション管理適正化指針とは？
【誰がマンションを支えてくれるの？】

A. マンション管理適正化指針とは，国が示した，管理組合の管理の適正化のための指針である。

解説

■マンション管理適正化指針とは？

　マンション管理適正化法3条に「国土交通大臣は，マンションの管理の適正化の推進を図るため，管理組合によるマンションの管理の適正化に関する指針を定め，これを公表する」とあり，**マンション管理適正化指針**（正式名称は「マンションの管理の適正化に関する指針」）は，この規定に沿ってつくられたものです。

　マンションの管理の主体は管理組合で，区分所有者等の意見が十分に反映されるよう，また，長期的な見通しを持って適正な運営を行うことが重要です。特に，その経理は健全な会計を確保するよう十分な配慮がなされる必要があります。また，第三者に管理事務を委託する場合は，その内容を十分に検討して契約を締結する必要があります。各区分所有者等は管理組合の一員としての役割を十分認識して，管理組合の運営に関心を持ち積極的に参加する等，その役割を適切に果たすよう努める必要があります。

●マンション管理適正化法のスキーム

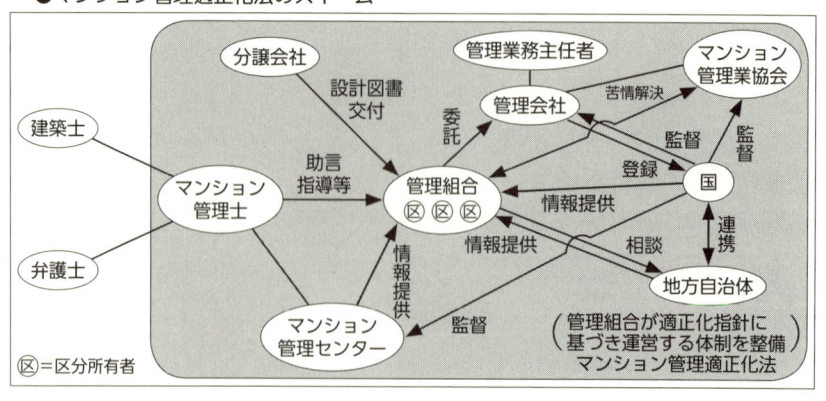

●マンションの管理の適正化に関する指針（平成 13 年国土交通省告示第 1288 号）
《前　文》
　我が国におけるマンションは，土地利用の高度化の進展に伴い，職住近接という利便性や住空間の有効活用という機能性に対する積極的な評価，マンションの建設・購入に対する融資制度や税制の整備を背景に，都市部を中心に持家として定着し，重要な居住形態となっている。
　その一方で，一つの建物を多くの人が区分して所有するマンションは，各区分所有者等の共同生活に対する意識の相違，多様な価値観を持った区分所有者間の意思決定の難しさ，利用形態の混在による権利・利用関係の複雑さ，建物構造上の技術的判断の難しさなど，建物を維持管理していく上で，多くの課題を有している。
　特に，今後，建築後相当の年数を経たマンションが，急激に増大していくものと見込まれることから，これらに対して適切な修繕がなされないままに放置されると，老朽化したマンションは，区分所有者自らの居住環境の低下のみならず，ひいては周辺の住環境や都市環境の低下など，深刻な問題を引き起こす可能性がある。
　このような状況の中で，我が国における国民生活の安定向上と国民経済の健全な発展に寄与するためには，管理組合によるマンションの適正な管理が行われることが重要である。
　この指針は，このような認識の下に，管理組合によるマンションの管理の適正化を推進するため，必要な事項を定めるものである。
《構　成》
1　マンションの管理の適正化の基本的方向
　(1)　マンションの管理主体は管理組合である。
　(2)　管理組合を構成する区分所有者等は管理組合の一員としての役割を適切に果たすよう努める必要がある。
　(3)　マンション管理士等専門的知識を有する者の支援を得て，主体性を持って適切な対応を心がけることが重要である。
　(4)　国・地方公共団体及びマンション管理適正化推進センター（(財)マンション管理センター）は，必要な情報提供等の支援体制の整備・強化が必要である。
2　マンションの管理の適正化の推進のために管理組合が留意すべき基本的事項
　(1)　管理組合の自立的な運営は区分所有者等が全員参加し，開かれた民主的なものとする。
　(2)　管理規約はマンション管理の最高自治規範であり，適切に作成する。
　(3)　共用部分の範囲及び管理費用を明確化し，トラブルを未然に防止する。
　(4)　管理組合の経理は必要な費用を徴収し，費目を明確に区分し，適正に管理する。
　(5)　長期修繕計画を策定し，必要な修繕積立金を積み立てておく。
　(6)　その他の配慮すべき事項として，団地型の場合，全棟の連携をとる。また，複合用途型の場合，住宅部分と非住宅部分との利害を調整する。
3　購入者，所有者そして区分所有者が留意すべき基本的事項
4　管理委託に関する基本的事項
5　マンション管理士制度の普及と活用
6　国・地方公共団体及びマンション管理適正化促進センター（(財)マンション管理センター）の支援

基礎用語 47

Q. 管理業務主任者とは？　【誰がマンションを支えてくれるの？】

A. 管理業務主任者とは，管理組合と管理会社が管理業務委託契約を締結する際に重要事項説明を行い，受託後は管理業務の報告を行う等の，管理の知識を有している管理会社の担当者（国家資格者）である。

[解説]

■管理業務主任者とは？

　マンション管理には多様な専門的知識が求められるため，日本のマンションの9割以上が管理会社に管理業務を委託しています。つまり，管理会社が各マンションの管理をサポートしているのです。例えば，区分所有者から管理費を集める，必要な業者に委託をしてその費用を支払う，エレベーターの点検や共用部分の清掃を行う，管理員を教育しマンションに派遣するなどです。

　区分所有者にとっても，社会的にも大事なマンションを維持するための管理行為は誰でもできるわけではなく，一定の資質が求められます。そこで，国に登録した管理会社だけが，仕事を行うことができるようにしています。では，どんな会社が国に登録できるのでしょうか。

　それは，**管理業務主任者**が規定の人数以上設置されている会社です。

　管理業務主任者はマンションの管理を行うために必要な人で，管理会社は国土交通省への業登録を行う際，委託を受ける管理組合，30の管理組合に対して1人以上の管理業務主任者を専任し届け出なければなりません。

　管理業務主任者は，管理組合と管理会社が委託契約を締結する際に大事な事項を説明し，契約書に記名し，どのように管理を行っているか，各マンションに報告する業務があります。この業務は管理業務主任者が行います。

■管理業務主任者の受験資格は？

　誰でも受験できますが，登録申請時までに実務経験が2年以上必要です。実務経験が2年未満の場合は，講習を受講し修了試験に合格することにより，2年以上の実務経験を有するものと同等以上の能力を有するものと認められます。

●管理業務主任者の試験の出題範囲

1	管理事務の委託契約に関すること
2	管理組合の会計の収支及び調定並びに出納に関すること
3	建物及び附属設備の維持又は修繕に関する企画又は実施の調整に関すること
4	マンションの管理の適正化の推進に関する法律に関すること
5	前各号に掲げるもののほか、管理事務実施に関すること

●他の関連資格

マンション管理士 〔国家資格〕 (基礎用語48参照)	区分所有者、管理組合の相談に応じ、助言・指導その他援助を行う者。
区分所有管理士 一般社団法人マンション管理業協会 〔団体認定資格〕 平成8年～ 5108人（認定）	マンションを含む区分所有建物の管理運営に関して一定水準の知識と技術を有していることを審査・認定することにより、区分所有建物の管理運営に関する知識と技術の向上を図り、もって区分所有建物の適切な維持保全及び円滑な共同居住に関する社会的な要請に応えるとともに、区分所有建物の管理業における人材の養成と管理業の健全な発展を図ることを目的にマンション管理業協会が実施する認定資格。実務経験3年で受験資格がある。
マンションリフォームマネジャー 公益財団法人住宅リフォーム・紛争処理支援センター 〔団体認定資格〕 平成4年～ 9600人（試験合格）	マンションリフォームにおいて専門的な知識と技術力が必要となってきたことを踏まえ創設された。学科試験は、①計画・基礎知識、②法規・規約・制度、③マネジメント、④住戸各部のリフォーム、⑤設備のリフォームの5分野である。設計製図試験は、マンション専有部分に係るリフォームの設計図書の作成（平面図及び留意事項説明）で、マンション専有部分に様々な制約のある中、法的、物理的にできることとできないことを判断した上で、依頼者の要望をかなえることができる能力が問われる。誰でも受験が可能である。
マンション維持修繕技術者 一般社団法人マンション管理業協会 〔団体認定資格〕 平成13年～	マンションの維持・修繕に関して一定水準の知識と技術を有していることを審査・認定することにより、マンション建物・設備の維持保全に関する知識・技術及び対応力の向上を図り、もって円滑な共同居住に関する社会的な要請に応えることを目的としたマンション管理業協会認定資格。受験資格は、1級建築士などの資格や、一定の実務経験があるか、それらと同等以上と認められる者である。試験内容は、①マンション概論（一般建築知識を含む）、②建物・設備の維持保全、③建物・設備の劣化、④建物・設備の調査診断、⑤建物・設備の修繕設計、⑥修繕工事の施工監理手法、⑦マンション修繕に関わる法律等の知識である。
マンション管理員検定 一般社団法人マンション管理員検定協会 〔団体認定資格〕 平成23年～	マンション管理員の質の向上を目指し、業務に必要ななじみの深い分野を幅広く取り入れ、その実務知識・法的知識・一般常識等を問う試験で、誰でも受験できる。
マンション改修施工管理技術者 一般社団法人マンション計画修繕施工協会 〔団体認定資格〕	マンションの計画修繕工事の施工管理技術に関して一定の知識と技術を有していることを審査認定し、改修工事の技術者の知識と技術の向上及び対応力の向上を図り、マンションの長寿命化を目指す。受験資格は、協会会員会社社員で、学歴に応じた実務経験、又は1級建築士・2級建築士等の資格の所持。一般建築知識、改修知識、施工管理知識に関する試験の選択問題と筆記問題。

基礎用語48

Q. マンション管理士とは？ 【誰がマンションを支えてくれるの？】

A. マンション管理士とは，管理組合や区分所有者に指導・助言をする国家資格者である。

[解説]

■マンション管理士とは？

　マンションの管理を適正に行うためには，管理組合の運営，建物等の維持・修繕等に関する専門的知識が必要となります。しかしながら，管理組合の構成員であるマンションの区分所有者等はこれらの専門的知識を十分に有していないことが多いので，マンションの区分所有者等に対し適切なアドバイスを行うことのできるマンション管理に法律・建築・会計等の幅広い知識を持つ専門家が必要とされていました。そのため，マンション管理士が国家資格として新たに創設されました。マンション管理士試験に合格した者は，**マンション管理士**となる資格を有します。

　マンション管理士は，国がマンション管理士資格を有することを公証し，監督を行う必要があります。そこで，マンション管理士に関する登録制度が設けられています。マンション管理士試験の合格者は，国土交通大臣又は指定登録機関（公益財団法人マンション管理センター）の登録を受けることにより，マンション管理士となり，マンション管理士登録証が交付されます。

　マンション管理士は，区分所有者の大切な財産であるマンションの管理の適正化について支援を行うなど，その資産価値の維持・保全に重要な役割を担うほか，その業務の実施に際して，管理組合又は区分所有者の資産の内容，区分所有者の生活上の秘密等について知り得る立場にあることから，マンション管理士に対しては，倫理性の担保が要求されます。なお，マンション管理士とは名称独占資格です。

■マンション管理士の試験内容

　マンション管理士の試験は年1回あり，誰でも受験が可能です。試験内容は右上の表のとおりです。合格者数約2万人，登録者（マンション管理士の名称を用いることのできる人）数約1.5万人です（2012年度現在）。

●マンション管理士の試験内容

(1)	マンションの管理に関する法令及び実務に関すること	建物の区分所有等に関する法律，被災区分所有建物の再建等に関する特別措置法，マンションの建替えの円滑化等に関する法律，民法（取引，契約等マンション管理に関するもの），不動産登記法，マンション標準管理規約，マンション標準管理委託契約，マンションの管理に関するその他の法律（建築基準法，都市計画法，消防法，住宅の品質確保の促進等に関する法律等）等
(2)	管理組合の運営の円滑化に関すること	管理組合の組織と運営（集会の運営等），管理組合の業務と役割（役員，理事会の役割等），管理組合の苦情対応と対策，管理組合の訴訟と判例，管理組合の会計等
(3)	マンションの建物及び附属施設の形質及び構造に関すること	マンションの構造・設備，長期修繕計画，建物・設備の診断，大規模修繕等
(4)	マンションの管理の適正化の推進に関する法律に関すること	マンションの管理の適正化の推進に関する法律，マンションの管理の適正化に関する指針等

●マンション管理士の活用の実態（活用した専門家は？）

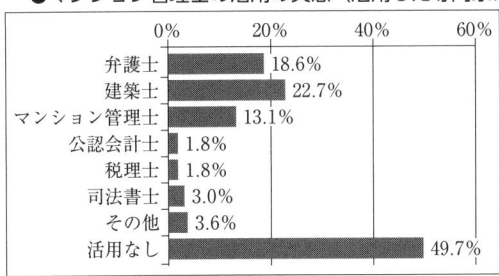

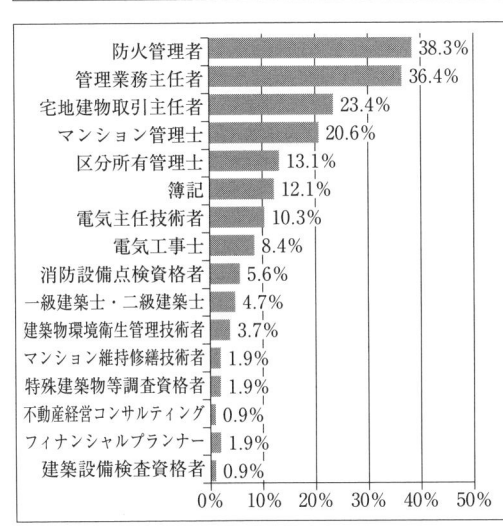

- 弁護士　18.6%
- 建築士　22.7%
- マンション管理士　13.1%
- 公認会計士　1.8%
- 税理士　1.8%
- 司法書士　3.0%
- その他　3.6%
- 活用なし　49.7%

- 防火管理者　38.3%
- 管理業務主任者　36.4%
- 宅地建物取引主任者　23.4%
- マンション管理士　20.6%
- 区分所有管理士　13.1%
- 簿記　12.1%
- 電気主任技術者　10.3%
- 電気工事士　8.4%
- 消防設備点検資格者　5.6%
- 一級建築士・二級建築士　4.7%
- 建築物環境衛生管理技術者　3.7%
- マンション維持修繕技術者　1.9%
- 特殊建築物等調査資格者　1.9%
- 不動産経営コンサルティング　0.9%
- フィナンシャルプランナー　1.9%
- 建築設備検査資格者　0.9%

●専門家の活用意向（複数回答）

- 規模が大きいマンションほどマンション管理士の利用率が高まる。
  500戸以上で，29.2%，300～500戸で24.4%である。
- 利用の仕方は，必要に応じて相談21.9%，管理組合顧問7.8%，管理者0.4%，理事2.1%
- マンション管理士を活用したことのないマンションの約4割が管理士を認知している。
- 今後のマンション管理士活用意向
  管理組合顧問として　8.4%
  管理者として　2.4%
  理事として　0.7%
  必要に応じて相談　49.5%
  活用は考えていない　30.8%
  （マンション総合調査，2008年より）

●現地にいる有資格者は？
← （2011年9月～12月調査首都圏超高層マンション107対象）

基礎用語 49

Q. 地方自治体によるマンション管理施策とは？
【誰がマンションを支えてくれるの？】

A. 地方自治体は，マンションの管理の不全を予防し，改善するために，相談や指導・助言等の支援をして，管理の適正化を図る。

解説

■地方自治体によるマンション管理施策とは？

　マンションの管理の適正化の推進に関する法律により，地方自治体のマンション管理の支援責任が明確になりました。各マンションからは，行政の中でも地方自治体は身近な存在であることから，期待が大きくなっています。地域によりマンションの物的特性・居住者層が異なり，管理組合を支える支援組織・体制も大きく異なることから，これらの実情を踏まえた上で，地域の管理組合の管理活動を支援するマンション管理システムを社会的に構築することが必要です。

　では，実際に，地方自治体がどのようにマンション管理を住宅・居住政策として取り組んでいるのでしょうか。

① どこにどれだけのマンションがあるか，そのマンションで管理がどのように行われているかの実態把握です。マンションのリスト作成，管理組合への調査，居住者調査，管理会社調査などがあります。

② マンションの管理組合・居住者を対象にマンション管理についての理解を深めるための施策であり，相談窓口の設置，セミナーの開催マニュアルやパンフレットの配付などです。

③ 地域のマンション管理の問題と情報の共有化のための，マンション管理関係者の情報交換の機会と場の提供です。

④ 「財政」，「技術」を，個別のマンションを対象に直接的に支援を行うものです。財政的支援としては，修繕計画策定費用の助成，共用部分修繕工事の費用の助成や利子補給，建物耐震診断や劣化診断の実施，助成，利子補給，その他，駐車場・集会所・団地内生垣・外灯・高齢化に向けてのリフォームの助成，利子補給などがあります。しかし，耐震診断や改修補修

の補助を制度化している地方自治体は，全体的に少ないです。技術的支援としては，耐震診断機関の紹介，コンサルタント・専門家・マンション管理アドバイザー・建替アドバイザーの派遣などがあります。

⑤　マンション管理の質について情報開示し市場で評価されようという取組もあります。

そして，最近では以上の取組を条例で位置付け，より積極的に管理施策を展開している地方自治体が増えてきました（東京都中央区，豊島区など）。

■消費者保護の視点からの行政対応の必要性―地方自治体による情報開示

情報の非対称性から生じている問題の具体的な事例を示します（下の表）。マンションは戸建て住宅よりも複雑な所有形態であり，かつ，将来問題が生じた場合には個人レベルでの解決が困難なものも多く，戸建て住宅よりもより一層消費者保護の視点からの情報開示が求められます。

わが国と同じようなマンション管理方法をとる米国カリフォルニア州では，入居後の管理を円滑に行うといった視点から，州の不動産局が初期の管理方法を指導し，その情報公開として**パブリックレポート**を発行しています。

●分譲時の情報の非対称によるマンションの問題事例

事例1　建築確認申請した敷地の中の建物投影面積のみがマンションの敷地となっている。そのまわりの敷地は分筆され，分譲会社が担保を設定する，あるいは駐車場にし，その子会社に管理させ，儲けている。当然，そのマンションは既存不適格である。

事例2　分譲されたときに1階部分はピロティとなっており，区分所有者はここに自転車を置いていた。分譲後まもなく，ピロティを店舗・事務所・居室にしてしまった。

事例3　元地主が長い間管理をし，管理人室を所有・専用していた。その後自力管理に切り替わると，管理人室がなくなり，元地主所有の倉庫となった。

事例4　元地主が駐車場部分の土地を分筆し所有していた。マンション居住者はマンションの駐車場だと思っていたが，元地主に相続が起こり，その土地を物納され，駐車場がなくなった。

事例5　駐車場の専用使用権が販売されていた。規約を改正し，区分所有者一代限りのものとした（次に販売できない）。これを不当と考えた区分所有者が裁判を起こした。

事例6　元地主の所有部分（店舗1階〜3階）の管理費が住居部分の80%に原始規約で設定されていた（住居部分は月m^2当たり100円に対し，店舗部分は80円）。元地主が当初から管理を行い，管理組合もなかった。その後管理組合をつくり，裁判を行った結果，管理費は店舗と住居は同額となった。元地主の所有分が多いため，規約の改正が困難である。

事例7　入居5年目に管理組合ができた。それまでは分譲会社が管理費を集め，管理を行っていた。管理規約もなく，分譲会社は売れ残り住戸の管理費を支払っていなかった。

基礎用語50

Q. マンションの地域公共性とは？
【誰がマンションを支えてくれるの？】

A. マンションの地域公共性とは，災害時に津波避難ビルや避難所として機能するだけでなく，平常時にも地域に寄与することである。

解説

■ **マンションの地域公共性とは？**

　マンションが平常時，災害時に地域に寄与する姿がみられます。これを「**マンションの地域公共性**」と呼びます。マンションがいざというときに近隣にも寄与するために，平常時からマンションを含めた地域の**リスクマネジメント**の視点をもち，地域・マンション・行政が連携した，地域管理体制の構築が必要です。マンションの建物・居住空間を物理的に強化し，マンションの地域の準公共財的利用を促進し，そうした公共性への補助金交付など，新たな視点からのマンション強化支援施策が考えられます。

■ **東日本大震災時のマンションの地域への貢献**

　第1に，建物が地域の避難場所として機能しました。マンションの建物は周りの住宅等に比べ，「高さ」があることから，津波の際に避難場所として機能しました。耐震性が優れたマンションには近隣住民の避難も見られ，首都圏の超高層マンションでも5％のマンションで地域からの避難があり，避難者を受け入れていました。

　第2に，マンションの共用部分，施設が地域住民の生活支援に機能しました。もちろん，マンション内でも集会所は余震が続く中で不安な世帯の緊急避難場所になるなど機能しましたが，マンション外の住民にも機能し，マンション内外にとっての救援物資の受取の場や地域の避難場所，復興に向けて話し合う場にもなり，地域の拠点となりました。また，マンションの受水槽に市から毎日給水してもらって，マンション近隣の居住者にとっても臨時の給水場となりました。

　第3に，「避難待機住宅」として機能しました。あるマンションの居住者は，避難所に行っても満員であったことから，受水槽に残った水を分け合い，

マンションで生活し続けました。マンションは住戸数も多く，その全居住者を受け入れる避難所の設営と運営は難しくなります。特に都心部に多い超高層マンションの全居住者を受け入れる避難所運営は現実には困難と考えられます。そこで，首都圏の超高層マンションでは避難待機住宅に既に指定されている場合が17.6％，指定されていないがその対応を取っているマンションが10.8％と，約3割のマンションで対応が取られています。

第4に，地域の情報の拠点として機能しました。昼間の震災の場合に，設定していた防災体制が機能しなかったマンションも多かったです。そこで，実際には管理会社の管理員が中心となり，避難誘導や安否の確認，必要な情報の収集・伝達が行われました。掲示板やホワイトボードに示される地域に必要な情報は生活支援に大いに役立ちました。

こうした経験から，既に災害時に地域住民がマンションに避難できる協定の締結や，避難訓練の実施が行われています。地域とマンションが連携し，災害に強いまちにする必要があります。

マンション内のコミュニティと地域コミュニティとは本来は独立したものですが，防災に備えてマンション内コミュニティ形成に取り組んでいるマンションほど，**地域との連携**も強くなっています。

■**マンションを地域の核に**

マンションの集会所を使った地域サービスや介護サービスの提供等，多様なサービスの可能性があります。1つのマンションだけでは市場で成立しないサービス業も，マンションを核にし，集積と規模の効果で実施可能となります。また，地域のマンションの連携によっても新たな可能性が出てきます。

●マンションの地域との連携の実態（東日本大震災時の近隣からの避難）

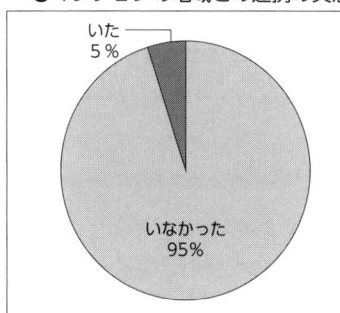

いた 5％
いなかった 95％

事例
・近隣からの避難者を受け入れたマンションは，およそ5％ある（左図）。あるマンションでは，前面の公園が震災時に人で溢れ返った。その中で親の迎えを待っていた幼稚園職員と園児約10名が，マンション住民の配慮でロビーに招き入れられている（首都圏超高層マンション）。
・2011年3月11日の震災時，液状化現象による被害が大きく，近隣の戸建住宅の人がマンションの集会室に避難した（浦安市埋立エリアマンション）。

首都圏超高層マンション107対象 2011年9月～12月調査。
2011年3月11日の震災時に近隣からの避難が5％のマンションでみられた。

◆◇◆◇◆コラム・世界のマンション管理方式◆◇◆◇◆

世界のマンション管理方式には，大きく分けて，「理事会方式」，「管理者方式」，「代表者方式」の3つがある。

■世界のマンション

　区分所有の集合住宅は，世界中に広がっています。イギリスではリースホールドの所有形態が中心で，日本の区分所有に当たるコモンホールドが登場したのは2002年以降のことです。欧米をはじめ，アジアでも区分所有のマンションが広がっています。

■執行機関が理事会方式と管理者方式

　日本のマンションでは，大事なことは全員参加の総会で決め，その後，理事会で執行していきます。この理事には区分所有者が順番になり，専門家がなることは少なくなっています。そして，理事の中の長である理事長が管理の責任者である管理者となっています。理事会が執行機関となるのは，日本，米国などです。一方，フランスやドイツでは，管理者に専門の不動産会社の人がなります。フランスでは，管理者にはプロの管理者（syndic professionnel）と，共同所有者の1人が原則無報酬で引き受けるノンプロの管理者（syndic non-professionnel）の2種類がありますが，多くは前者で

《表1》フランスの管理者の職務

・規約を遵守させる
・年1回以上，定期的に総会（assemblée générale）を招集する
・総会で決定された事項を実行する
・建物を管理する（総会で決められた総額の範囲内で）；管理スタッフの雇用・雇用条件の設定・解雇，共用部分の保険加入，共用設備の維持管理，小規模な工事の実施，簡易な修理
・建物保全に不可欠な緊急の工事を判断し実行する※
・組合の独立した口座を開設する
・口座の管理をする；組合の口座管理，管理のための予算案策定，年1回の会計報告
・管理費の取立てと差押えの手続をとる※
・共同所有者組合を法的に代表する；管理費不払に対する緊急の訴訟※，その他の法的手続，弁護士の選任
・文書を保存する；規約とそれに附属するもの，総会の議事録とそれに附属するもの，総会招集状と出欠表，代理状と委任状

※総会の事前の許可が不要なもの

《表2》日本と韓国のマンション管理制度の比較

	日 本	韓 国
区分所有関係の調整法	建物の区分所有等に関する法律	集合建物の所有及び管理に関する法律あるいは住宅法
管理に関する公法・支援体制など	マンションの管理の適正化の推進に関する法律	住宅法
マンション内のルール	規約（法的には任意） 実態はほとんどある 標準管理規約は国が作成する	規約（法的には任意） 実態はほとんどある 標準管理規約は地方自治体が作成する（住宅法）
区分所有者の団体	管理組合（当然成立） 法人格なし 4分の3以上で法人格取得	管理組合はなし 再建築（建替え）とリモデリングは組合を結成する
方針決定機関	総会（区分所有者全員参加）	入住者代表会議（必須機関），代表者，法人格なし
代表者会議：執行機関	理事会（法律で規定されていないため基本的には権限なし）	自治管理 入住者代表会議	委託管理 入住者代表会議
代表者 管理の最高責任者	管理者（任意） 区分所有者代表	自治管理機構の代表 管理所長 住宅管理士又は士補	管理所長 住宅管理士又は士補
管理会社	国への登録制度（委託する例が多い）	なし（自治管理機構を結成）	管理会社 登録制
管理員等・現地管理体制	資格なし	住宅管理士などの自治管理機構	管理会社のスタッフ等

表1，表2は「集合住宅の新所有・管理制度の研究—日本型リースホールドと新・管理者方式の検討」（住総研報告書 2008）より

す。管理者の職務は，プロであれノンプロであれ，個々の契約でその職務が詳細に決定されますが，基本的には《表1》に示すものです。管理者の任期は3年で，任期途中で解任するためにはそれに値する落ち度を証明しなければならず，また，管理者の不在と管理の混乱を招く可能性があります。専門家による管理者制度はわが国では再開発型や複合用途型，超高層マンションや高齢者用マンションの管理方法を考える上で，参考になります。

■決定機関が全員参加総会方式と代表者集会方式

韓国等の大規模なマンションでは，棟別の代表者で構成される入住者代表会議が決定機関です。管理組合や総会は基本的には存在しません。では，どのように入住者全員の意向を組織の運営に反映するのでしょうか。韓国の入住者代表会議は，日本の自治会や町内会に当たる班常会（バンサンヘ），婦人会等を通じて意見を徴集します。あるいは掲示で情報を提供します。重要なことは書面で同意を得る方法をとります。ただし，建替えや大規模な改修

であるリモデリングに関しては，所有者全員で組合をつくり，進めます。代表会議は，日本の理事会のような執行機関ではなく，むしろ管理業務の遂行のチェック機関であり，決定機関でもあります。棟別戸数に比例し選出された代表者（棟別代表者）で構成し，会長1人を含めた3人以上の理事及び1人以上の監査で構成します。各棟で1名を選定し，棟で複数名の候補者がいる場合は，入居者による投票を行い1名が決定されます。実態としては，棟別代表者へのなり手は少なく，投票による決定はあまりされていません。また，棟別代表者の任期は管理規約により定められており，例えば，ソウル市の標準管理規約の場合では，任期は最大2期（任期2年なら最長4年）までなどの制限があります。わが国の複数棟で構成される1,000戸以上のマンションの，団地（全体組合）管理方法を考える上で参考になります《表2》。

その他に，世界的には，管理組合が法人格を持つ場合と持たない場合等の違いがあります（基礎用語17参照）。

■これからのマンション管理

わが国では既に多様なマンションが登場しています。1,000戸を超える大型マンション，かなりの築年数が経っているマンション，賃貸化が進んだマンション，多くが事務所に使われているマンション，高齢化の深刻なマンション等，その建物形態，利用形態も様々になってきています。ゆえに，抱える管理問題もマンションによって異なってきています。こうした事情を踏まえ，諸外国の制度から，新たなマンション管理方式を考えていくことが必要です。すでに，現在の法制度の中でも可能なものは多くありますが，政策として行うことで，より効果的に適正に行えるものも多くあります。

例えば，韓国における住宅法によるコントロール，地域の実情を踏まえた地方自治体による標準管理規約の策定，現地管理担当者の有資格化《表2》や，シンガポール等で行われている建物維持管理の報告と行政による是正命令，中国における修繕積立金金額の設定，管理会社の等級及びサービス基準の設定，あるいは管理の初期設定の重要さから，米国の行政の不動産課によるパブリックレポートの発行等があります。

マンションを取り巻く社会システムの違いを考慮した上で，わが国に合った法制度・政策，それを地域レベルで考え，個別マンションの事情に即した多様な管理方式の可能性を検討する必要があります。

第2部

マンション・トラブルの予防と解決

篠原みち子

　日々進化するマンションの管理，より複雑に，そして，より解決困難になる問題が増え，私は，ときどき押しつぶされそうになります。それでもマンション管理から離れることができず，踏みとどまっているのは，最後まで人間臭さを抜きにしては語れない要素を多く含んでいるだけに，切実で，しかも尽きない魅力があるからだと思います。

　第2部では，マンション・トラブルの予防と解決をテーマに，管理組合の運営をはじめ，共用施設の運営，建物の維持管理，居住者のマナー，そして防災対策・コミュニティ形成の分野に分け，質問（Q）を作りました。いささか管理組合の運営に関する問題が多すぎた嫌いはありますが，できるだけ，日常接している実際の相談事例に近い質問を作りました。自分で作りながら，回答（A）に窮する質問もありました。普段は差し控えている個人的な考えや気持ちで回答している部分もあります。誤った回答をしているのではないか，今後回答と異なる判例が出たらどうしよう，と不安になる箇所があるのも事実です。

　第2部は，質問だけでなく回答そのものも問題提起と受け止めていただき，これを機会に，さらにマンション管理に対する理解や関心が深まることになれば，こんなに嬉しいことはありません。

専有部分である車庫のボンベと
消火器室の法律的な性質等　【管理組合の運営】

Q1 かなり古い等価交換マンションで，元地主の区分所有者が地下車庫と１階店舗を所有し，車庫の駐車場収入は全部元地主が得ているにもかかわらず，車庫と店舗の管理費等の負担割合は２階以上の住宅部分の約半分です。おまけに，最近の消防設備点検で，消火器室内に設置されている不活性ガス（CO_2）ボンベのうちガス圧が低く基準を満たしていないボンベの取替えのほか，数年のうちにボンベ全部の点検を終えなければならないなどで，多額の費用がかかることが分かりました。この費用の支払につき，管理組合と元地主とで意見が対立するようになり，管理組合で登記簿を調べたところ，消火器室は車庫の附属の建物として敷地権も付き，元地主の所有になっていることが分かりました。元地主は，消火器室は全員の合意により成立した管理規約に法定共用部分と記載されていること，消防・防火設備も法定共用部分と記載されていること等を理由に，費用は管理組合が負担すべきだと主張しています。消火器室が元地主の所有である以上，①中のボンベも元地主の所有と思うのですが，間違いですか。また，②管理費等の負担割合が住宅部分の約半分という管理規約の定めは無効ではないのですか。

A ①ボンベと消火器室は，それぞれ分けて考える必要があります。難しい問題で，具体的な状況にもよりますが，ボンベは専有部分である車庫の附属物，消火器室は専有部分であり車庫の附属の建物と考えられるでしょう。したがって，ボンベ点検・取替えの費用は，元地主が負担しなければならないと思います。②これも難しい問題ですが，管理費等の負担割合が住宅部分の半分というのは区分所有者間の衡平を害するものとして，管理規約のその定めは無効と考えてよいのではないかと思います。

(1) ボンベの法律的性質

　ボンベの費用をどちらが負担すべきかは，ボンベの法律的性質によって異なってきます。消火器室は専有部分として登記されているとのことですが，登記も管理規約の定めも大きな目安にはなるものの，絶対的なものではありません。ある物が専有部分か共用部分かは，基本的にはその物の性質や役割等により客観的に判断されるものです。それに，専有部分として登記されているからといって，中にあるボンベも専有部分ということになるわけではありません。例えば，共用部分であるパイプスペースの中には各住戸のための附属物である枝線，枝管類が通っているのが普通ですし，住戸内のトイレに共用部分としての汚水管が通っていることもあるからです。

　ボンベそれ自体は消火設備であり，マンション等の地下に 200m^2 を超える駐車場がある場合等には，㋐水噴霧消火設備，㋑泡消火設備，㋒不活性ガス消火設備，㋓ハロゲン化物消火設備，㋔粉末消火設備のいずれかの設置が義務付けられています（消防法施行令 13 条）が，ボンベが車庫の専用に供される設備か，それともマンション全体の共用に供される共用部分かについては，考え方が分かれると思います。

　この不活性ガス（以下「CO_2」といいます）消火設備は，地下部分を専ら車庫として利用するために必要なもので，車庫がなければ不要な設備であり上階を消火するものではないと考えれば，専有部分たる車庫の附属設備ということになるでしょう。一方，地下に車庫を設置するものとしてマンション全体の設計をし，車庫が存するマンションとして建築・分譲されたもので，ボンベは車庫での出火をくい止め，マンション全体の建物としての維持管理や居住者の生命，身体，財産を守るために必要不可欠なものだと考えれば，法定共用部分ということになると思われます。ボンベが設置されているのですから感知器も設置されているはずなので，出火した場合に警報がどこまで行くのか，車庫のみを CO_2 で消火するシステムになっており上階への警報とは連動していないのか，それとも上階の消火設備も連動して作動するようになっているのか等，マンション全体の中でどのようなシステムになっているのかを具体的に調べてみる必要があります。

　難しい問題で，ボンベそれ自体がマンション全体の維持管理に関係するものであることは否定できません。しかし，地下に必ず車庫を設置しなければならない法令上の義務はないでしょうし，元地主は，立地条件等も考慮のう

え店舗や倉庫ではなく，駐車場収入を得るために車庫の設置を希望して分譲業者との共同事業でこれを実現し，専有部分としたわけですから，一般的には車庫の附属設備と考えてよいように思います。

　もっとも，昭和30年代の条例等では，建築物の規模等に応じて一定台数以上の駐車場の附置を義務付けていたことがあります。仮に，本問のマンションがその時代のものに該当するとしても，行政がその駐車場を専有部分とすべきことまで義務付けていたわけではないでしょうし，その行政上の義務付けが専有部分か否かの判断に影響を与えるものでもないと思います。したがって，行政上の義務付けがボンベの法律的性質に影響を与えることはなく，上に述べた結論は変わらないと思います。

　なお，管理規約には，消防・防火設備が法定共用部分と記載されているようですが，そのこととボンベとの関係をどう考えたらよいか，問題になります。一般に，どのマンションの管理規約にも消防・防火設備は共用部分として列記されていることが多く，それは例えば各階の階段室に設置されている消火栓とその起動ボタン，ボックス内のホース等を指していると思われます。ボンベは通常の火災とは異なる危険性のある火災に対し比較的多く用いられる特殊な消火設備のようですから，これも含めて消防・防火設備として列記しているようには思えません。したがって，このことからも，管理規約の記載を根拠に法定共用部分とすることはできないでしょう。

(2) 消火器室の法的性質

　次に，元地主は，管理規約でボンベが収納されている消火器室が法定共用部分と定められていることを根拠に，管理組合がボンベの費用を負担すべきだと主張しているようですから，その点についての検討が必要です。

　ご質問では，消火器室は車庫の附属の建物として登記されているわけですから，構造上の独立性は有していると思われますが，利用上の独立性があるか否かが問題になります（基礎用語3）。共用設備が設置された車庫や倉庫が専有部分に当たるか否かにつき，最高裁判所は，1棟の建物のうち構造上他の部分と区分され，それ自体として独立の建物としての用途に供することができるような外形を有する建物部分は，次の3つの要件を備える場合には，利用上の独立性を有し，専有部分として区分所有権の目的になるとしています（最判昭和56年6月18日民集35巻4号798頁，最判昭和56年7月17日判時1018号72頁，最判昭和61年4月25日判時1199号67頁）。

① その設備が当該建物部分の小部分を占めるにとどまり，その余の部分をもって独立の建物の場合と実質的に異なるところのない態様の排他的使用に供することができること。
② 他の区分所有者らによる当該共用設備の利用，管理によってその排他的使用に格別の制限ないし障害を生じることがないこと。
③ その使用によって共用設備の保存及び他の区分所有者らによる利用に影響を及ぼすことがないこと。

　そこで，以上の基準に従って消火器室が専有部分か共用部分かを判断するに当たっては，消火器室の中にボンベ以外にどのような設備が設置されているのか，とりわけ共用部分としての配線・配管類が設置されているのか，それらの設備が存在しても独立の建物としての使用ができるのか等の内容を知ることが必要になります。

　これも極めて難しい問題で，詳細が分からないことには何とも言えないのですが，消火器室として登記してある以上，その消火器室の中に設置されている主な設備はボンベということになるでしょうから，そのほかの設備や配線・配管類があるとしても，専有部分としての排他的利用が格別に制限される等特段の事情のない限り，利用上の独立性を有すると考えてよいように思います。車庫の附属設備であるボンベを格納することが主な目的の消火器室，ということになるのではないでしょうか。等価交換マンションは，一般に地権者（元地主）と分譲業者の共同事業として建設されるもので，元地主が車庫から駐車場収入を得る目的で設計・建築され，元地主が自らの意思で車庫を専有部分，消火器室をその附属の建物とし，しかも消火器室に敷地権の持分を付けて登記手続を行ったのでしょうから，このことからしても，消火器室を専有部分と考えてよいのではないかと思います。

(3) 管理規約の定めと消火器室の法的性質

　次に，元地主は，全員の合意により成立した管理規約には消火器室を法定共用部分として列記していることも主張の根拠にしているようなので，消火器室を法定共用部分と記載した管理規約を全区分所有者が承認すれば，消火器室は法定共用部分になるのかが問題になります。

　一般に管理規約は，分譲業者が示す管理規約の案について，マンション購入者が順次その内容を承認する旨の署名押印をすることにより，集会の決議があったものとして（区分所有法45条）設定されるものですが，マンション

購入時に，管理規約（案）の別表に数多く列記された法定共用部分の内容について具体的な認識を持っている人はほとんどいないでしょう。現地で現物を見ながら説明を受けるということもないでしょう。将来その維持管理に多額の費用がかかるものだという説明ももちろんなかったと思われます。このように考えると，署名押印したといっても，その重さは，マンション全体の管理体制や管理費等の負担割合・負担額などと必ずしも同じとはいえないように思います。

　それに，そもそも，前述のとおり，専有部分か共用部分かは，その物の用途や構造等によって客観的に決まるものですから，全員の合意さえあれば専有部分であるものを法定共用部分にしたりまたはその逆にする等，法律的性質を変えてしまうことまでできるのかどうか疑問です。確かに，全員の合意があれば，あるいは特にその取扱いを問題視する人がいなければ，ものごとはその状態で納まっている，ということになります。しかしそれは，事実としてそのような取扱いがなされている，あるいはそのような状態がある，というだけであって，その物が持つ本来の性質まで変えるようなものではないと思います。難しい問題ですが，やはり，消火器室は専有部分，ということになると思います。

　もう1つ，管理組合で消火器室の鍵を預かり，定期点検を長期間行ってきたことをどう考えるかという問題もあります。まず鍵については，マンション引渡しの際，分譲業者又は管理会社から消火器室の場所を示され，鍵を渡されたと考えられますし，それをそのまま共用部分の鍵として管理組合として保管してきたものと思われます。共用部分としての消火器室だと言われ鍵を渡されれば，管理組合で定期点検するようになるのは，自然の成り行きです。したがって，このようなことを共用部分であるとの理由付けにするのは，やはり適当とはいえないと思います。

(4) 区分所有者間の利害の衡平性とその判断基準

　車庫と1階店舗の管理費等の負担割合が住宅部分の約半分という管理規約の定めが無効ではないかという問題です。

　手懸かりになるのは，平成14年の区分所有法の改正で新設された30条3項で，規約は各区分所有者間の利害の衡平が図られるように定めなければならないとして規約の適正化を定めた条文です。上記のように区分所有者全員の書面による合意で設定された原始規約の中には，区分所有者である分譲業

者や等価交換方式により建設された場合の元地主等に対し，駐車場や広告塔等を無償で専用使用する権利を設定したり，管理費等の負担につき法の定める原則と異なる格差を設けるものがあり，これが，分譲業者と区分所有者，あるいは各区分所有者相互間での紛争の原因になっていました。そこで，従来の判例をもとに，規約が著しく衡平性を欠いているか否かを判断するに当たって考慮すべき要素を列挙し，それらを総合的に考慮して，区分所有者間の利害の衡平が図られるように規約を定めなければならないとしたものが30条3項です。区分所有者間の利害の衡平を著しく害する内容の規約が定められた場合には，この30条3項に基づいてその規約が無効と判断されることになります。改正法の施行前に設定されていた既存の規約についても同様です。

　この管理規約の衡平性を判断する際に，考慮すべき要素として，専有部分若しくは共用部分又は建物の敷地若しくは附属施設（建物の敷地又は附属施設に関する権利を含む）につき，㋐形状・面積，㋑位置関係，㋒使用目的，㋓利用状況，㋔区分所有者が支払った対価，㋕その他の事情が列挙されています。このうち㋐の形状・面積は床面積や容積その他の外形的要素を指し，例えば，各区分所有者が有する専有部分のこれらの要素の大小に応じて共用部分の負担等について異なる割合が定められる場合があること等を念頭において考慮要素としたものだといわれています（吉田徹『一問一答改正マンション法』（商事法務，2003）以下㋕まで同じ）。㋑の位置関係とは，専有部分と共用部分の位置関係，及び専有部分と他の専有部分との位置関係を指し，例えば，1階の専有部分の区分所有者に対して，その専有部分に隣接した敷地の一部を専用庭等として使用権が設定されている場合があること等を念頭において考慮要素としたものだといわれています。また，㋒の使用目的とは，専有部分を商業用（店舗用・事務所用等）や居住用に定める場合における用途を指し，例えば，各区分所有者の有する専有部分の用途の違いによって，共用部分の負担について異なる割合が定められる場合があること等を念頭において考慮要素にしたものだといわれています。㋓の利用状況とは，共用部分等の利用方法やその頻度等を指しており，例えば，各区分所有者の集会室の利用頻度の違いに応じて，その維持に要する費用負担について異なる割合が定められる場合があること等を念頭におき考慮要素にあげたもの，㋔の区分所有者が支払った対価は，特定の区分所有者が共用部分を専用使用する権利

の設定を受けるなど、その利用について特別の利益を得ている場合には、これに関連して分譲業者に対し対価が支払われていることが少なくなく、こうした対価の有無及びその多寡についても規約の内容の衡平性を判断する場合の重要な考慮要素となることを明らかにしたものだとされています。以上のような考慮すべき要素を具体的に列挙したうえで、㋕のその他の事情を総合的に考慮するものとしています。例えば、マンション購入者が分譲業者が作成した原案に書面で同意することによって規約が設定されるような場合には、分譲業者がマンション購入者に対して規約の内容について説明を尽くしたかどうかなど規約設定に至る経緯も「その他の事情」に含まれると考えられるとしています。

(5) 本問での管理者の負担割合の定め

これを本問にあてはめて考えてみると、元地主所有の地下の専有部分は車庫、1階の専有部分は店舗ですから、2階以上の住宅とは使用目的が異なり、また、共用部分等の利用状況も異なるので、管理費等の負担割合が住宅部分と必ずしも同じでなくてもよいように思われます。しかし、各区分所有者の管理費等の負担割合は、共用部分の持分に応ずること及びこの共用部分の共有持分は専有部分の床面積割合によることが原則であることから考えると（車庫や店舗部分の管理費等は住宅部分の管理費等と比較してどの程度低くてよいとか高くてよいなどと一概に言えるものではないにしても）、住宅部分の約半分というのは、分譲業者がマンション購入者に対して管理費等の負担割合について定めた管理規約の内容について説明を尽くしたというような事情がない限り、一般的には、区分所有者間の利害の衡平を害するものといえるでしょう。したがって、管理規約のこの定めは無効であると考えてよいのではないかと思います。

高齢者が緊急通報システムを利用する場合の手続

【管理組合の運営】

Q2 重い持病をかかえ独居生活を送っている後期高齢者の組合員がいますが、その人の話では、緊急時には警備会社などが消防庁へ通報、救急隊員とガードマンが自宅にかけつけてくれるという緊急通報シ

ステムの制度が自治体にあり，必要な通報装置の工事代金や利用料等を一部負担してくれるのだそうです。この申込みをするには，警備会社に自宅の鍵とオートロックの鍵（コピー）を預けなければならず（当マンションでは，自宅の鍵とオートロックの鍵が別です），自宅内に通報装置を設置するための工事も必要とのこと。このようなことに①総会決議が必要ですか。第三者にオートロックの鍵を預けるのは物騒だと反対する人もいるでしょうが，理事長としては，大げさにしたくないし，本人の希望をかなえてやりたいが不安もあります。②何か良い方法はありませんか。

　なお，管理規約はマンション標準管理規約と同じです。

Ⓐ **①通報装置の設置とオートロックの鍵を警備会社に預けることをあわせ理事会に届出をすればよいと考えます。**
②理事会としては，緊急通報システムと警備会社の鍵の管理・取扱いについての資料提供や説明を受けるとともに，その組合員から鍵の管理について責任を持つ旨の念書を差し入れてもらってはどうでしょうか。

(1) 高齢者緊急通報システムについて

　まず，高齢者緊急通報システムについて説明すると，高齢で，身体に慢性疾患があるなど，日常生活を営む上で常時注意を要する状態にある独居生活者等が自治体又はその指定する窓口等に申込みをすると（消防署へ提出する申請書も必要です），警備会社が室内にペンダント型救急ボタン１個，電話器の近くに救急ボタン内蔵通報装置１台と台所に火災用感知器１個を設置します（この工事代金を一部負担している自治体がいくつかあるようです）。警備会社は緊急時使用のため玄関の鍵を預り，緊急事態が発生したときは，利用者が通報装置のボタン又は警備会社から渡された救急ペンダントを押して警備会社に通報し，警備会社はこれを直ちに消防庁へ通報します。そして救急隊員とガードマンが利用者の自宅に急行し，応答がない場合は預かっている鍵で室内に立ち入るというシステムになっています。あなたのマンションは共通の玄関鍵がオートロックシステムになっており，自室の鍵とは別になっているとのことですから，オートロックの鍵を預けないことには，マン

ションの中に入ることができないため，オートロックの鍵と自室の鍵を預けることが必要になるということだと思います。(注)

(2) 室内工事とオートロックキーを預ける行為の手続

　室内工事としては，壁等に通報装置（約15cm）を設置することと台所に火災用感知器を設置することが必要ですが，通報装置は，無線式機械を使って簡単に取り付けることができるので，大掛かりな工事は不要と思われます。火災用感知器の設置もごく簡単な取付けで完了するので，いずれも共用部分に影響するような工事ではないと考えられます。標準管理規約17条は，専有部分について建物に定着する物件の取付けを行おうとするときは理事長にその旨を申請し，書面による承認を受けなければならないと定めていますが，通報装置や火災用感知器の設置がここにいう建物に定着する物件の取付けに該当するほどのものか否かが問題です。該当しないと考えてよいでしょうが，次に述べるオートロックの鍵の件等もあわせて理事会に届け出ておくことは必要と思います。

　次に，オートロックの鍵を預ける行為についてですが，マンションの玄関は共用部分ですから，その玄関を開閉するためのオートロックの鍵も共用部分（の一部）としての性格を有していることは否定できません。オートロックの鍵が外部からの侵入を防止するという役割を担っているかどうかについては疑問視する人もいるでしょうが，一般的にはやはり，マンション全体の防犯等の役割を担っているということができます。以上のことから考えると，オートロックの鍵を第三者である警備会社に預けるには，総会の普通決議を経ておく必要があると考える人もいるでしょう。しかし，例えば家族が増えたときは自分の費用でもう1個鍵を用意するでしょうし，マンションを売却したときは今まで所持していた鍵を買主に渡すでしょう。もう1つ鍵を用意することや買主に鍵を渡すことについて，管理組合の許可を得たり報告が義務付けられたりする，ということもないでしょう。このようなことを考えると，オートロックの鍵は個人の所有物ではないでしょうか。それに，総会での決議ということになると，否決される可能性もないわけではありません。重い持病をかかえた独居老人ということですから，状況によっては命にかかわる問題にもなります。警備会社に鍵を預ける理由の説明も必要になり，重い持病をかかえていることや独居生活を送っていることも公表しなければならないでしょう。以上のようなことからすると，総会の決議まではいらない

が，理事会の決議は必要と考える人もいるかと思います。しかし，緊急時には救急隊員等がオートロックを開けて入ってくるわけですから，このようなシステムの情報提供は必要，という意味で理事会に届出をすれば足りると考えてよいと思います。

　警備会社といえども第三者ですから，その第三者にオートロックの鍵を預けるのは物騒だという意見も，あるかもしれません。しかし，警備会社は犯罪から私たちを守ることが主目的の会社であり，そのためにこそ警備業法という厳しい法律が定められているわけです。警備会社が鍵を預かるという以上，その鍵の保管・管理については厳重な取扱いをするはずですから，具体的にどのような保管・管理の仕方をするのか，独居老人から資料を提供してもらうかまたは話を詳しく聞くなど，不安をいだく組合員のために理事会としての対応も必要でしょう。あわせて，何か不都合等があった場合は責任をもって警備会社から鍵を返却させる等の念書をその組合員に差し入れてもらうことも検討してください。

(注) 高齢者緊急通報システム
　　本文での説明は，警備会社等の民間の事業者を通じて消防庁に通報する民間方式だが，このほかに，ペンダント等のボタンを押すことで消防庁に通報し，あらかじめ利用者が指定した協力者（自宅の鍵を預けることができる人，1人以上）の援助を得て救助を行う消防庁方式もある。

不在区分所有者の協力金負担　【管理組合の運営】

Q3　当マンションの管理規約では，役員の資格要件は単に「組合員」となっており，私は不在組合員ですが役員です。理事会では，不在組合員には管理組合の協力金を負担させてもよいという判決が出たから不在組合員には協力金を負担させ，在住組合員でも高齢者は役員をやれないから協力金を負担させるという意見が大勢を占め，管理規約を改正したいという動きが出ています。①どう考えたらよいでしょうか。②このような管理規約改正は認められるでしょうか。

A ①不在組合員であることのみを理由に協力金を負担させることはできません。②高齢者であることを理由に一律に協力金を負担させることもできません。

(1) 最高裁の協力金に関する判決

まず，最近，最高裁判所で出た不在区分所有者の協力金に関する判決を紹介すると（最判平成22年1月26日判時2069号15頁），概略は次のとおりです。

大阪市の住宅政策として昭和46年に建設され，当初から自治会的な要素が高い活動内容が盛り込まれていた団地型マンションで，次第に組合員が高齢化して不在組合員等が増加し，建設後35年近く経つ頃には多数の不在組合員が生じ（総戸数868戸のうち約170戸），一部の組合員が役員になる機会が増加しました。そこで管理組合では，役員になることのない不在組合員に対し，管理組合運営にかかる負担の一端を担ってもらうとの趣旨で協力金月額5,000円を徴収するため管理規約を改正，その後平成19年（不在組合員180戸前後）に「住民活動協力金」と名称を改め，役員になることがない不在組合員は月額2,500円を負担すべきと定めました。これに対し，一部の不在組合員から，管理規約の改正は自分たちの権利に特別の影響を及ぼすものだから無効であるとの主張が出て，争われたものです。

なお，このマンションでは，選挙規程により，役員は，区分所有者，その配偶者又は3親等内の同居の親族であり，かつ，マンション居住者の中から選任されるものとされていました。

この事件に対する最高裁判所の判断は，月額2,500円の負担を課す管理規約の変更は，区分所有法66条，31条1項後段にいう「一部の区分所有者の権利に特別の影響を及ぼすべきとき」に該当せず，有効である，というものでした。そして，大きくは，①管理規約改正の必要性と合理性，②不在組合員のみに金銭的負担を求めることの必要性と合理性，③金額の相当性，④反対者が少数であることの4点を判断基準に理由を示しました。具体的には次のような内容です。

① 本件マンションは規模が大きく，その保守管理や良好な住環境の維持には管理組合及びその業務を分担する各種団体の活動やそれに対する組合員の協力が必要不可欠であるところ，居住組合員だけが役員に就任し各種団体の活動に参加する等して良好な住環境を維持し，不在組合員はその利益

のみを享受しているから，一定の金銭的負担により不在組合員と居住組合員との不公平を是正しようとしたことは，その必要性と合理性が認められないものではない。
② 不在組合員の所有する専有部分がマンション全体に占める割合が大きく，また，不在組合員は類型的に管理組合や各種団体の活動に参加することが期待しえないことを考慮すると，不在組合員のみを対象に金銭的負担を求めることが合理性を欠くとみるのは相当でない。また，管理組合の活動は役員のみによって担われるものではなく，両者間の不公平が役員報酬の支払によってすべて補填されるものではないから，その使途が役員報酬の支払にあることを理由として管理規約変更の必要性及び合理性を否定することはできない。
③ 月額2,500円は，全組合員から徴収されている組合費と一緒に管理組合の一般会計に組み入れられており，組合費と協力金を合計した不在組合員の金銭的負担は居住組合員が負担する組合費，月額1万7,500円の約15％増しの2万円にすぎない。
④ 加えて，上記不利益を受ける180戸の不在区分所有者のうち協力金の趣旨に反対して支払を拒んでいるのは12戸を所有する5名の不在組合員にすぎないことを考慮すると，管理規約変更は協力金の額も含め，不在組合員の受忍限度を超えるとまではいえない。

(2) この判決の固有事情

この判決を根拠に，不在区分所有者に協力金を負担させるために管理規約を改正した管理組合や，改正を検討している管理組合があるようです。しかし，この事件でこのような判決が出たのは，このマンションに上記①～④に述べたような事情があったからなのです。つまり，このマンションでは，不在組合員は役員資格がない，ということのほかに，①市の住宅政策として自住を前提条件に分譲され，その政策により自治会的要素が多く盛り込まれた管理組合活動を行っていたこと，②立地条件から868戸のうち181戸も不在という状態が生じていたこと，③不在者のほとんどが2,500円を争っていなかったこと等です。

(3) 不在組合員に対する協力金の負担

ところで，本問のマンションでの役員資格は，単に「組合員」となっているのですから，不在組合員も役員になることができるわけです。現に，あな

たは役員を務めています。このようなことから考えると，本問の場合，単に「不在」組合員であるということのみを理由に協力金を課すという合理的根拠が見当たりません。したがって，少なくともあなたのマンションの場合，不在組合員だからという理由だけで協力金を負担させることはできず，そのような管理規約改正は不在組合員の権利に特別の影響を及ぼすべきときに該当すると考えられます。

　なお，不在組合員に総会案内を送付する場合には費用がかかるので，管理費とは別に，通信費等の実費相当額又はそれに若干上乗せした金額を負担してもらうための管理規約改正は可能ですし，このような場合は，特別の影響を及ぼすべきときには該当しないと考えられます。

(4) 高齢者に対する協力金の負担

　次に，在住組合員でも高齢者は役員をやれないからという理由で協力金を負担させることができるかどうかですが，単に高齢者だからという理由で一律に協力金を負担させることはできません。

　そもそも役員になることは，義務も伴いますが，組合員の権利ですから，高齢者であっても，役員をやりたいという人や，空いた時間を管理組合運営のために使いたいという意欲のある人を排除することはできません。また，一口に高齢者といっても，若い人と同じように活動が可能な人もいれば，持病をかかえて外出が困難な人もいるでしょう。高齢者か否かに関係なく，役員就任は勘弁してほしいという人もいるはずです。このように，役員就任に関する組合員それぞれの対応の仕方や個別の健康状態等は異なるわけですから，この個人的事情をどのように配慮し基準を設けるかは，管理組合の姿勢の問題，ということになるでしょう。いずれにしても，最高裁判所の判例は，不在組合員は役員になることがなく，そのことから生じた在住組合員との不公平をどう調整するかが問題になった事件ですから，この判例を根拠に，高齢者である「在住」組合員に対し，協力金を負担させることはできません。

　一般に，高齢者になるほど役員就任が難しくなることは事実ですし，今後は，マンションに限らず高齢者は確実に増えていきます。このような状況の中で役員資格に関し高齢者をどう処遇するかは難しい問題ですが，例えば，輪番制を採用している場合に，役員候補者としての順番が来た者から健康上の理由等による本人の申出があったときは次の順番の者が役員候補者となる，というようなルールを作っておくことも考えられるでしょう。高齢者が増え

役員のなり手が少なくなったり，一部の組合員にのみ負担がかかるような場合には，しかるべき専門家を管理者として選任できるような管理体制に変更する方法も考えられます。

白紙委任状の取扱い　【管理組合の運営】

Q4 総会でいつも委任状の取扱いが問題になるので，当管理組合では紛糾を避けるため，総会に議案の反対者が多数出席しているときは，実際に出席している組合員の議案に対する賛否に応じて白紙委任状を分けていますが，①その取扱いでよいでしょうか。また，②議決権行使書と委任状を両方出してくる人もいるし，③議決権行使書に賛否の記載がないものもあります。これらの場合，どのような取扱いをすべきでしょうか。

A ①理事会に提出された白紙委任状は賛成票として取扱うべきです。②委任状と議決権行使書に矛盾がなければそれに従い，不明又は矛盾があれば本人に確認し，確認できないときは議決権行使書面によるべきでしょう。③賛否の記載のない議決権行使書は，賛成票に数えることはできません。

(1) いわゆる議場委任について

総会出席者の議案に対する賛否の割合に応じて白紙委任状を賛成票と反対票に分ける，いわゆる議場委任のやり方をしている管理組合をときどき見かけます。議案に対する多数の反対者が総会に出席している場合に白紙委任状を全部賛成票として取り扱うと，反対者から，総会に出席して意見を言う意味がないし審議も必要なくなるとして，議場が紛糾することもあるので，総会を円滑に運営するため，このような方法を用いているようです。

しかし，この取扱いは，正しいとはいえません。区分所有法は，「議決権は，書面で，又は代理人によつて行使することができる。」(39条2項)と定めていますが，この場合の代理人による議決権の行使とは，代理権を証する

書面（いわゆる委任状）によって区分所有者本人から授権を受けた代理人が総会に出席して議決権を行使することをいいます。つまり、委任状は、賛否の意思決定を特定の者に委ねるものであり、議場の賛否の状況に応じて振り分ける性質のものではありません。

　それに、代理人の氏名の記載のない委任状のほとんどは理事会に提出されますが、それは、議題の提案者たる理事長（標準管理規約では、議長でもあります。）宛てに提出されるということであり、いわば賛成票として取り扱われることが予定された委任状であると考えられるからでもあります。管理組合の総会案内に添付されている委任状の様式の多くは、委任者が議決権行使の代理人の氏名を具体的に記入するようになっており、委任状の末尾には「代理人の氏名の記載のない委任状は、議長に委任したものとみなします。」等の記載がなされていますが、このような記載がない委任状の場合も、上記の理由から、やはり議場委任の取扱いをすることはできません。代理人の氏名の記載のない委任状を特定の者が所持している場合には、その者を代理人として扱い、その者の賛否を当該区分所有者の賛否として取り扱うことと同じです。したがって、理事会に提出された白紙委任状は、賛成票として取り扱うべきです。

　なお、白紙委任状はその効力等についてトラブルになる場合があるので、トラブル防止の観点から、標準管理規約のコメントでは、委任状の様式等において、委任状を用いる場合には誰を代理人とするかについて主体的に決定することが必要であること、適当な代理人がいない場合には代理人欄を空欄とせず議決権行使書によって自ら賛否の意思表示をすることが必要であること等を記載しておくことが考えられる、としています。

(2) 議決権行使書と委任状の同時提出

　委任状は、前述のとおり賛否の意思決定を代理人に委ねるものであり、議決権行使書は、各議案ごとの賛否を記載した書面であるので、いずれも区分所有者本人が総会に出席せずに議決権を行使する方法です。しかし、議決権行使書は、区分所有者が自ら議案に対する賛否の意思決定をするものであるのに対し、委任状はこれを代理人に委ねるという点で性格が異なります。

　この両者の記載内容が明確で矛盾がなければ、それに従うことになります。例えば、委任状には、それが第1号議案についてのものであることを明示し、議決権行使書では第2号議案についての賛否を明確にしてある場合には、本

人の意思は矛盾しませんし明確なので，両方とも有効です。また，代理人欄が空欄の委任状とすべての議案に賛成する旨の議決権行使書が提出された場合にも，同様です。

　これに対し，両書面の一方又は双方が不明，又は双方が矛盾するような場合は，本人に確認しその意思に従って取り扱うべきです。本人不在又は時間的に確認する余裕がないときは，両書面の形式・内容に従って本人の意思を推測するほかないのですが，上述のとおり，議決権行使書は本人が自ら直接的に議案の賛否の意思決定をするものですから，議決権行使書面によるべきでしょう。

(3) 賛否の記載がない議決権行使書

　議決権行使書について，議案についての具体的な賛否の記載がない場合には，議決権を書面によって行使する意思があったとみることはできません。したがって，署名押印があるからといって，賛成票として取り扱うことはできない，ということになります。この場合に，合わせて委任状も提出されている場合には，委任状によればよいのですが，議決権行使書の賛否の記入を忘れたということも考えられるので，念のため，本人に確認することが望ましいでしょう。

議題を保留し解散した場合と同一議案審議の手続　【管理組合の運営】

Q5 元役員の善管注意義務違反を理由とする訴訟提起の件について総会案内を出し，開催日を迎えました。議案を可決するだけの委任状は集まっていたのですが，出席者には議案に反対する者が多かったため，議長として強引に採決できないと思い，議題を保留にし，そのまま解散しました。①同一議案をもう一度審議するためには，再度総会案内を出して総会を開かなければいけませんか。その場合，②既に集まった委任状は使えないでしょうか。

A ①再度総会案内を出して総会を開かなければなりません。②また，この場合，既に集まった委任状は使えません。

(1) 議長の権限

　議長は，一般に，会議体を主宰してその秩序を維持し，議事を整理して進行させる権利と義務を有する議事運営の責任者です。議場の秩序を維持するものとしては，例えば，議場で審議できない程の混乱が生じたり，総会に資格のない者が参加し，あるいは総会に出席資格のある者を一部の者が入場拒否をするような場合に，適切な措置をとることが期待されます。議事を整理し進行させるものとしては，発言の希望者に適時適切な発言の機会を与え，正当な提案や動議を採用し，適切な審議段階で採決に移行するなど（管理規約等で議事進行に関し総会で決議すべきものと定められていない限り），議長が独自に判断し議事進行することができると考えられます。

　本問では，議案を可決するだけの委任状は集まっていたというのですから，議長の義務として採決すべきだった，といえるでしょうし，混乱しても，採決してほしいとの動議が出たら，議長として裁決しなければならなかったと思われます。

　しかし，以上述べたように，議長には，議事進行に関する権限が認められているので，議案に反対する者が多く，例えば，あちこちから野次が飛び交い発言がほとんど聞こえない等，怒号で議場が紛糾し退場命令を出しても効果がなく到底審議が続けられないというような状態になったのであれば，議長の権限として保留等の措置をとることも可能と思われます。どの程度であれば保留等の措置をとることができるかは一般論で決められる性質のものではなく，ケースバイケースで判断するほかないでしょう。

(2) 再度総会を開く場合の手続

　ところで，「保留」とは，『広辞苑』（岩波書店，第六版，2008）によると「おさえてとどめおくこと。特に，その場ですぐに決めたり実行したりしないでおくこと。」をいうので，委任状が集まっていたことを考えると，この先どのようにするかを決めたうえ今回は保留にする，という措置をとることが望ましかったといえます。しかし，そのまま解散したというのですから，審議していた議題について将来どう扱うかの方針を決めなかった，ということと思われます。

　区分所有法には，このような場合の手懸かりになる定めがないので，会社法が定める株主総会についての規定，及び一般社団法人及び一般財団法人に関する法律が定める社員総会についての規定をもとに考えてみるほかありま

せん。以下は会社法の規定により説明しますが，会社法では，株主総会において，会議の延期又は続行の決議を行うことができるものとしており，その決議をした場合には，改めて株主総会招集通知を発する必要がないと定めています（同法317条，298条，299条）。この場合の延期とは，議事に入らずに会日を後日に変更すること，続行とは，議事に入った後に審議未了のため後日に継続することをいいますが，後日の株主総会である延会又は継続会の日時・場所を延期，続行の決定と同時に決めていれば，延会，継続会は当初の株主総会がそのまま連続し，一体のものと考えることができます。そのため，改めての株主総会の招集通知を発する必要はないと考えられているわけです。このように，当初の株主総会がそのまま連続し，一体のものと考えられるので，議題は当初の株主総会の議題に限られるのが原則ですし，委任状や議決権行使書も，延会，継続会に効力が及ぶ，ということになります。

　この延期，続行の定義そのものは管理組合の総会の場合にも通用するものですし，会社法317条，及び一般社団法人及び一般財団法人に関する法律56条は，会議体の一般的な原則を示したものと考えられるので，管理組合総会についても同様に考えてよいと思われます。したがって，これを本問にあてはめて考えてみると，当初の総会において審議継続の決議とともに後日の総会の日時・場所も決定している場合には，改めて総会の招集通知を出す必要はありませんし，同一議題である限り委任状をそのまま使うことができます。

　しかし，本問の場合は，このような手続を経ていないようですから，再度総会の招集通知を出さなければなりませんし，既に集まった委任状は使えません。賛否の意見が変わっている可能性もあり，当初欠席のため委任状を提出していた者も後日の総会には実際に出席するかもしれないし，その反対の場合もあるからです。そのため委任状も新たに区分所有者からもらう必要があります。

地震による団地内の特定棟の復旧・補修

【管理組合の運営】

Q6 6棟で構成する団地で，分譲時期が昭和40年代なので管理費，修繕積立金ともに棟別のものはなく，管理組合は1つあるだけです。地震で1号棟の被害が大きく，外壁にヒビが入り，共用廊下に面した雑壁にもX字型の亀裂が生じました。①これを補修するにはどんな手続が必要ですか。②1号棟のみの被害でも全棟から集まった修繕積立金を使わなければならないのでしょうか。また，③今後の大地震のために何か対策がありますか。

A ①一般的には，1号棟の被害が一部滅失に該当するものなら1号棟のみで復旧決議をしこれを実行しなければなりませんが，損傷に該当するものなら団地総会の決議で補修することになります。②一部滅失，損傷いずれの場合も，1号棟の区分所有者が納めた修繕積立金相当額を上限として使うことができると考えます。③管理規約を改正し棟別修繕積立金の制度を設けることが考えられますが，検討すべき問題がいろいろあります。

(1) 区分所有法上の団地と団地管理組合

「団地」とは，数棟の建物がその土地内に通常は計画的設計に基づいて建設されているような，客観的に一区画をなしていると見られる土地の区域であると定義されています（濱崎恭生著『建物区分所有法の改正』418頁（法曹会，1989））。これだけでは必ずしも明確ではないのですが，区分所有法上の団地は，㋐団地内に数棟の建物があり，㋑土地又は附属施設がこれらの建物の所有者の共有（土地が借地権の場合は準共有）に属する場合に成立します（同法65条）。区分所有法上の典型的な団地は，区分所有建物が数棟あり，その土地や集会所等の附属施設が団地内の建物の所有者全員の共有になっている場合です。本問の場合は，具体的な権利関係が分からないので，上記の要件を満たしているという前提で検討することとします。

区分所有法が適用される団地の場合には，団地建物所有者全員がその共有

している土地又は附属施設を管理するための団地管理組合を構成してその土地又は附属施設を管理し，団地内の棟は，棟の共用部分等を共有する区分所有者で構成する管理組合がこれを管理するのが原則です。しかし，所定の手続を経て棟の共用部分等の管理も団地管理組合が行う旨団地管理規約に別段の定めを置けば，団地管理組合が棟の管理も含め一元的に管理することができます（同法68条1項1号）。管理組合が1つあるだけということは，団地管理組合のことであり，団地管理組合が棟の管理も行ってきたということと思われます。

　団地の管理については，棟の通常の管理に関する条文の多くが準用されるので（同法66条），上記のように一元的に管理する場合の管理の仕方は，棟の管理の仕方とほぼ同様になります。

　しかし，建物が一部滅失した場合の復旧，建替え，共同利益背反行為者に対する区分所有法57条から60条による訴訟提起などは，団地に準用されていないので，注意が必要です。

(2) 滅失と復旧の手続

　1号棟の外壁に入ったヒビと雑壁に生じたX字型の亀裂を補修するための手続ですが，問題は，1号棟が受けたこの被害が，建物の「一部滅失」に該当するのか，それとも，「損傷」，「毀損」に該当するのか，ということです。このどちらに該当するかによって管理組合で補修するための手続が異なってくるからです。

　「滅失」とは，地震等の偶発的な事故によって生じる物の消滅を意味し，建物としての使用上の効用を確定的に喪失したといえる場合をいいます。区分所有法は，建物の価格の2分の1以下に相当する部分が滅失した場合（小規模滅失）と2分の1を超える部分が滅失した場合（大規模滅失）とに分けてこれらを復旧する場合の法律上の手続を定めています（同法61条）。小規模滅失の場合は，各区分所有者は滅失した共用部分と自己の専有部分を復旧することができますが，共用部分については，これに着工する前に集会で復旧する旨の決議（普通決議）をすれば，それが優先します（区分所有法61条1項・3項）。大規模滅失の場合は，特別決議を要すること，決議に賛成した区分所有者以外の区分所有者に対する買取請求に関すること等，詳細な定めが置かれています（同法61条5項以下，基礎用語33参照）。小規模滅失の場合における共用部分の復旧については管理規約で別段の定めをすることが

できるのに対し，大規模滅失に関する定めは強行規定で，管理規約による別段の定めができません。また，小規模滅失，大規模滅失いずれの場合も，団地には準用されていないので，棟で決議することが必要になります。

　問題はこの小規模滅失と大規模滅失の区別ですが，滅失の時を基準にして滅失前の建物の価格と滅失後の建物の価格を評価し，滅失後の建物の価格が滅失前の建物の価格の2分の1以下か否かで決定されます。この場合の「建物の価格」をどう考えるか，阪神・淡路大震災で被災したマンションの復旧に関してしばしば問題になりました。これについては，不動産の鑑定評価の手法によって求めるのが適切ですが，この評価は区分所有法61条に定める滅失の規模を判定することにその目的があるので，簡易な判定があってよいはずです。このようなことから，平成8年2月に日本不動産鑑定協会カウンセラー部会によって簡易の判定マニュアルが作成されました。その要旨は，建物の再調達価格から経年減価を差し引いた額を「一部滅失前の状態における建物全体の価格」とし，復旧に必要な補修費用の見積額を「滅失した部分の価格」として両者を比較し，後者が前者の2分の1以下であれば，小規模滅失とし区分所有法61条1項に定める復旧の手続によるものとする，というものです（稲本洋之助，鎌野邦樹『コンメンタールマンション区分所有法』329頁以下（日本評論社，第2版，2004））。

(3) 損傷と補修の手続

　一方，「損傷」[注1]とは，建物の部分がその本来の効用を確定的に喪失してはいないが，破損・汚損・不具合・機能低下などが生じた場合をいいます。法律上は「毀損」とほぼ同義と解され，物の消滅に至る「滅失」とは区別されています。建物が損傷，毀損した場合の補修の手続についても上記滅失の場合の手続が適用されるのかどうかの問題がありますが，損傷，毀損の場合は建物部分は失われず存在しており，一般的には，建物の価格が2分の1未満に減少することはないので本来の効用が確定的に失われているわけではなく，補修によって従前の効用を回復することができます。また，その補修に著しく多額の費用を要することもないと想定されますし，区分所有法には，共用部分の管理に関する一般規定として，18条及び17条が存在します。このようなことから，本問の被害が損傷，毀損に該当する程度のものであれば，その補修は，一般に18条又は17条に該当する事項として対処することができますし，これらの条文は団地に準用されているので，団地管理組合として

対処することができる，ということになります（前掲『コンメンタールマンション区分所有法』331頁）。

(4) 1号棟の被害が一部滅失の場合

　本問の場合，1号棟の外壁のヒビや雑壁のX字型亀裂がどの程度のものか分かりませんが，例えば，構造体に一部問題が生じているほか，外壁にいくつもの深いヒビが入り，X字型亀裂も鉄筋がむき出しになって雑壁落下により室内に風が通るなどの個所が多く，居住が困難な程度であれば，1号棟は一部滅失したものと考えられるでしょう。前述のとおり，一部滅失の場合の復旧手続は団地に準用されていないので，団地管理組合で対処するのではなく，1号棟の区分所有者が集会を開いて復旧の決議をしなければなりません。

　この集会を開くにも，本問の場合は棟の管理組合がなく，したがって棟役員もいないのですから，1号棟の区分所有者及び議決権の各5分の1以上を有するものが集会を招集するという手続が必要になります（区分所有法34条5項）。小規模滅失か大規模滅失かの判断が必要になるとともに，このような招集手続の音頭取りをする者の存在も不可欠ですから，団地管理組合役員の事実上のサポートが欠かせないでしょう。

　以上の手続とは別に，復旧工事に要する費用を，団地管理組合に納められた修繕積立金の取崩しにより賄うことができるかという問題があります。この点については，団地管理組合に納入された修繕積立金のうち1号棟の区分所有者が納めた修繕積立金相当額は，それを上限として，団地管理組合の総会で普通決議を経れば使うことができると考えられます。棟別修繕積立金の制度はないものの，どの棟も平等に修繕積立金を使うことが予定されていると思われるからです。ただし，あわせて1号棟の区分所有者のみの修繕積立金を値上げするなどして他棟と同じレベルまでの積立額になるように措置しておくことも必要になります。その上限を超えて修繕積立金を取り崩す場合には，実質的には1号棟の区分所有者が他棟の区分所有者から借入れをしたということになるでしょうから，やはり1号棟の区分所有者の修繕積立金を値上げするなどしてこれを借入れ分に充当していくような措置が必要になります。なお，団地管理組合が1号棟復旧工事のために融資を受け，1号棟区分所有者が従来の修繕積立金に返済額を上乗せして団地管理組合に返済するなどの対応（このような対応には，団地管理組合の決議が必要であることはいうまでもありません）も考えられます。

(5) 損傷，毀損の場合

次に，1号棟の被害が比較的小さく，構造体に問題がなく，ヒビやＸ字型亀裂が浅く数箇所程度のもので居住の継続にさしたる支障がない場合には，損傷，毀損に該当すると考えられるので，前述のとおり団地管理組合としての対応が可能です。

共用部分の管理に関する一般規定としては，「保存行為」，「変更」，「管理に関する事項」があり，総会での決議要件等が異なります。このうち，「保存行為」とは，共用部分を維持する行為で，共用部分の滅失・毀損を防止して現状を維持する行為であり，一般に，緊急を要するか，または比較的軽度の維持行為をいうと解されています（川島一郎『建物の区分所有等に関する法律の解説（中）』法曹時報14巻7号1080頁）。そして，この一応の目安としては，月々の管理費で賄える範囲のものがこれに該当し，修繕積立金を取り崩す必要がある修繕などは保存行為には含まれないと説明されています（高柳輝雄『改正区分所有法の解説』56頁（ぎょうせい，1983））。また，「変更」とは，共用部分である階段室をエレベーター室に改造するなど，形状又は効用を確定的に変えることをいい，「管理に関する事項」とは，「保存行為」と「変更」を除いたものがこれに当たります。

本問の場合，文面から察するに特に緊急性があるようには思えませんし，補修をしたいとのことですから，「保存行為」でも「変更」でもなく「管理に関する事項」に該当すると考えてよさそうです。

管理に関する事項を団地管理組合で決議するには，団地管理規約に別段の定めがない限り，団地建物所有者及び議決権の各過半数の賛成が必要です。多くの団地管理組合では，管理規約による別段の定めを置き，議決権総数の半数以上を有する団地建物所有者の出席を団地総会の成立要件とし，その出席団地建物所有者の議決権の過半数で決するとしていますので，このような定めの有無を確認する必要があります。

この場合の補修工事に要する費用ですが，本問では棟別の修繕積立金がないのですから，6棟の団地建物所有者全員が納めた修繕積立金を使うことができますが，修繕積立金の取崩しも規約に別段の定めがない限り普通決議で決することになるので，上記の賛成が得られるかどうかによります。そして，所定の賛成が得られたのであれば，団地管理組合に納入された修繕積立金を取り崩して1号棟の補修工事を行うことができます。ただし，取り崩すこと

ができる限度額は，棟別修繕積立金の制度はないものの，各棟の衡平を考えると，1号棟の区分所有者が納めた修繕積立金相当額を上限とするべきでしょう。棟別修繕積立金がないということは，ある程度，どの棟も平等に修繕積立金を使うことが予定されていると考えることができるからです。また，そのような取扱いや考え方をしなければ，所定の賛成を得ることも難しいと思われます。なお，あわせて1号棟の区分所有者のみの修繕積立金を値上げするなどの措置が必要になることは前述したとおりです。

(6) 今後の大地震に備える

　建築年次の古い分譲団地の多くは，棟による規模，設備，仕様等の差はそれほど大きくないでしょうが，それでも同一業者が施工したとは限りませんし，団地内での配置も異なるため，大地震等の事故があれば，その被害には大きな差が出ることがあります。大型団地の分譲が盛んになってからは，団地内の棟の規模，設備，仕様等もかなりバラエティに富むものが建設されるようになったこともあり，全棟に共通する全体修繕積立金とは別に，棟別修繕積立金とその棟別修繕積立金の棟ごとの区分経理をする管理体制を採用することが合理的と考えられるようになりました。団地型マンションの標準管理規約でも，このような管理体制が採用されています。

　予想される大地震等のことを考えると，本問の場合も，棟別修繕積立金と棟ごとの区分経理の制度を導入することが肝要かと思われますが，団地内の建物の客観的状況や団地建物所有者の意見等をみながら慎重に検討すべきでしょう。そして，これらの制度を導入するには，団地管理規約の改正が必要になりますが，その際，検討すべきいくつかの問題があります。

　全体修繕積立金はすべての団地建物所有者が共有する土地又は附属施設の修繕等のために積み立てられるもので，一般的に，それほどの積立額を必要とするものではありません。そこで，既に積み立てられた修繕積立金の大半を各棟修繕積立金に割り振ることができないか，という問題があります。この点については，㋐過去に特定棟の修繕箇所が多く，修繕積立金を他棟より多く使用した事実がある場合は，衡平性の観点からこれを考慮する必要があるのではないか，㋑団地管理組合が有する修繕積立金は，すべての団地建物所有者の合有[注2]財産であるので，これを棟ごとの区分所有者のために振り分けることは財産の処分行為に該当し，団地建物所有者全員の同意を必要とするのではないか，㋒これまでの修繕積立金は，団地建物所有者がどの棟の

ためにも取り崩すことができるものと認識し負担してきたものであるから，これを，今後設定する棟別修繕積立金として振り分け，使用することができるのか等の疑問があります。

このうち，㋐については，具体的な事情にもよりますが，どの棟のためにも取り崩すことができるという管理規約のもとで全団地建物所有者が負担し積み立てられてきたものであること，毎会計年度ごとに予算・決算の承認を経てきたこと等からすると，特段の事情のない限り，考慮しなくてもよいのではないかと思います。㋑は難しい問題ですが，修繕積立金は団地管理組合が保有しており，その管理処分権は団地管理組合にあること，その権利関係は全区分所有者の合有であるとしても，集会決議等により，具体的にこれを区分所有者らに分配すべきことやその金額，時期が決定されなければ具体的な分配請求権が発生しないとの趣旨の判例（東京地判平成3年5月29日判時1406号33頁，千葉地判平成8年9月4日判時1601号139頁）があること，各棟に所属する全団地建物所有者が負担した修繕積立金が各棟に振り分けられること（いわば，自分たちが納めたものが自分たちに返ってくる，という関係）等から，団地建物所有者全員の同意が得られなくても，団地総会で特別決議を経れば振り分けは可能と考えてよいでしょう。㋒は，いわば，Aという目的のために積み立ててきたものを異なるBという目的のために使用できるかという問題ですが，本問の場合は，Aの目的の中にはBの目的も含まれているという関係にあるので，全く異なる目的のために使用するものではないことから，肯定してよいと思います。

(7) 団地管理規約と修繕積立金の考え方

なお，本問の場合は，団地の分譲時期からして6棟の規模，設備，仕様等がほぼ同じではないかと思われますが，これらが棟によってかなり異なる場合には，各棟修繕積立金の制度を導入することによって，割高の修繕積立金を負担しなければならない棟の区分所有者とそうでない棟の区分所有者とが出てくるはずです。このような場合は割高の修繕積立金を負担しなければならない棟の区分所有者からの強い反対が予想されますから，あらかじめ各棟の区分所有者が負担する修繕積立金の単価はどれくらいかの計算をしてみることが重要で，管理規約を改正することによって紛糾，混乱が生じないよう，時間をかけて検討することが大切です。

(注1) 損傷
　　この語は，建替えのための客観的要件の1つとして用いられていたが（62条），2002年の改正法により削除された。
(注2) 合有
　　合有とは，各人が持分権を有するが，共同目的達成のため規則に拘束され，共同目的が存する限り持分権処分の自由や分割請求がない。合有物の処分は全員の合意を要する。

少数区分所有者の総会招集請求権と総会招集権　【管理組合の運営】

Q7 地震で団地内の土地が液状化し，歩道やU字溝等が損傷したため，総会を開催し予算も計上，補修工事を行う決議をしました。ところが，工事金額に疑念があるし，また，補修工事を行うには樹木を伐採しなければならないから特別決議が必要だと主張する組合員Aが，5分の1以上の組合員の署名を集め，Aらの「新役員選任」の件と「補修工事の決議やり直し」を議題とする総会の招集を請求してきました。理事会では，この議題の内容が不明確なので，Aたちと協議を重ねているうちに「2週間以内に……4週間以内の日を会日とする……」の期日が近づいてしまったため，その後に総会開催をする方針でいたところ，Aたちは，法定期間内に総会招集通知を出さないから自分たちに総会招集権が移ったとして総会を招集，開催し，我々現役員全ての解任決議をし，新役員を選任したから自分たちが正式役員だと主張しています。①この補修工事に特別決議が必要ですか。②議題内容が不明確で協議している場合にも法定期間は守らなければならないのか，③我々には解任される理由はないのに一部組合員の主張は正しいのか，疑問ばかりです。

A ①補修工事に特別決議は必要ないと考えられます。②法定期間については，遵守するのが原則ですが，協議しなければ議案書が作成できない場合であるにもかかわらずAらが協議に応じないなどの特別の事情がある場合には，総会招集権はまだAらに移っていないと考えてよい

でしょう。③総会で役員を解任するのに特別の理由を必要としません。

(1) 樹木の伐採と歩道，Ｕ字溝の補修工事

　損傷した歩道は特に高齢者や子供にとって危険ですし，Ｕ字溝も損傷したままにしておくと雨水がそのまま液状化した団地内の土地に流れ歩行に支障を来すだけでなく，団地内の諸施設に良い影響を与えません。Ｕ字溝内部に汚泥やゴミが侵入する等して，Ｕ字溝としての機能が低下することにもなります。

　本問ではまず，損傷した歩道やＵ字溝を補修するには樹木の伐採が必要だから特別決議が必要というＡたちの意見をどう考えるかが問題になります。この点については，補修工事の内容そのものが歩道やＵ字溝の形状や効用を著しく変えるものでない限り，普通決議で行うことができると考えられます。樹木の伐採は，共用施設（標準管理規約では，植栽を附属施設の１つとして列記しています。）の変更に該当するから，特別決議がなければ行うことができないという考え方もあるでしょう。しかし，樹木を伐採してそのスペース等に建物を建てたり子供の遊び場として利用するという場合は特別決議が必要ですが，歩道やＵ字溝を補修するために樹木を伐採せざるを得ないのであれば，樹木の伐採は補修工事の前提として必要なことであり，補修工事の内容に含まれていると考えることができるでしょうし，そのような認識のもとに総会の議案書が作成され，その議案書を多くの組合員が賛成したと考えることができるでしょう。したがって，補修工事それ自体が歩道やＵ字溝の形状又は効用を著しく変えるものでない限り，普通決議で足りると考えられます。

(2) 少数組合員が示す議題の明確性

　次に，議題の内容が不明確か否かの問題ですが，Ａが５分の１以上の組合員の署名を集めて総会の招集請求をするには，自分の考えに賛同してもらうために，理事会が発した議案書・総会の決議内容のどこに問題があり，それをどうすべきであったかを記載した文書を配付しているはずですし，その文書に５分の１以上の組合員の署名をもらい，理事会に提出しているはずですから，その文書から判断するほかありません。

　「新役員選任」の語は，一般的には，通常総会で役員の任期満了による交替の際に用いますが，本問では，現役員の解任とそれに伴う新役員選任を意

味するものと思われますし，そのように推測することは難しくはないでしょう。どの役員を，という明示もないので，上記文書に特に限定がない限り，現在の役員全員を指していることも推測困難とはいえないと思われます。

次に，「補修工事の決議やり直し」についてですが，Aが主張している工事金額に疑念があるというのは，工事範囲・仕様等はよいが金額が高いということなのか，補修工事の内容が過度なものだということなのか，あるいは相見積りを取らずに業者を決めたから工事金額に疑念があるということなのか，判然としません。これが，上記文書から明確になっているのであれば，それをもとに現在の理事会が総会招集の議案書を作成・配付することができますが（なお，特別決議が必要だとの理由は樹木の伐採を理由にしているので明確です。)，もしそれが不明確で議案書の作成が困難である場合には，Aらとの協議が必要になるでしょう。そうでなければ，いったん総会で決議したものをなぜ再度総会を開いて決議し直さなければならないのか組合員は理解することができないでしょうし，賛否の意思決定をすることもできにくいと思われます。

(3) 議題を明確にするための協議と法定期間遵守

ところで，区分所有法は，区分所有者及び議決権の各5分の1以上を有する者は，管理者に対し，会議の目的たる事項を示して集会の招集を請求することができると定め，少数区分所有者の集会招集請求権を認めています（区分所有法34条3項)。そして，この請求がされた場合，2週間以内にその請求の日から4週間以内の日を会日とする集会の招集通知が発せられなかったときは，この少数区分所有者が，自ら集会を招集することができるとしています（同条4項)。この「2週間以内に……4週間以内……」の期間は，管理規約で別段の定めをすることができないので，この期間は遵守しなければなりません。しかし，協議しなければ総会招集のための議案書作成が困難な場合にも，この期間を遵守すべきなのかが問題になります。

上記の会議の目的たる事項とは，議題を指しますが，議題だけでは賛否の意思表示をすることができないものもあり，本問の場合，歩道やU字溝の補修工事自体は普通決議で足り，区分所有法上議案の要領の通知は必要ないとしても，歩道やU字溝のどこをどのように補修するのか，費用はどれくらいか等をある程度絞り込んでおかないと，なぜ1度決議したものをすぐに総会を開いて審議・決議しなければならないのかを含め，組合員が賛否の意思決

定をするのは難しいでしょう。

　このように考えてくると，区分所有法がこの法定期間に例外や管理規約による別段の定めを認めていないのは，少数組合員から示される議題とこれを含む内容が明確でしかも具体的であるという前提があるからだと考えられます。あるいは，仮に協議が必要だとしても，法定期間内に協議を終え総会招集通知を発することができると考えているからだと思われます。したがって，例えば，上記文書の内容全体が不明確で，その内容から議案書を作成することが困難で協議に時間を要するにもかかわらず，Aらが故意に協議に応じない，または引き延ばしているというような特段の事情がある場合には，いわば権利の濫用と考えられるので，法定期間の遵守が物理的に困難又は法定期間の遵守が阻害されているものとして，総会招集権はまだAらに移っていないと考えてよいと思います。つまり，この期間内に総会の招集通知を発しなければならないと考えなくてもよいと思われます。なお，このような特段の事情については，これを主張する側が立証しなければなりません。

(4) 役員解任の理由

　管理者は，区分所有者が総会の決議又は管理規約によって選任し，自らこれを承諾することによって，その地位に就く，管理組合の業務執行機関です。したがって，区分所有者と管理者との法律関係は，委任又は準委任の関係と考えられ，管理者と各区分所有者の関係は，民法の委任に関する規定に従って処理されます（区分所有法28条）。この管理者と各区分所有者の関係は，管理者（一般的には理事長）以外の管理組合の役員と各区分所有者の間においても同様と考えられます。そして，民法の委任の規定によれば，委任は，各当事者がいつでもその解除をすることができるもので，期間の途中で解任することも可能ですし，中途解任についても特別な解任理由を必要としません（ただし，期間中の解任は，やむを得ない場合を除いて，当事者の一方は，相手方が解任によって被る不利益を賠償することが必要です。（民法651条））。したがって，本問の場合，解任される理由がなくても，総会の普通決議を経れば，解任が可能，ということになります。

給水枝管更新のための修繕積立金取崩し

【管理組合の運営】

Q8 給水管の更新について、本管と枝管を一体工事し、その費用は隣のマンションと同様全部修繕積立金から出そうと考えていますが、枝管の費用まで修繕積立金から出すのはおかしいという理事がいます。①どう考えたらよいでしょうか。また、問題があるとしたら、②それをクリアする方法はありますか。③入室を拒否する組合員がいた場合のことも気になります。

なお、当マンションの管理規約は標準管理規約と同じです。

A ①標準管理規約のままでは取り崩すことはできません。②長期修繕計画書で位置付けた上、管理規約を改正し枝管工事の費用についても修繕積立金を取り崩すこと等を明記すれば、取崩し可能と考えてよいでしょう。③事前に、相当の準備・アナウンス等をしておくことが必要です。

(1) 修繕積立金の取崩し事由

　マンション内の配管類は、給水管、雑排水管ともに本管と枝管が構造上一体となっているのがふつうで、その管理については、管理組合が行う共用部分である本管の管理と一体として行った方が効率的です（配管類の本管・枝管の区別、専有部分と共用部分の区分については、基礎用語3、24参照）。特に相当の築年数が経過したマンションでは水漏れ事故によるトラブルも多くなるため、一体工事をする必要性が高くなります。このようなことから、標準管理規約では、構造上一体となった部分の管理については、総会の決議を経たうえで管理組合が一体として管理を行うことができる旨の定めを置いています（標準管理規約21条2項）。

　しかし、工事を行うこととその費用の負担とは、必ずしも連動しているわけではありません。枝管は専有部分であり区分所有者個人の所有物ですし、修繕積立金は、標準管理規約28条1項を見れば明らかなように、敷地及び共用部分等の特別の管理に要する経費に充当するために納入が義務付けられ

ているものだからです。標準管理規約21条関係コメント⑤に，配管の取替え等に要する費用のうち専有部分に係るものについては各区分所有者が実費に応じて負担すべきものであると記載されているのは，そのためと思われます。したがって，単に総会決議を経ただけでは，枝管工事の費用のために修繕積立金を取り崩すことはできないと考えられます。

(2) 管理規約改正による枝管工事費用の支出

では，修繕積立金の取崩し事由等に関する管理規約の条文を改正すれば，枝管工事の費用も支出することができるでしょうか。

区分所有法3条は，「区分所有者は，全員で，建物並びにその敷地及び附属施設の管理を行うための団体を構成し，……」と定め，30条1項も「建物又はその敷地若しくは附属施設の管理又は使用に関する区分所有者相互間の事項は，……規約で定めることができる。」としています。この「建物」は1棟のマンション全体を指しているので，共用部分だけでなく，専有部分も含まれます。したがって，管理組合の業務は共用部分等の維持管理に限定されるわけではありませんし，管理規約も，専有部分の維持管理について定めることができる，ということになります。

しかし，専有部分は，本来それぞれの区分所有者がその意思に従って管理及び使用すべきものですから，管理組合が行う専有部分に関する業務や管理規約で定めることができる専有部分に関する事項には自ずと一定の限界があり，共同の管理をすることが相当な業務や区分所有者相互間で専有部分の管理又は使用を調整するために必要な事項に限られます。管理組合が枝管も含めた配管の清掃等を行うこと，管理規約で専有部分の用途を限定すること，室内での動物の飼育を制限すること等が認められるのは，この範囲内の業務であり，事項だからです。

問題は，給水管の枝管の更新とこれに伴う費用を修繕積立金から支出することが，共同の管理に服させることとして相当かどうか，言い換えれば，区分所有者相互間の利害の調整のため必要な事項かどうかということになるわけです。

この点について，明確な判例は見当たりませんが，肯定してもよいのではないでしょうか。専有部分である設備のうち共用部分と構造上一体となった部分の管理を共用部分の管理と一体として行う必要があるときは管理組合がこれを行うことができるのは標準管理規約が明記するところですし（同規約

21条2項），総会の決議により管理組合として工事を一体として行うことができる（同規約48条9号）のであれば，それに必要な費用も，管理規約を改正することにより修繕積立金から支出することができると考えてよいように思います。

　確かに，工事そのものと，そのための費用を誰が負担するかは分けて考える必要はあるでしょうが，工事とそれに伴う費用はいわば表裏の関係にもあります。また，枝管それ自体が，独立の意味を有しないわけではありませんが，本管とつながることによって始めて本来の機能を発揮するものであることや，老朽化による枝管からの漏水事故の可能性とそれによる共用部分等や他の専有部分への影響等を考えると，多くの区分所有者の利害に関係する，即ち，共同の管理に服させることが相当であるとして，管理組合の自治規範である管理規約に定めることも有効と考えてよいでしょう。

　実際問題としても，本管のみの更新では漏水対策としては不十分であり，効率的な管理は期待できませんし，枝管工事そのものは管理組合が行うが費用は各区分所有者が別途負担するというのでは，なかなか賛成も得られないでしょう。

　この点について，同じ枝管であっても給水管の枝管と排水管の枝管とを同列に扱うことはできず，排水管の枝管についてならともかく，給水管の枝管については管理組合が管理することを認め修繕積立金を使用することができる管理規約を定めることができない，という考え方もあるようです。給水管は上水を扱うもので，しかも本管から各専有部分に向かう個別の設備で，専有部分ごとに止水栓，メーターが設置され，また浄水器を設置するために枝管の一部を切り取ることもできるなど個別の管理が可能であるのに対し，排水管は雑排水を扱うもので，その枝管は各専有部分から本管に向かってこの雑排水を流すことのみの機能を有し，栓やメーターが設置されることもないから個別の管理に適さない，というのがその理由のようです。

　しかし，排水管の枝管も，腐蝕しやすいものやつまりやすいものを流さないようにする等個別の管理は可能ですし，老朽化による漏水の被害は，上水と下水の違いはあるものの，共用部分等や他の専有部分への影響がそれ程異なるものとはいえないでしょう。したがって，給水管の枝管と排水管の枝管を区別する必要性はないように思います。

　以上のようなことから，本管と一体的に工事をする場合の枝管工事費用を

修繕積立金の取崩し事由とすること，一体工事のための枝管工事費用に充当するための修繕積立金取崩しを総会の決議事項とすること（特別決議事項にすべきでしょう。）等を管理規約に明記するなどしてみてはどうでしょうか。前述のとおりこの件に関する判例が見当たらないので，管理規約をこのように改正し，総会で特別決議を経たからといって，必ず有効であるとの判決がでるか否か明確ではありません。しかし，きちっと手順を踏んで，長期修繕計画書で位置付け，上記のように管理規約に明記したうえ，総会決議を経て修繕積立金を取り崩すのであれば，これを肯定してよいでしょう。管理規約は管理組合の自治規範ですから，自分たちが納めたお金をどのように使うかを自分たちのルールで明確に定め，その使いみちが社会通念上管理組合の業務から離れたものでないのであれば，これを肯定してよいでしょうし，一体工事の必要性・有用性等からも，裁判所が重視してくれるように思います。

(3) 他に検討すべき問題

では，以上のような考え方に立ってこれから管理規約を改正するとして，他に検討すべき問題の1つは，修繕積立金から枝管工事の費用を支出することにより，枝管の法律的性質が変わるのかどうかということです。この点については，専有部分か共用部分かはその物の性質・構造等により決まるものであり，誰が費用を負担したかによって左右されるものではないので（Q1参照），専有部分であると考えられます。

次に，工事に瑕疵があった場合の問題ですが，管理組合が発注者ですから，瑕疵修補請求権は管理組合が有するということになります。しかし，枝管に瑕疵があった場合の補修について全て管理組合が立ち会い，確認等を行うというのも難しいでしょうから，具体的な段取りについて区分所有者との間の取決めをしておくことも大切かと思います。

更には，改正以前の修繕積立金は敷地及び共用部分等の維持管理のために徴収され積み立てられたものですが，それを，これから行う一体工事の費用に使うことができるのかという問題もあります。これについては，一般的に枝管工事の取替費用はそれほど高額にはならないことが多いようですから，まずは枝管工事の費用は，管理規約改正後に納入される修繕積立金の取崩しを検討することが無難でしょう。しかし，枝管の老朽化による水漏れ事故がたびたび起きているような場合には，難しい問題ではありますが，ことの緊急性や周辺への影響等を考えると，過去の修繕積立金を枝管工事の費用のた

めに取り崩すことを肯定してもよいのではないかと思います。

　次に，枝管工事の費用を修繕積立金の取崩しによって支出する方法を選択する場合にも，その費用を一律に全額修繕積立金から支出するという方法には問題があります。枝管は，本管から引き込まれた各専有部分の水回りまでの長さ等がそれぞれ異なるものですが，修繕積立金の負担割合はそれとは関係なく，一般的に専有部分の床面積割合によって納入されるものだからです。この点については，衡平の見地から，各区分所有者の修繕積立金の負担割合に応じて管理組合が各区分所有者のために取り崩すことができる金額を決めるよう配慮したうえ，総会決議を経ることが大切です。また，最近室内のリフォームで給水管枝管を更新したから管理組合の工事は不要，という区分所有者がいる場合には，衡平性を考えると，やはり総会決議のうえ，その区分所有者のために取り崩すことができる計算上の金額を返還する等の対応が必要になるでしょう。

(4) 入室拒否の区分所有者への対応

　枝管更新工事については，各区分所有者の専有部分内に立ち入らなければこれを行うことはできませんが，たまに入室を拒否する者がいることも事実です。したがって，あらかじめ十分に時間をかけて，広報等で，工事の必要性とそのための入室は不可欠で，更新できない枝管があると，一体工事の効果が減少するだけでなく圧力等の関係でかえってその枝管での水漏れ事故の可能性が高くなる等の問題が生じることを周知しておくことが肝要です。空室になっている専有部分については，連絡先を調査すること等も必要になります。

　あくまでも入室を拒否する区分所有者や連絡先が分からない区分所有者がいる場合には，その者の同意が得られないということになるので，入室はできず，入室するには裁判所の判決が必要になります（空室，入室拒否者に対する対策につきQ 16の(4)参照）。このような場合に備えるためにも，あらかじめ上記のような広報や調査等を行っておくことが大切です。

　なお，これらの区分所有者から管理組合に対し，枝管更新工事費用相当額を返せという請求がくることも考えられますが，個別に返すのではなく，その区分所有者が個別に枝管更新工事をするときにはその者のために支出するはずだった金額を工事業者に支払う（個別に工事することによる増額分はその者の個人負担となる）ことについても総会決議で明確にしておくとよいで

しょう。

区分所有者死亡の場合と管理組合の対処方法　【管理組合の運営】

Q9 管理費を滞納していた1人住まいの区分所有者が死亡しました。マンションの登記名義はそのままになっていますが、息子と称する人が出入りしていたのでその人に請求したところ、①自分は相続放棄したから支払義務はないと主張しています。本当でしょうか。②もし本当だとしたら、今後管理組合は誰に請求すればよいのですか。対処の仕方が分かりません。なお、マンションには、抵当権等の担保がめいっぱい設定されています。

A ①相続放棄申述受理証明書で確認することができます。②全員が相続放棄している場合には相続財産管理人選任の申立てをすることができますが、まずは抵当権者等の様子を見ることが大切です。

(1) 区分所有者死亡の場合の管理組合の確認事項

区分所有者が死亡した場合には相続が開始しますが、本問のように1人住まいの人が死亡した場合には、管理組合はどこの誰に管理費を請求すればよいのか分からないことがあります。本人死亡後に相続人間で遺産分割がなされれば、それに従った相続登記が行われ、管理組合に問合せが来るなどして、相続人の名で管理費の自動振替の手続がなされたり、相続人の名で振込みが行われることになるはずです。しかし、相続人間で紛争が生じたり、相続人になるはずの者が相続放棄をした場合等には、登記名義が死亡した区分所有者のままになっているのがふつうです。いつまでに相続登記をしなければならないという法律上の制約もないので、管理組合には誰が相続人か分からないまま日時が経過するという事態もめずらしくありません。管理費等支払請求権の時効は5年ですから（最判平成16年4月23日判時1861号38頁）、何らかの対応をすることが必要です。

このような場合は、まず、死亡した区分所有者のマンションの登記事項証

明書（登記簿謄本）を閲覧又は取り寄せる等して，相続人の名義に変わっていないかどうか確認するところから始めなければなりません（この閲覧又は取寄せは，管理組合が把握している区分所有者の氏名と登記簿上のそれが一致しているか否かを確認するためにも必要です。）。また，区分所有者名簿に相続人となる者の手懸かりになるような記載がないかどうか念のため調べてみることも大切です。しかし，ほとんどの場合ははっきりしないでしょうから，弁護士等の専門家に依頼し，戸籍関係等の調査をし，相続人の氏名と住所をはっきりさせることが必要になります。

(2) 相続人が複数いる場合の管理費の支払義務

　調査の結果，相続人がいる場合は相続登記がなされているか否かに関係なく，その者に対して請求することができます。

　複数の相続人がいる場合の管理費の支払義務は，次のようになります。

　前区分所有者の死亡時までの滞納分は，管理組合に対する債務の相続の問題になるので，相続人が複数いる場合，その相続分に応じた分割債務[注1]になります。したがって，各相続人は，管理組合に対し，相続分に応じて分割して滞納管理費を支払わなければなりません（例えば，配偶者と子が相続人であるときの相続分は各2分の1なので，被相続人の滞納分が20万円で，配偶者と子2人がいる場合には，配偶者の支払義務は10万円，子はそれぞれ5万円の支払義務を負うことになります。）。つまり，管理組合は，各相続人に対し，その相続分に応じた滞納管理費しか請求できない，ということになります。分割債務は，それぞれが独立のもので，その支払にも他の債務者（相続人）の影響や拘束を受けないし，1人の相続人について生じた事由は他の相続人には何らの影響を及ぼさないので，注意が必要です。

　これに対し，前区分所有者死亡後に発生した管理費については，複数の相続人がいる場合にはそのマンションを共有していることになるので，その支払義務の性質も異なり，不可分債務[注2]であると考えられています。管理費は，各共有者が共同不可分に受ける「管理」，つまり利益の対価としての意義を有するからです。したがって，相続開始後に生じた滞納分は，相続人全員が管理組合に対して全額の支払義務を負うことになり，管理組合はそれらの相続人の全員に，又は1人に対して，同時に又は順次に全額の請求をすることができます。

(3) 相続放棄をした場合

　もっとも，区分所有者が多額の債務を負担していたり，区分所有者とは疎遠であったため財産状況等が把握できないような場合は，相続人となるはずの者が相続放棄[注3]をすることもあるので，注意が必要です。

　相続放棄をするには，自分のために相続の開始があったことを知った時から3か月以内に相続開始地の家庭裁判所に対し，相続放棄をする，という意思表示（相続放棄の申述（民法915条，938条））が必要です。この意思表示をすると，相続放棄した者は，その相続については初めから相続人とならなかったものとみなされます（民法939条）。

　したがって，相続放棄した者に対しては，相続開始前の滞納分か開始後の滞納分かを問わず管理費の請求はできません。裁判所は相続放棄した者の申請により「相続放棄申述受理証明書」を交付するので，管理組合は，その証明書の提示を求める等の対応を忘れないようにすることが大切です。相手がその提示等を拒んだりするような場合には，管理組合は，その者が相続放棄したか否かにつき法律上の利害関係を有する者として，家庭裁判所に対し，相続放棄申述受理証明や相続放棄の申述をしていない旨の証明書の交付を申請することができます。この手続は必要な添付書類等も多いので，専門家に依頼した方がよいでしょう。

　調査の結果，相続を放棄していない者がいるのであればその者に対し相続開始前の滞納分と開始後の滞納分を請求すればよい，ということになります。相続放棄をしていない者が複数いる場合の支払義務は，既に述べたとおりです。

　これに対し，全員が相続放棄した場合には，相続人がいないということになります。民法はこれを「相続人のあることが明らかでないとき」とし，このような場合の被相続人の相続財産は，「法人とする」と定めています（民法951条。なお，戸籍上相続人となるべき者が見当たらない場合も，同様です。）。

(4) 相続財産管理人の選任

　この法人とされた「相続財産」に対して，債権者が抵当権を実行したり管理組合が管理費等を請求するには，「相続財産」の代表者となる相続財産管理人の選任が必要です。この選任は，利害関係人等の請求により家庭裁判所が行いますが（民法952条），その手続は，被相続人の戸籍関係のほか，全員が相続放棄したことを証明する書類，判明している相続財産を示す書類等が

必要ですし，相続財産管理人選任に関する公告の費用や相続財産管理人に対する報酬等の費用を裁判所に予納しなければなりません。これらのことを考えると，管理費等の消滅時効の完成が迫っているというような事情がない限り，管理組合が自ら積極的に相続財産管理人選任の申立てを行うことは必ずしも得策とはいえません。マンションの抵当権者等が選任の申立てをするのを待つなど，債権者の動向を見たうえでどうするかを決めるのがよいと思われます。

　選任された相続財産管理人は，被相続人の債権・債務を調査し，家庭裁判所にこれを報告し，処分すべき財産があればこれを処分する等して金銭に替え，債務を支払うなど，相続財産の整理を行います。管理組合は，この相続財産管理人に対して滞納管理費等の請求をすることができます。ただし，相続人全員が相続放棄したということは，一般的に，死亡した区分所有者には債権（積極財産）より債務の方が多かったということを意味するでしょう。したがって，相続財産管理人から滞納管理費を支払ってもらうことは期待できない場合が多いと思われますが，このような場合でも，消滅時効中断のために，相続財産管理人に債務の承認書を書いてもらったり，訴訟を提起する等の対応を考えておく必要があります。

(5) 消滅時効期間の延長と特定承継人

　管理組合が消滅時効中断のため相続財産管理人に対し管理費等支払請求訴訟を提起し，その判決が確定すれば，その確定のときから消滅時効の期間は10年に延長されます（民法174条の2第1項）。また，この10年に延長された期間内に特定承継人が現れた場合には，その特定承継人は確定判決の効力が及ぶ口頭弁論終結後の承継人に当たるから（民事訴訟法115条1項3号）消滅時効期間延長の効果も及ぶとする判例があります（大阪高判平成20年4月18日判例集未登載，大阪地判平成21年7月24日判夕1328号120頁）。したがって，これらのことを視野に入れながら対応を考えることが大切です。

　マンションの売却価額より管理費等の滞納額が上回るような場合には，特定承継人も現われないでしょうから，そうなると，管理組合として滞納分を放棄することができないかが問題になります。難しい問題ですが，管理規約に別段の定めを置けば管理費等の負担割合をゼロにすることもできないわけではないので，管理費等の支払義務を果たしている他の区分所有者との衡平を害さないこと，その滞納分を回収する見込みがほとんどないか，または回

収するにはより多くのコストがかかること等の要件を定めておき，その要件に該当する場合には滞納管理費等を放棄することができる旨を管理規約に定め，これに基づき，必要の都度総会で決議（特別決議にすべきでしょう。）をする，という手続を踏めば，債権放棄も可能と考えてよいでしょう。あるいは，このようなことは日常的に起きるわけではないので，管理規約に上記のように厳密な定めを置かなくても，総会の決議だけで債権放棄ができるとする考え方もあるかと思います。いずれにしても，債権放棄をしなければ滞納管理費は増える一方ですから，むしろ将来に向けて特定承継人が現われることを期待し，その承継人の所有時から管理費を払ってもらうことを考える方が合理的です。

　なお，実際の取扱例として，管理費の消滅時効は5年であり「……債権は5年間行使しないときは消滅する」との定め（民法169条）を根拠に，5年以上経過した管理費を総会の普通決議により消滅させている管理組合もあるようです。

　相続財産管理人選任の申立てはそれ自体大変ですし，被相続人の全財産を調査するので時間もかかります。管理費等支払請求権の時効中断のため急ぐ必要があるような場合は，特別代理人の選任を申し立てる（民事訴訟法35条）という方法も考えられます。この制度は，相続人不明の場合の相続財産について，相続財産管理人がない場合に準用されるからです（大決昭和5年6月28日民集9巻640頁）。

（注1）分割債務（民法427条）
　　　　各債務者が一定の割合において分割された債務を負う。各債務は相互に全く独立のもので，1人の債務者について生じた事由は他の債務者に影響を及ぼさない。
（注2）不可分債務（民法430条ほか）
　　　　数人の債務者が分割的に実現することができない債務を負担するもので，債権者は1人又は全債務者に対し同時又は順次に全額の請求をすることができる。弁済等は他の債務者に効力を生じるが，時効の中断等は他の債務者に効力が及ばない。
（注3）相続放棄（民法938条以下）
　　　　相続の開始によって不確定的に生じた相続効果の帰属を拒絶し，はじめから相続人でなかった効果を生じさせる相続人の意思表示。

管理費等滞納者の破産と特定承継人の責任　【管理組合の運営】

Q10 マンションを競売により買い受け，登記も完了したところ，前区分所有者の滞納分から私の所有権取得登記までの滞納分の全てを管理組合から請求されました。①全部支払わなければならないのでしょうか。前区分所有者は破産し，破産手続が開始されたものの，途中で破産管財人が財団からマンションを放棄し，それと同時に破産手続が廃止されたとのことで，その後抵当権が実行されて私が買受人になったものです。なお，前区分所有者は免責を受け，確定していますが，②破産した前区分所有者は1円も支払わなくてよいのですか。

A ①全部支払う必要はないと考えられます。②前区分所有者は，破産管財人が財団からマンションを放棄後あなたの所有権取得までの間の滞納分を支払う義務があります。

(1) 滞納管理費等の破産法上の取扱い

破産手続開始前に生じた滞納管理費等と破産手続開始後に生ずる管理費等とでは，破産法上の取扱いが異なります。

破産手続開始前に発生した滞納管理費等は，破産債権(注1)になるので，破産手続に従い処理されます。区分所有法7条により，管理費等は先取特権(注2)によって担保されているので，他の一般的な債権に優先して弁済を受けることになり，優先的破産債権として取り扱われます（破産法98条）が，破産法が定める手続に従って債権の届出をしなければ，管理組合は配当を受けることができません。

これに対し，破産手続開始後に生ずる管理費等は，そのマンションが破産財団(注3)所属の財産であることから，その破産財団の管理に関する費用に該当し，財団債権(注4)として取り扱われます（破産法148条1項2号）。財団債権は，破産管財人から随時弁済されるのが原則ですが，破産管財人の手許に預貯金がなく不動産に担保が設定されているような場合には，事実上弁済が

行われないことも多いようです。

　次に，破産廃止について説明しておきます。

　破産財団をもって破産手続の費用を支弁するのに不足するような場合には，裁判所は，破産手続開始と同時に破産廃止の決定をすることがあります。これを同時廃止といい，いわゆる消費者破産の場合によく行われます。同時廃止の場合，破産手続開始決定と同時に破産手続は廃止されるので，破産者はマンションの管理処分権を失うことはありません。その区分所有者は引き続きマンションを所有・使用することができますし，債権者は個別的な権利行使ができるようになります。

　本問では破産手続が途中で廃止されたとのことなので，破産管財人が破産者の財産を調べた結果，マンション以外に主たる財産がなく，しかもマンションにはその価値以上の担保が設定されているので，財団からマンションを放棄し（裁判所の許可が必要です。），裁判所も，これ以上破産手続を進めるには費用が足りないと判断したからと思われます（破産法217条）。これを「異時廃止」といいます。

　異時廃止の場合，破産者は，破産管財人に専属したマンションの管理処分権を回復しますし，債権者は個別的な権利行使の制限がなくなるので，その権利を行使することができるようになります。

(2) 破産者の経済生活の再生

　破産手続は，債務者が破産手続開始のときに有する差押え可能な一切の財産の適正かつ公平な清算を行うとともに，債務者の経済生活の再生の機会を確保するためのものでもあります。破産手続開始までに生じた破産債権が全額弁済されないからといって，その支払義務から解放されないのでは，再生の機会は確保されません。そのため，旧債務から解放され経済的再出発を可能にする免責の制度が用意されています。

　免責[注5]は，債務者（破産手続開始後は破産者）の申立により，裁判所が破産管財人や破産債権者の意見を聴く等の手続を経て決定しますが，免責が確定すると，破産者は，破産手続による配当を除き，租税債権等の債権以外の破産債権についてその責任を免れます（破産法253条）。この，「責任を免れる」の意味は，債務そのものが消滅するという考え方と，いわゆる自然債務になる（債務者が任意に支払をしない場合も，債権者はこれを訴求しえない債務）という考え方があるようです。いずれにしても，債務者はそれを支

払わなくてよい，ということになります。
　この免責のほかにも，債務者の経済的再出発を可能にするものがあります。破産は，破産手続開始のときに債務者が有した差押え可能なすべての財産を換価・処分するものですが，㋐身の回りの生活用品や当面の生活費等の差押えが禁止されている差押禁止債権や，㋑破産管財人が破産財団から放棄した財産，㋒破産手続開始後の破産者が働いて取得した新得財産等を「自由財産」といい，破産者はこの自由財産を自由に管理処分することができます。本問では，破産管財人がマンションを破産財団から放棄し，同時に破産手続も廃止されたとのことですから，その時点で，マンションは，破産者の自由財産となり，自由に管理・処分できるものになった，ということになります。

(3) 特定承継人が前区分所有者に求償できる範囲

　特定承継人であるあなたが滞納管理費等の全額を負担しなければならないかどうかは，㋐破産手続開始決定までに発生した滞納管理費等，㋑破産手続開始決定後破産管財人がマンションを財団から放棄し破産者の自由財産になるまでに生じた滞納管理費等，㋒マンションが破産者の自由財産になってからあなたが所有権を取得するまでに生じた滞納管理費等の３つの時期に分けて考える必要があります。いずれも，管理費等の消滅時効は完成していないという前提で回答します。

㋐について
　前区分所有者は免責を受けていますが，免責の効果は破産者個人に特有のものであり，特定承継人の支払義務に影響はないので，この間の滞納分はあなたが支払わなければなりませんし，特定承継人の義務を果たしたからといって，前区分所有者に求償することはできないと考えられます。

㋑について
　この間の滞納管理費等は財団債権となりますが，それが支払われなかった場合は誰が責任を負うのか，という問題になります。明確な判例はないのですが，前区分所有者である破産者に弁済責任はないという考え方が多いようですから，そのような考え方からすると，特定承継人であるあなたにも支払義務はないという考え方になるでしょう。

㋒について
　免責されるのは，あくまで破産手続開始までに生じた滞納分ですから，破産者が支払義務を負うと考えてよいと思われます。したがって，あなたも特

定承継人として責任を負うことになりますし，もしあなたが管理組合に対しこの期間の滞納分も支払ったのであれば，この期間のものは，前区分所有者に求償することができると考えられます。このような場合は，破産法や民事執行法に特別の手当がないため，破産者が義務を負わないとする法律上の根拠に欠けるとして，破産者に対する求償請求を認めた判例があります（東京高判平成23年11月16日判時2135号56頁）。

（注1） 破産債権（破産法2条5項）
　　　　破産者に対し破産手続開始前の原因に基づいて生じた財産上の請求債権で，財団債権に該当しないもの。
（注2） 先取特権（区分所有法7条）
　　　　民法その他の法律の規定に従い，一定の債権者がその債務者の財産につき他の債権者に先立って自己の債権の弁済を受ける権利。先取特権には債務者の総財産を目的とする一般先取特権と債務者の特定の財産を目的とする特別の先取特権があり，管理費等の先取特権は特別の先取特権であるが，順位は一般先取特権の中の共益費用の先取特権と同順位とされる。
（注3） 破産財団（破産法2条14項）
　　　　破産手続開始時に破産者が有する一切の財産で，債権者に配当するため破産管財人に管理・処分する権利が専属するもの。
（注4） 財団債権（破産法2条7項）
　　　　破産手続によらないで破産財団から随時弁済を受けることができる債権。
（注5） 免責（破産法248条以下）
　　　　破産者をして，破産手続による配当によって弁済されなかった残余の債務について，その責任から免れさせること。

機械式駐車場の外部貸し，一部撤去等　【共用施設の運営】

Q11 機械式駐車場がかなり空いているので，外部貸しや，一部を撤去し新たにトランクルームを設置することなどを考えています。①どのような手続が必要ですか。②一部撤去は共有物の処分だから全員の承諾がいるという人もいます。③他に何か注意することがあれば教えてください。

Ⓐ ①外部貸しをするには管理規約の改正が必要ですし，収益事業として税金の申告も必要になります。②トランクルームを設置するには，管理規約の改正，共用部分変更の決議のほか，トランクルーム使用細則等の制定等が不可欠です。一部撤去は特別決議でできると考えられます。③駐車場の外部貸しは，居住者以外の第三者がマンションに出入りすることになるので，その点の注意が必要になるでしょう。

(1) 駐車場の外部貸し―管理規約の改正等

　かつては，不足する駐車場の順番待ちをどのようにするかでもめていたマンションや，駐車場設置率100％を誇っていたマンションも，最近は空きが目立つようになっています。機械式駐車場は特にその傾向が強く，外部貸しや他の目的への転用を考えなければならない管理組合も出てきています。

　駐車場の使用について，ご質問の管理組合の管理規約がどのように定めているかにもよりますが，一般的に，外部貸しをするには，管理規約の改正が必要になります。標準管理規約では，駐車場の使用について，「管理組合は，別添の図に示す駐車場について，特定の区分所有者に駐車場使用契約により使用させることができる。」と定めていますので，これを例に説明すると，区分所有者以外の者にも使用させることができるよう，管理規約を改正しなければなりません。また，場所を特定せず空きが出た場所を外部貸しするのか，それとも外部貸しするブロックを限定するのかの方針を決めた方がよいでしょうし，もし後者の考え方で外部貸しするなら，駐車場ナンバーで特定するか図面を添付し色分けする等の必要性も出てきます。また，区分所有者の使用希望を優先させるのか，外部者と同等に扱うのか等について方針を決めておき，それを駐車場使用細則や駐車場使用契約書に反映させることも必要になります。

　その他，駐車場使用料は区分所有者と同額にするのか否か，不払に備えて敷金等を預かるのか等をはじめ，第三者に対しては管理規約や集会決議の効力が当然に及ぶものではないことを踏まえ，区分所有者との駐車場使用契約書の内容と同一でよいのかどうかの検討も必要です。この駐車場使用契約書の内容を定めるには，総会の普通決議で行うことができます。

(2) 駐車場の外部貸し―収益事業

　次に，税金の問題があります。駐車場施設は区分所有者のためのものです

から，区分所有者から支払われる駐車場使用料は税金の対象にはなりません。しかし，第三者に貸して使用料を取ることは，収益事業になるので，税の申告が必要になります。先ごろ，国土交通省住宅局が国税庁に対し行った「マンション管理組合が区分所有者以外の者へのマンション駐車場の使用を認めた場合の収益事業等の判定について」の照会に対し，平成24年2月13日付けで国税庁が見解を示しました。その内容の概略は次のとおりです。(注)なお，この回答は，管理規約で，駐車場の外部使用が可能になっていること，及び外部使用による収益は，管理費又は修繕積立金に充当し，区分所有者へは分配しないことが前提になっています。

① 駐車場の使用募集は広く行い，使用は区分所有者か否かを問わず申込み順とし，使用料，使用期間等の使用条件についても区分所有者と同等とする場合⇒もはや，区分所有者のための共済的な事業とはいえない（単なる市中の有料駐車場と変わらない。）。

　　外部者の使用のみならず，区分所有者の使用を含めた駐車場使用のすべてが駐車場業として収益事業に該当する。⇒全部収益事業

② 区分所有者の使用希望がない場合にのみ外部者への募集を行うが，使用している外部者は，区分所有者の使用希望があれば早期に明け渡す必要がある場合⇒区分所有者のための共済的な事業と余剰スペースを活用する事業を行っている。

　　区分所有者の使用は共済的な事業（非収益事業）であり，余剰スペースを利用した事業のみが収益事業（駐車場業）に該当する。⇒一部収益事業（区分経理が必要）

③ 区分所有者の使用希望がない場合でも外部者への積極的な募集は行わないが，外部者からの申出があり，空き駐車場があれば短期的に外部者への貸出しを行う場合⇒臨時的，かつ短期的な貸出しにすぎず，外部者への貸出しは独立した事業とはいえない。

　　外部者の使用による収益は，区分所有者のための共済的な事業を行うに当たっての付随行為とみることができる。⇒全部非収益事業

なお，国税庁は，この回答は照会に係る事実関係を前提とした一般的な回答であるので，個々の具体的事例については，この回答内容と異なることがある，としています。

管理組合はこれを参考にし，①又は②のような方針で外部貸しする場合に

は税務署に対する申告が必要になるので，全部又は一部が収益事業等とみなされた場合の納税額がおよそどれくらいになるのか，申告のため税理士に依頼するのか，その場合の費用はどれくらいか等についても見通しをつけておくことが必要になります。

(3) 駐車場の一部撤去とトランクルーム設置

駐車場の一部撤去は区分所有者全員の承諾を要するか否かについては，今までは駐車場として利用していたスペースを今後はトランクルームを設置して利用するために駐車場を一部撤去するわけですから，共用部分の形状又は効用の著しい変更として特別決議があれば行うことができると考えられます。一部であれ全部であれ撤去は処分行為であるから，区分所有者全員の承諾が必要という考え方もあるようです。しかし，撤去は別の用途に転用するための一過程にすぎないこと，撤去は物理的又は事実的な処分であって法律的な処分行為ではないこと，及び共用部分上に附属の物置や車庫を新設することが共用部分の変更に当たると考えられること（稲本洋之助，鎌野邦樹『コンメンタールマンション区分所有法』99頁（日本評論社，第2版，2004））等からすると，別の用途に転用するための一部撤去は共用部分の変更と解することに問題はないと思われます。

次に，駐車場を一部撤去しトランクルームを新設するには，管理規約の改正も必要になります。駐車場のどの部分を撤去しどのくらいの規模のトランクルームがいくつ設置できるのかをはじめ，使用料の額，使用者の決定方法，使用上のルール等について検討のうえ，管理規約に盛り込むべき条文と細則に定めることで足りる内容のほか，駐車場使用契約等と同様にトランクルーム使用契約書を取り交わすのであればその内容等についても定めなければなりません。

なお，一部撤去しようとしている該当箇所をまだ駐車場として使用している契約者がいる場合には，契約期間中にその者の承諾を得て別の場所に移動してもらうようにするか，又はあらかじめ使用契約書の更新はしない旨を通知する等して使用契約の期間終了まで待つかについても決めておかなければなりません。これらの対応についても，共用部分変更と管理規約改正を決議する際の総会で方針を明らかにし，使用契約を更新しない方法を採用するのであれば，その旨の決議もしておくのがよいでしょう。

(4) その他の検討事項

　機械式駐車場を外部者に貸すことは、マンションの敷地又はマンションの建物内に居住者以外の第三者の立入りを許容することになるので、それによって生ずる問題を考えておかなければならないでしょう。特に駐車場から自由にマンションの建物内に入ることができるような構造になっている場合には、外部者の行動によっては騒音、振動等の問題が発生することもあります。したがって、駐車場からマンションの建物内の階段や廊下、エレベーターに行くことができるのは鍵を持った居住者だけ、というような方法が採れるかどうかを検討することも大切です。

　また、管理規約や駐車場使用細則等は区分所有者相互間の約束事であって外部者にはその効力が及ばないので、外部者に遵守してほしいルールはしっかり駐車場使用契約書に定めておくことが必要です。また、外部者に対する駐車場使用料の値上げは、総会の決議のみでこれを行うことはできず、外部者との合意が必要ですから、この点についても留意しておくことが大切です。

(注) 国税庁文書回答事例「取引等に係る税務上の取扱い等に関する照会（同業者団体等用）」参照
　　（http://www.nta.go.jp/shiraberu/zeiho-kaishaku/bunshokaito/hojin/120117/index.htm）

規約共用部分のスパ廃止と区分所有者の特別の影響　【共用施設の運営】

Q12 分譲当初からの規約共用部分のスパも、最近は利用者が少なくなってきたし、運営費がかかりすぎるので、店舗に改造して賃貸したいと考えています。①特別決議があればできますか。スパを毎日利用している人からは反対の声が上がり、ある区分所有者は、自分は持病を軽くするためにスパ付きのマンションを購入したのだから、自分の承諾なしにスパの廃止はできないと主張しています。②その人の承諾は必要でしょうか。また、③どのようにしたらスパ廃止の方向に持っていけますか。

Ⓐ ①スパ付きの分譲がマンションにとって本質的なものである場合には，スパを廃止し店舗に改造するには全員の同意が必要ですが，そうでない場合には共用部分変更と管理規約改正の特別決議による手続で行うことができます。②ただし，スパ廃止により持病が悪化し日常生活に支障を来す人がいる場合には特別の影響に該当するでしょうから，その人の承諾が必要と考えてよいでしょう。③スパ廃止の方向に持っていくには，実際の利用がどのくらいか，どのくらいの費用がかかり管理組合の財政をどの程度圧迫しているのか，他用途に転用することによる収益性はどうなのか等，時間をかけて検討することが必要です。

(1) スパ付き分譲の意味

　分譲マンションの中には，例えばケア付きマンションなど，高齢者や障害者のための各種施設・設備のほか日常生活をサポートするためのソフト面でのサービスも付いているような場合があります。また，主にスポーツ愛好家に購入・居住してもらうため，あるいは健康の維持・増進をもっぱらのコンセプトにして，プールや各種運動器具の設置のほかインストラクターの配備もあることを前提に分譲するようなマンションもあります。このような場合，上記のようなケア付きマンションであれば，そのための施設・設備やサービスはそのマンションにとって本質的なもの，ということになりますし，健康の維持・増進をもっぱらのコンセプトにしたマンションであれば，そのための施設・設備やインストラクターの配備は，やはりそのマンションにとって本質的なもの，ということになります。

　このような場合は，当該マンションの目的，特徴を明確にして分譲し，しかも区分所有者は全員がこれを承諾し，そのような目的，特徴を有するマンションとして購入等しているわけですから，その特徴となっている施設・設備やサービス等を廃止することはそのマンションの本質的な内容を変えることになるので，区分所有者全員の同意が必要と考えられます。

　これに対し，単にマンションに付加価値を付けるものとして一定の施設・設備が設置されているような場合は，区分所有者全員の同意が必要とまではいえず，特別決議があれば，それらの施設・設備等を撤去したり用途を変更することが可能であると考えられます。

　そのマンションにとって本質的なものか，それとも付加価値程度のものか

は，そのマンションに占める当該施設・設備の種類や比重，管理規約の内容等を総合的に考慮し，ケースバイケースで判断するほかありません。

したがって，本問の場合も，スパを含む他の施設，設備の有無，それらがマンション内で占める比重，管理規約等の定めなどを全体的にみて，そのマンションが特定の目的のために建築されその目的のため維持管理されるものとして分譲されたようなマンションであると考えられる場合には，スパはそのマンションにとって本質的なものということになるので，これを廃止し別の用途に改造したりするには，区分所有者全員の同意が必要になります。

なお，分譲マンションのスパ施設は利用の形態等から公衆浴場法の「その他の浴場」に該当すると思われますので，その点を確認の上，スパ施設を廃止する場合には保健所に廃止届を提出しなければならないでしょう。

(2) スパを廃止し店舗への用途変更と特別の影響

以上に対し，スパ付きであることがマンションに付加価値を与える程度のものである場合には，区分所有者全員の同意までは必要ありません。

規約共用部分としてのスパを廃止し店舗に改造することは，規約共用部分としての形状も著しく変わりますし，効用も全く異なるので，共用部分の変更に該当します。また，管理規約には，規約共用部分として「スパ」が明記され，共用部分としての別表に記載されているだけでなく別図にその位置等が示されている可能性もあるので，それら管理規約の関連部分を確認のうえ該当個所を改正しなければなりません。スパ使用細則等のルールが定められている場合には，そのルール廃止も必要になります。もちろん，このような手続と同時に，改造することとなる「店舗」についても，その基本的な部分については管理規約に定めを置き，詳細かつ具体的なことについては，後に述べるとおり店舗使用細則等のルールを新たに定めなければなりません。

共用部分変更と管理規約改正は特別決議を必要とし，スパ使用細則廃止と店舗使用細則の設定は，一般的に普通決議で行うことができますが，問題は，スパ廃止は，持病がある人に特別の影響を及ぼすものとしてその人の承諾が必要かどうかということです。特別の影響については区分所有法17条2項と，18条3項及び31条1項後段に定めがあり，共用部分の変更・管理に関する事項が専有部分の使用に特別の影響を及ぼすべきとき，及び管理規約の設定，変更又は廃止が一部の区分所有者の権利に特別の影響を及ぼすべきときは，その者の承諾を得なければなりません。本問では，スパの廃止が専有

部分としての使用に大きな障害をもたらすものとまではいえないので，特別の影響を及ぼすことはないと考えられます。したがって，管理規約の改正が，持病がある人の権利に特別の影響を及ぼすべきときに該当するか否かを検討すればよいということになります。

　この特別の影響とは，規約の設定・変更・廃止の必要性及び合理性と，これによって受ける一部の区分所有者の不利益を比較衡量して，一部の区分所有者が受忍すべき程度を超える不利益を受けると認められる場合であると解されています（最判平成10年11月20日判時1663号102頁）。これを本件にあてはめて考えると，スパを廃止して店舗にするという管理規約の改正が持病のある人に特別の影響を及ぼすのか否か，ということになりますが，スパの利用者数がどの程度減少したか，スパの運営費がどれくらいかかっており，それが全体の管理費等のうちどれくらいの割合を占めているか，スパを廃止し店舗にすることでどれくらいの収益があるのか等，規約共用部分の用途を変えることに伴う管理規約改正の必要性及び合理性が検討されなければなりません。そして，持病のある区分所有者にとってスパがどの程度持病悪化防止に有効なのか，スパを利用することができなくなることによる身体的な影響等はどの程度かを比較衡量することになります。ケースバイケースで判断するほかないので，一概にはいえませんが，スパ廃止により持病が悪化し日常生活に支障を来すという場合はともかく，そうでない場合には，受忍限度の範囲内と考えられるのではないでしょうか。

(3) スパ廃止を実現するには

　スパを毎日利用している人がいるようですし，持病のある人もいるようですから，スパ廃止に持っていくには，運営費が管理組合会計の中でどれだけ負担になっているか，これを店舗にすることによりどの程度の出費を免れ収益が上がるのか，スパ利用者が分譲当時に比べどの程度減少してきているのか等ある程度客観的な数字で示すとともに，反対者のことも踏まえ，丁寧に時間をかけて説明・説得することが必要です。

　同時に，店舗への改造は，そもそも店舗が営業できる用途地域にあるのかをはじめ，マンションの中に店舗ができることに反対する者もいるでしょうから，アンケートをとったり，テナントが入るような立地条件か否か，どれくらいの賃料で貸すことができるのか等の調査も必要です。また，営業時間や業種制限をするなど，住民との間でトラブルを起こさないようにするため

の管理規約の改正，店舗使用細則の制定等も検討しておかなければなりません。賃貸することは収益事業にもなるので，税金の申告も必要になるでしょう。改造のための初期投資がどれくらいかも重要です。

　以上のようなことを細心の注意をもって検討し，臨むことが，スパ廃止の方向に持って行くためには必要と思います。これらの検討は，専門委員会を立ち上げて諮問するという方法が良いのではないでしょうか。

既存マンションでのカーシェアリング，エコカー導入　【共用施設の運営】

Q13 管理組合でカーシェアリング制度を導入し，かつ従来の駐車場の一部をエコカー（電気自動車）専用にしたいと考えています。調べたところ，既存マンションにおすすめのカーシェアリングは，管理組合がカーシェアリング運営会社に駐車場の特定の区画を賃貸し，管理組合は使用料を受領，運営会社はカーシェアリング会員になった者に車を利用してもらい，ガソリン代を含む費用を利用者から受領するというシステムだそうです。エコカーのための駐車場所は，電源設置のための工事が必要になりますが，これらの費用は管理費から出したいと思っています。①カーシェアリングと②エコカーにつき検討すべき問題は何でしょうか。③そのほかにも何かありますか。

A ①カーシェアリングについては，イニシャルコスト，ランニングコストともに不要なのでそれほど大きな問題はないと思いますが，居住者だけで会員が集まるかの検討，②エコカーについては，工事内容の正確な確認，電気料金の負担等の検討が必要になるでしょう。③また，管理規約の改正，駐車場使用細則等の改正なども必要になります。

(1) マンションとカーシェアリング制度

　若者の車離れに注目が集まっていますが，熟年層でも車を手放す人が増え，マンションの駐車場は空きが出るようになりました。このような傾向と経済不況，それに温室効果ガス削減問題の深刻化と関心の高まりの中で，必要な

ときに必要な分だけ車を利用するというカーシェアリングに対する関心が急速に高まってきました。カーシェアリング制度を導入した新築マンションも増えてきましたし，既存マンションでもこの制度導入を検討しているところがあるようです。

　マンションの場合のカーシェアリング制度の内容については，カーシェアリング事業を行っている会社（以下「運営会社」といいます。）によって多少異なるものと思われますが，既存マンションの場合は，大まかにいうと次のようなシステムになっていることが多いようです。
① 管理組合と運営会社はカーシェアリング車両を駐車させるための特定の区画について駐車場使用契約を締結し，運営会社は毎月の駐車場使用料を管理組合に支払う。
② 管理組合は運営会社のカーシェアリング会員の募集を手助けする。
③ 運営会社は会員となることを希望した者に対する各種手続を行ったうえ利用説明をし，入会後のサポートを行う。
④ 運営会社はカーシェアリング車両について，日常点検，清掃，法定点検，車検等を実施する。
⑤ 会員となった者がカーシェアリング車両を利用したときは，ガソリン代を含む費用を運営会社に支払う。

　通常，カーシェアリングは10人〜30人の会員が1台の車を利用することになるようですから，10人〜30人分の車が1台となり，駐車台数が削減されるので，その分空いたスペースを他の用途に使用することができます。環境負荷を低減させることにもなります。レンタカーと異なり，車両の貸出・返却場所がマンションの敷地内であることも，自分が車を所有しているのとほぼ同じ条件になるというメリットがあるといわれています。一方，本問のように既存マンションでカーシェアリングを導入する場合には，駐車台数つまり駐車場使用料収入が減少することを理由に，これに反対する人も出てくるでしょう。

(2) カーシェアリング導入の区分所有法上の留意点等

　以上のようなカーシェアリングを導入するのであれば，イニシャルコスト及びランニングコストは不要で，しかも駐車場としては特定区画を貸し，駐車場使用料が管理組合に支払われます。また，カーシェアリング車両の駐車場であることを示すための簡単なサインを取付けることはあるでしょうが，

これを除き，工事を必要とするような設備を設置することはないと思われます。したがって，共用部分の変更といった問題は生じないでしょうが，管理規約で駐車場使用者を組合員に限定しているような場合には，カーシェアリング車両のための駐車場の特定とともに，運営会社が駐車場を使用するための管理規約の改正が必要になります。駐車台数の減少により駐車場使用料収入が減少するとの理由でカーシェアリング導入に反対する人もいるでしょうが，使用しなくなった駐車場について別の利用方法を検討したり，環境負荷を低減するなどの別の面でのプラスが考えられるわけですから，カーシェアリング導入の必要性・有用性について丁寧な説明をすればよいと思います。

　なお，既存マンションの場合は，どのような形態の駐車場でもカーシェアリングを導入できるとは限らないようです。立地条件のほか，入出庫の方法等によっては運営会社の方でも導入困難との回答が返ってくるでしょう。また，前述のとおり，カーシェアリングは 10 人〜 30 人につき車 1 台という大体の基準があるようですから，カーシェアリングの会員になることを希望する者が居住者の中にどれくらいいるのかをアンケート等でしっかり調査することが必要です。運営会社も会員が集まらなかったり利用が少ないなど事業として成り立たない場合は撤退することになるからです。

(3) エコカー対応の工事等に関する区分所有法の問題点等

　環境負荷等の問題を考えると，カーシェアリング導入とともにエコカー（電気自動車）に対応できる設備を備えることも，マンションの付加価値を高めるものと考えられます。

　エコカーの電源設置のための工事は，マンションの構造や配線等の設置状況によっては特別決議が必要になることもあるでしょうが，一般的には大がかりな工事になることはなく，共用部分の形状や効用を変えるほどのものにはならないと思われますので，管理に関する事項として普通決議で行うことができると考えられます。工事に要する費用もそれほど高額にならないでしょうから，管理費からの支出で可能と思われます。

　ご質問では，従来の駐車場の一部をエコカー専用にしたいとのことですが，普及するにはまだ時間がかかると思われますし，常にエコカーを所有する組合員がいるとは限りません。したがって，エコカー所有組合員がいない場合には普通の車両の持主も使用できるようにしておいた方が駐車場の有効利用と使用料確保のためにも良いと思います。また，管理組合としてエコカー対

応の駐車場にするのですから，これに係る電気の基本料金は管理組合の管理費で負担し，それを超える電気料金はエコカーの利用者が負担するという区分も必要になります。

　区分所有法上の問題点としては，エコカー用の電源等が設置された駐車場の特定とエコカー所有者は駐車場使用料のほか基本料金を超える電気料金を納入しなければならないこと等に関する管理規約の改正と，当該駐車場についてエコカーと一般車両の併用をする場合には，使用の優先順位や一般車両の使用中にエコカー所有者が現れた場合の駐車場使用契約終了時期等について，駐車場使用細則の改正やエコカー駐車場の使用契約書の定め等が必要です。

持ち主不明の自転車の整理

【共用施設の運営】

Q14 駐輪場が自転車であふれかえっています。隣のマンションでは放置自転車は２，３週間置いたあと廃棄しているので，私たちのところでもそのように対処したいと思っています。①問題ないでしょうか。また，駐輪場不足解消のためサイクルシェアリングを導入したいので，②やり方と問題点などを教えてください。

A ①**隣のマンションのやり方は問題です。法律的に認められた手続ではないのですが，遺失物法の遺失物に準じた取扱いをするほかないように思います。**②**総会にかける前にサイクルシェアリングの需要予測，スペースの確保のほか，シェアする場合の方式と費用等の見積りをはっきりさせる必要があります。制度導入と使用細則の制定も含め，一般的には普通決議で行うことができます。**

(1) 持ち主が明確な自転車とそうでない自転車の区別

　自転車は短距離交通に適した簡便な交通手段であり，日常的に利用されるものなので，一世帯で複数台所有していることが多いようです。それだけでもマンション内の駐輪場は不足しがちなのに加え，使用しなくなった自転車

や持ち主不明の自転車などもあり，また，乱雑に置かれることも多いため，子供や車椅子利用者，視覚障害者等にとっては危険でもあります。加えて，そのマンションの管理が良くないという印象を与えることにもなりかねません。このようなことから，どのマンションも自転車をきちんと整理することは課題の１つです。

　現在，放置自転車等の撤去，移動等について条例を制定している自治体はかなりの数にのぼっており，隣のマンションではそのような条例にならって自転車を廃棄しているのかもしれません。しかし，マンション敷地（私有地）に自転車が放置された場合には条例は適用されず，撤去の対象にはなりません。盗難自転車かもしれないし，そこに置き忘れたものかもしれず，場合によってはその所有者がその自転車から離れた距離にいるなど何らかの事情で自転車をすぐに移動できないのかもしれないので，このような場合に撤去等すると，思わぬトラブルに巻き込まれる可能性もあります。

　では，どのようにしたら問題のない方法で駐輪場を整理できるかということですが，まず，持ち主（又は使用者。以下同じ。）が明確な自転車とそうでない自転車を区別するところから始める必要があります。管理組合の駐輪場使用細則等で使用自転車にステッカー等の貼付を義務付けている場合は別として，そうでない場合には，駐輪場使用細則の制定又は改正により（総会の普通決議でできます。），自転車の持ち主にステッカー等の購入・貼付を義務付けるとともに，一定期間経過後もステッカー購入・貼付がない自転車は持ち主不明の自転車として取り扱うこととし，両者を区別することが必要です。

　次に，この持ち主不明の自転車が盗難自転車であったり，場合によっては犯罪に関与した自転車，ということもありうるので，最寄りの警察署に届け出ることが大切です。警察では，原則としてマンションの敷地（私有地）に放置された自転車を取り締まることはありません。しかし，所有者等が判明したような場合には，警察から所有者に指導がなされ，その結果として撤去されることもあるようですし，盗難自転車であったり犯罪に関与したものである場合には，警察が自転車を移動し保管することもあるからです。[注]

　警察に届け出たら，その後，自転車の所有者が確認できたか否かの問合せをし，所有者は確認できたが所在不明のため対応できない，という回答が返ってきた場合には，管理組合理事長（管理者）等が原告となりその行方不明

の所有者を相手に，マンション敷地内にある自転車の撤去請求及びマンション敷地を権原なく使用したことに対する損賠賠償請求の訴訟を提起します。そして判決を得れば，管理組合が自ら処分することができます。このような手続を行うには時間も費用もかかりますが，これが正式な手続ですからやむを得ないでしょう。

(2) 所有者が確認できない場合

　警察に届け出ても，実際問題として，所有者を確認できるということはほとんど期待できないでしょう。したがって，このような場合に備えて，管理組合として所有者が明確でない自転車をどう取り扱うかを決めなければなりません。

　このような場合の管理組合の対応の仕方としては，2通り考えられます。1つは所有者不明の自転車を所有権が放棄された物とみなし（民法239条による無主物の帰属として），管理組合が放置された自転車の所有権を取得したこととして，撤去・廃棄処分するという考え方です。そしてもう1つは，遺失物法による遺失物に準じた取扱いをし，まず一定場所に3か月程度保管し，その後撤去・廃棄処分するという考え方です。

　無主物とは，現在所有者のない物のことで，かつて人の所有に属していたが，放棄されることによって無主となった物をいいます。このような定義からすると，自転車のタイヤがパンクしフレームも錆びついているなどの事情から，明らかに所有権が放棄された物とみられるような場合はそれでよいかもしれません。しかし，そうでない場合の方が多いでしょうから，無主物とみなす考え方は解釈論として少し難しいように思います。所有者が確認できない自転車は，「他人が置き去った物」（準遺失物）と考える方が解釈論として無理がないのではないでしょうか。

　この準遺失物については，遺失物の拾得について定める民法240条が準用され，他人の置き去った物についてはこれを発見することを「拾得」ということとしています（遺失物法2条1項・2項，3条）。そこで，準遺失物として所有者が確認できない自転車を整理する手順について検討してみます。

(3) 準遺失物として整理する場合の手続

　遺失物法によれば，遺失物を拾得した者は，速やかに，遺失者に返還するか又は警察署長に届け出なければならず，警察署長がその物の遺失者を知ることができない等の場合には，その物の種類・特徴と拾得の日時・場所等を

公告（当該警察署の掲示板に掲示）する等し，公告等を3か月間継続しても遺失者（所有者）が判明しない場合には，これを拾得した者が所有権を取得することになります。

　これを所有者が確認できない自転車にあてはめて考えてみると，警察に届け出た後（所有者の確認ができたか否か，警察に問合せを行ってからの方がよいでしょう。）3か月間所有者不明の自転車を一定の場所に保管します。そして，それらの自転車の種類・特徴・自転車発見の時期・場所等を記載した掲示物をマンション出入口と掲示板等に掲示するとよいでしょう。心当たりの者は，例えば管理員室に申し出るようにする等，連絡先も記載しておいてください。

　このような措置をしても所有者が判明しない場合には，管理組合が自転車の所有権を取得することができる，つまり廃棄することができると考えてよいのではないでしょうか。もっとも，この方法は，法律で認められている正式な処分方法ではありません。収容しきれなくなった駐輪場を整理し，子供等の危険を回避するための窮余の策なのです。他人の所有物をその者の同意なく処分する措置であることを忘れずに，細心の注意を払って対応することが必要です。掲示したことを証する写真や，処分前の自転車の写真等を撮影しておき，一定期間保管しておくこともしておいた方がよいでしょう。

(4) サイクルシェアリングの方式と管理組合での導入手続

　サイクルシェアリングを導入するには，需要を予測することが大切です。アンケート等により自転車の利用状況等から把握していき，サイクルシェアリングをどのように思っているか等の質問をし，その後のアンケート等で台数や自転車の管理方法など，具体的な質問に移っていくようにするのが効果的かと思います。

　サイクルシェアリングを導入するには，そのためのスペースを確保することが必要になりますし，どのような方式でシェアリングするかの検討も欠かせません。方式としては，管理事務室等に常駐する者が直接自転車の鍵を貸し出すという形で自転車を管理する管理員管理方式，専用のカードで管理用のキーボックスを開閉し，鍵の貸出し，返却を行う鍵管理方式のほか，宅配用ロッカーにカードキーをかざして中から自転車の鍵（電動式の場合は鍵とバッテリー）を取り出す宅配用ロッカー利用方式などがあります。一般に，管理員管理方式は，常駐する者がいなければ人件費の問題が発生しますし，

常駐する者がいる場合でもその勤務時間内に限られる等の問題があります。また，鍵管理方式ではキーボックスの設置費のほか保守点検費がかかる等の問題があり，宅配用ロッカー利用方式では宅配用ロッカーのあるマンションでの方式，ということになります。したがって，各方式の長所と短所を調べた上，自分たちのマンションにはどの方式が適しているかの検討が必要です。

居住者側の事情で使わなくなった自転車の提供を受けてシェアリングする場合はともかく，そうでない場合には自転車を買い取るのか，リースにするのか，あるいはレンタルにするのか等とともに，自転車の使用を有料にするのか，無料にするのかの方針を立てることも必要になります。初期設定の費用と管理システム維持の費用がどれくらいかかるのかの見通しを明確にすることも必要です。そして導入計画が具体的になったら総会の承認を得なければなりませんが，管理規約で駐輪場の使用に関する定めを置いているケースは少ないでしょうから，一般的には，サイクルシェアリング導入，共用自転車使用細則の制定とともに普通決議で行うことができます。

(注) 自転車の所有者には，「自転車の安全利用の促進及び自転車等の駐車対策の総合的推進に関する法律」(いわゆる自転車法) により，都道府県の公安委員会が指定した団体に登録 (車台番号，自転車の特徴，所有者の氏名，住所等) が義務付けられており，登録すると防犯登録番号が印刷されたステッカーが交付され，所有者は交付されたステッカーを登録自転車に貼付することになっている。自転車が盗難にあった場合には，所有者は警察に盗難届を出し，自転車が発見されればこれを所有者に返還することになっている。しかし，防犯登録情報は一定期間で削除する都道府県もあり，また，経年により登録情報が判読しにくくなる等，ステッカーが貼付されていても特定できない場合がある。

汚水処理施設を廃止し，公共下水道に接続する手続

【共用施設の運営】

Q15 リゾートマンションです。共用部分である汚水処理施設を閉鎖・解体して下水溝をのばし公共下水道に接続するには①どのような手続が必要ですか。汚水処理施設解体は全員の合意が必要と主張する人がいるので心配です。また，②汚水処理施設維持のために取った予算を公共下水道接続の工事費用等に転用できますか。

A ①公共下水道管理者に対する工事計画届出書の提出が必要です。管理組合内部では，総会で特別決議を経ることにより行うことができますが，他人の土地又は排水設備を使用しなければこのマンションの下水を公共下水道に流入させることができない場合は，別途，その者の承諾等が必要になります。②汚水処理施設維持の予算を公共下水道接続の工事費用に転用することはできません。

(1) 地方自治体の所管部署への届出

　公共下水道に接続することになれば，そのための工事費用は発生するものの，汚水処理施設の維持管理に要する費用を負担する必要がなくなるので，区分所有者の実質的な負担額は減少するはずですし，衛生面でも安心です。汚水処理施設廃止・解体によるスペースの有効利用も可能になります。このようなことから，最近は下水溝を公共下水道に接続して汚水処理施設を閉鎖するケースが増えてきています。

　下水溝を延伸し公共下水道に接続するには，公共下水道管理者（一般的には地方自治体）の所管部署に対し，その旨の申請をすることが必要になります。接続工事の前に排水設備工事計画届出書に図面を付けて提出し，工事完了時には所管部署の現地確認を経て完了届を提出するのが一般的な手続ですが，図面を添付したりするので，あらかじめ公共下水道管理者が指定する工事業者との打合せ等が必要になります。詳しいことは，あなたのマンションが所属する地方自治体の所管部署に確認してください。

　分譲マンションの場合は，各住戸から直接公共下水道に接続するのではなく各住戸からの汚水をマンションの敷地内でまとめ，その管を公共下水道に接続するので，管理組合の総会決議議事録等の添付は不要のようです。

　なお，他人の土地又は排水設備を使用しなければ本件マンションの下水を公共下水道に流入させることができない場合には，別途，その他人の承諾も必要になりますし，その承諾書を添えて上記工事計画届出書を提出しなければなりません。下水道法11条は，このような場合について，他人の土地に排水設備を設置し，又は他人の設置した排水設備を使用することができる旨の定めを置いていますが，その他人に承諾の義務があるわけではありません。しかし，最高裁判所の平成5年9月24日の判決は，袋地所有者の下水管敷設工事の承諾請求の判断の前提として，下水排出のための隣地利用権を肯定

しているものと思われます（判時1500号157頁）。また，他人が設置した給排水設備を当該宅地の給排水のために使用することができるか否かにつき，他人の給排水設備の使用権を肯定するための要件として，㋐宅地の所有者であること，㋑他の土地を経由しなければ水道事業者が敷設した配水管から当該宅地に給水を受け，その下水を公流，下水道等まで排出することができない場合であること，㋒他人の設置した給排水設備をその給排水のために使用することが他の方法に比べて合理的であるときであること，㋓その使用により当該給排水設備に予定される効用を著しく害するなどの特段の事情がないこと，を挙げている最高裁判所の判例もあります（平成14年10月15日判時1809号26頁）。まずは，これらの最高裁判例を参考にしながら土地使用又は給排水設備使用のための費用を負担する意思があることを示して相手と交渉することが大切です。その相手がどうしても使用を承諾しない場合は使用許諾の請求訴訟を提起しなければなりませんが，特別の事情がない限り，これを認める判決が出るでしょう。

(2) 管理組合内部での手続

　汚水処理施設は区分所有者全員が持分を有するからという理由で，その解体は区分所有者全員の同意が必要と考える人もいるようです。しかし，そこまでの必要はありません。汚水処理施設の閉鎖・解体とそれによる空きスペースを他用途に利用すること等は，共用部分の変更として，特別決議でこれを行うことができます。汚水処理施設の閉鎖・解体は，従来の汚水処理という用途・機能を廃止して構築物として存在していた施設を解体し，空きスペースに別の施設を建設，設置するなど他の用途に利用することは，共用部分の形状又は効用を確定的に変えることであり，共用部分の著しい変更に該当すると考えられるからです（区分所有法17条1項）。マンションの敷地についても，区分所有法21条により同法17条が準用されるので，共用部分の変更に準じて考えればよい，ということになります。

　また，共用施設としての汚水処理施設の用途を廃止・解体すれば，管理規約の中に共用部分として具体的に列記していた「汚水処理施設」を削除しなければなりませんし，その他汚水処理施設の維持管理を前提とした関連条文の削除又は修正が必要になることもあるでしょう。これら管理規約の改正は特別決議で行うことになります。

　注意してほしいことは，汚水処理施設を廃止・解体し公共下水道に接続す

るためには工事費用が必要ですが，管理費のうち汚水処理施設を維持管理するための費用が今後不要になるという点です。そこで，毎月支出不要になる管理費の割合はどれくらいか，そのうえで，管理費を値下げするのか，それとも区分所有者から徴収する管理費等の合計額は減少させずに修繕積立金額の割合を増やすのかなど，あなたのマンションの状況を見ながら方針を打ち出すことが大切ですし，そのための総会決議も欠かせません。

公共下水道に接続した場合には，各戸メーターにより居住者から徴収している水道使用量の一定割合が下水道使用量としてその使用料が計算され，事業者から各居住者に対して，上下水道使用料の請求が行くことになります。したがって，これらの周知も必要になるでしょう。

(3) 予算の転用

汚水処理施設維持管理のために取った予算を，公共下水道接続のための工事費用に使うことはできません。別途総会の承認を経る必要があります。

上記のとおり，共用部分変更の決議とともに管理規約改正の決議も必要になるわけですから，共用部分変更の決議にあわせてそのための工事費用支出についても承認を経るべきです。

3回目の大規模修繕に当たっての注意事項　【建物の維持管理】

Q16 古いマンションで，そろそろ3回目の大規模修繕の準備に入らなければならない時期に来ています。3回目の大規模修繕を進めるに当たっての①注意事項や②手続について知りたいのですが。

A ①3回目の大規模修繕は，一般的に，専有部分への入室が必要な工事や日常生活に影響が出る工事，かなりの費用を要する工事が多い上，居住者側の事情も変化しているので，日常生活への配慮や資金計画が極めて重要です。連絡がとれない者，入室を拒否する者に対する対応も考えなければなりません。②一般的には普通決議で行うことができます。ただし，グレードアップ等の工事を含む場合は特別決議を要することもあります。

(1) 3回目の大規模修繕工事の特徴と注意事項

　そろそろ3回目の大規模修繕の準備をということですから，おそらくご質問のマンションは少なくとも築後35年程度は経過しているのでしょう。一般的に3回目の大規模修繕として必要になる工事は，1回目，2回目の大規模修繕工事として何を行ったかにもよるので一概にはいえませんが，給水管改修工事，排水管改修工事のほか，エレベーター設備の改修工事や機械式駐車場の改修工事等，1回目や2回目では特に必要なかった工事も行わなければならない時期に来ていることが多いといえます。

　これらの工事は，工事そのものに要する費用が高額であることはいうまでもありませんが，工事着工から終了するまでの期間が長く，しかも入室しなければ実施できない工事もあるなど，マンション居住者の生活に直結するものが多いのも特徴です。例えば，排水立て管が居室内にある場合には（その敷設位置を共用部分に移設することは実際上困難です。）全戸に入室しなければ工事ができません。また，下階から順番に古い排水管を撤去しながら新しい排水管を設置していく工事になるので，状況により，居住者専用の仮設トイレを設置したり，一定期間排水制限をするなどの対応が必要になりますし，工事中は在宅が基本になります。給水管改修工事については，立て管工事だけであれば入室の必要性はないのが一般的ですが，枝管も同時に改修するのであれば入室が必要になります（枝管改修の問題点についてはQ8参照）。また，エレベーターの改修工事は，工事期間中エレベーターが使用できなくなることから，マンションに1基しかない場合には，居住者に配慮した準備が欠かせません。機械式駐車場を改修するには駐車中の車両を順次移動できるような方法を検討しておく必要があります。

　また，例えば給水管の改修工事であれば，管の更生工法と更新工法のいずれを選択するのか，更新工法を選択する場合にはどのような管材が適当かなど，各工事の工法や材質についての検討も必要です。同時に，築後30年以上経過したマンションであれば，居住者の高齢化が進み，年金生活者が多くなっていることも考えなければなりません。空室だったり賃借人が居住していることもあるので，連絡がとれない区分所有者がいないかどうか等についてもはっきりさせておくことが必要です。

　したがって，できるだけ早めに準備をすることが大切です。もちろん，1回目，2回目の大規模修繕工事の場合と同様，アンケート調査を実施して不

具合箇所とその範囲等や居住者の要望等を把握することが大切ですし，騒音，粉じん対策も重要です。先程述べたように高額な工事が多いため特に資金計画は重要で，予定している工事の概算額からして積み立ててある修繕積立金で賄えるのか，事前に修繕積立金を値上げしておく必要があるか，あるいは金融機関等からの借入れ，又は一時金徴収の方法をとるのか等慎重な検討が必要です。理事会がこれらのさまざまな問題に対応できるよう，専門委員会を設置するなど大規模修繕の体勢づくりも欠かせません。

(2) 大規模修繕工事実施の手続

　大規模修繕工事の内容が共用部分等の形状又は効用を著しく変えるものでなければ，普通決議でこれを行うことができます（区分所有法17条1項，18条）。区分所有法17条1項は，共用部分の変更は特別決議を要するものの，「改良を目的とし，かつ著しく多額の費用を要しないもの」は普通決議でこれを行うことができる旨定めていましたが，平成14年には「その形状又は効用の著しい変更を伴わないもの」は普通決議でこれを行うことができる旨，区分所有法が改正されました。これは，大規模修繕工事が著しく多額の費用を要する場合には特別決議が必要になり，その実施が困難になってマンションの適正な管理に支障を来す場合もあるので，規模の大小や費用の多寡に関係なく普通決議で行うことができるようにしたものです（これに基づき，標準管理規約も，計画修繕工事に関し，鉄部塗装工事，外壁補修工事，屋上等防水工事，給水管更生・更新工事，照明設備，共聴設備，消防用設備，エレベーター設備の更新工事は普通決議で実施可能と考えられる（47条関係コメント⑤オ）としています。）。したがって，3回目の大規模修繕工事も普通決議で行うことができます。

　ただし，経年劣化や不具合等に対応するだけでなく，居住者の年齢構成や利便ニーズ，グレードアップ等のための工事を含む場合は別途検討が必要で，変更を加える箇所及び範囲，変更の態様及び程度を総合して普通決議で足りるか否かを判断することになります。例えば，バリアフリー化の工事として階段や廊下に手すりを設置したり，敷地から玄関へのアプローチの階段部分を一部スロープに変える等は，一般的に建物の基本的構造部分を取り壊すなどの加工を伴うものではないので，形状又は効用の著しい変更に当たらず，普通決議によって工事が実施できると考えられます。これに対し，エレベーターを新たに設置する工事は，階段室部分を改造したり建物の外壁に新たに

外付けする方法等になるので，特別決議が必要になります。また，ピロティの一部に仕切りを設置して囲い談話室にしたりする等の場合は用途の変更を伴うことから，特別決議が必要と考えるべきでしょう。一方，マンションをIT化するため共用部分で光ファイバー・ケーブルの敷設工事を実施する場合は，その工事内容によって決議要件が異なりますが，既存のパイプスペースを利用する場合，外壁や耐力壁等に工事を加えるが形状に著しい変更を生じさせるものでない場合などは，普通決議でこれを行うことができます。

次に，大規模修繕工事に要する資金計画についてですが，修繕積立金の取崩しで工事を行うことができる場合の取崩しは普通決議で行うことができます。修繕積立金の値上げが必要な場合，金融機関からの借入れをする場合，一時金を徴収する場合のいずれも普通決議で行うことができますが，一時金を徴収する場合には，各戸の負担金額とともにその支払期限や分割払の可否等についても明確にした上で決議することが大切です。

(3) 大規模修繕につき特別決議を要すると定めていた管理規約の効力

なお，ご質問のマンションの管理規約が，現在も「共用部分等の変更（改良を目的とし，かつ著しく多額の費用を要しないものを除く。）」については特別決議で決すると定めている場合には，特別決議が必要なのではないかという問題があります。この規約の定めからすると，著しく多額の費用を要する大規模修繕工事については特別決議が必要になるとも考えられるからです。

この点について，平成14年の区分所有法改正当時に出版された書物によると（吉田徹『一問一答 改正マンション法』22頁以下（商事法務，2003）），上記のような規定は区分所有法で特別決議事項とされているものを確認的に明らかにした趣旨にすぎないと考えられるので，区分所有者の意思解釈からいって，このような規定の効力がそのまま維持されるとみるのは無理があることや，このような規定の効力が維持されるとすると法改正の趣旨が没却されることから，一般的には，改正法施行後は普通決議で大規模修繕を実施できるものと考えられる，としています。

しかし，多額の費用を要する大規模修繕工事について普通決議で行うことができる状況になったのですから，むしろそれができない状況で特別決議を要すると定めた管理規約の見直しを図るべきでしょう（稲本洋之助，鎌野邦樹『コンメンタールマンション区分所有法』99頁（日本評論社，第2版，2004））。それに，既に改正法施行後10年を経過していること，大多数の管理組合が

毎年，少なくとも年1回は総会を開催していること（それだけ管理規約改正の機会もあったわけです。）等を考えると，あえて現在の区分所有法の定めに合わせた管理規約の改正はしないという選択をしているとも推測できます。したがって，管理規約の規定が改正前の区分所有法と同様である場合は，著しく多額の費用を要する大規模修繕工事を行うには特別決議が必要，ということになると思われます。もし普通決議で大規模修繕工事を行いたいのであれば，まず現行法に合わせて管理規約を改正し，その後に大規模修繕工事について決議すべきでしょう。

大規模修繕工事を行う場合の一般的な手順と手続の流れは，基礎用語21を参照してください。

(4) 空室，入室拒否者に対する対策

入室が必要な大規模修繕工事を行う場合には，マンションでの居住実体の有無等のほか区分所有者の連絡先等を調べておかなければなりません。空家になっているが区分所有者の連絡先が判明している場合には，そこに連絡して工事の際立ち会ってもらうか，又は入室の同意書をもらうなどすることが必要になります。一方，区分所有者の連絡先が判明しない場合には，訴訟を提起し本人の承諾に代わる判決をもらうか，またはその部分の工事を行わないことにするかの方法を選択するほかありません。区分所有法6条2項は，このような場合の他の区分所有者の専有部分の使用請求権を定めていますが（標準管理規約23条1項も同様），これらはあくまで請求権にすぎず，強制的な立入りを認めたものではないからです。工事の内容にもよりますが，例えば，排水管改修工事など立て系列の住戸全部を改修しないとかえって漏水事故が起きやすくなるような場合は，専有部分の使用又は立入りを認める判決をもらったうえで工事するほかないでしょう。

入室を拒否する者に対しては，工事の必要性を説明し同意してもらうよう努力することが大切ですが，同意が得られない場合は，やはり区分所有法6条2項に基づく訴訟を提起し，承諾に代わる判決（民法414条2項ただし書）を得たうえで入室し工事をすべきです（なお，専有部分内の雑排水管が共用部分であるとし，その工事の必要性等から工事の協力義務，工事妨害禁止を認めた事案につき，東京地判平成3年11月29日判時1431号138頁。また，給水管からの漏水事故につき階下居住者が修理のため立入りを求めたが上階居住者がこれを拒否したことが修理妨害に当たるとして損害賠償責任を肯定した事例につき，大

阪地判昭和54年9月28日判時960号82頁)。

耐震改修工事の手続と注意事項　【建物の維持管理】

Q17 分譲後40年近く経過したマンションです。耐震診断を実施したところ，Is値がかなり低いことがわかりました。このままでは心配なので耐震改修工事を進めたいのですが，その①手続や②注意事項を教えてください。③特定の人の同意も必要になるのでしょうか。

A ①手続としては，総会で，耐震化検討決議，耐震改修推進決議，耐震改修決議等を経ること，改修工事に至るまでの具体的な検討事項は，各段階に応じて，専門委員会が専門家のアドバイス等を受けながら理事会に報告し，理事会で決定するというやり方がよいでしょう。詳細は国土交通省の「耐震化改修マニュアル」を参照してください。②注意事項は，合意形成のための居住者の意向調査，理事会からの情報発信，専門委員会の設置，専門家の選定，耐震改修の箇所・工法の選択，資金計画，自治体との協議等です。改修工事が共用部分の変更に該当する場合も，所定の手続等により普通決議で行うことができます。③改修工事により専有部分が狭くなったり，南側ベランダ中央部分にフレームが設置されるような場合はその区分所有者の承諾が必要です。

(1) 耐震改修工事の手続

　耐震改修工事は，耐震性能を高めるための工事で，耐震補強工事ともいいます。その工事の種類は，ピロティ部分の柱に炭素繊維シートや鋼板を巻きつけるようなものから，敷地に余裕が必要な外付けフレームやバットレス補強工事，建物基礎部分に免震装置を設置する工事など，さまざまです（基礎用語26参照）。耐震診断にも，㋐建物の柱・壁の断面積から構造耐震指標を評価する第一次診断法，㋑梁より柱・壁などの鉛直部材の破壊が先行する建築物の耐震性能を簡略的に評価することを目的とし，第一次診断法より計算精度の改善を図った，適用性の高い第二次診断法のほか，㋒柱，壁に加えて

梁の影響を考慮し構造耐震指標を評価する第三次診断法がありますが，Is値がかなり低いとのことですから，総会で診断のための予算の承認を得るなどして，おそらく第二次診断を行ったということなのでしょう。

　診断後，耐震改修工事に向けてどのような手順を踏んで行けばよいかは，特に決まりがあるわけではありませんが，一般的には，国土交通省発行の「マンション耐震化マニュアル」に沿って進めているケースが多いと思われますので，このマニュアルに沿って概略を説明します。

　耐震化検討段階でまず最初にやることは，耐震化の情報収集，耐震化に関する基礎的検討や耐震化検討の進め方に関するアンケート等を実施するなどし，耐震化検討の進め方の方針を決定することです。そして方針がほぼ固まったら，耐震化検討決議の準備をしたうえ，総会を開催して耐震化検討の決議をします。これを決議する際には，例えば，専門委員会を設置するなど耐震化について検討する組織を設置することや，耐震に詳しい専門家にコンサルタント業務を委託等するための資金拠出することについてもあわせて決議しておくことが肝要です。これらは普通決議で行うことができます。

　耐震化について検討する組織では，専門家のアドバイスを受けたり協議を重ねたりしながら耐震化の手法を検討し，その結果を理事会に報告し，理事会では広報等で組合員に情報提供するなどした後，耐震改修推進決議を行います。この決議では，耐震改修の計画組織の設置（上記専門委員会が引き続きこの役割を担うことが多いでしょう。）と耐震改修計画の専門家を選定・依頼するための資金の拠出についても，あわせて決めておくことが効率的です。

　耐震改修の計画組織では，耐震改修計画の専門家と相談・協議等を行いながら，区分所有者の意向把握，耐震改修工法の比較検討を行い，また，資金面での検討もあわせて行い，耐震改修工法の選定，資金調達や費用負担の基本方針をまとめるなどしてその結果を理事会に報告します。これを受けた理事会では，耐震改修決議と耐震改修実施設計の予算化の準備をしたうえ，総会で，耐震改修決議と耐震改修実施設計の予算化を決議します。

　耐震改修の工法が共用部分の変更に該当する場合には，区分所有法の原則によれば特別決議が必要ですが，後に述べるように，所定の手続により耐震改修の必要性の認定を受けたマンションは，普通決議で行うことができます。管理組合における耐震改修の計画組織は引き続き耐震改修実施段階の役割を

担うことになるでしょう。耐震改修実施設計も耐震改修計画の専門家が引き続き行うことになるのがふつうでしょう。

　その後は，耐震改修工事の予算化の準備をし，総会を開いて耐震改修工事資金の拠出について決議します。耐震改修工事の監理を行う者を選定し（耐震改修計画の専門家がそのまま選定されることが多いでしょう。），その監理者の助言，協議等を経て耐震改修工事業者を選定することになるでしょう。

(2) 耐震改修工事に関する注意事項

　本問のマンションのIs値がどの程度か分かりませんが，Is値が比較的高く，例えば，ピロティや外壁などの一部を補強すれば済むような場合は合意形成もそれ程難しくはないでしょう。しかし，マンションの形状が複雑でIs値も低く，敷地にも余裕がないうえに修繕積立金も十分でないというような場合には，合意形成が大変難しくなります。管理組合運営の要締は合意形成にありますが，長期にわたり，しかも多大な費用を要し，費用を要する割には大規模修繕工事のように「きれいになった」とか「見映えがよくなった」という評価を受けるものでもないため，耐震改修実現に向けての合意形成を図るためには，アンケートや広報を通じて丁寧に居住者の意向を把握し，管理組合からの情報発信もこまめに行うことが大切です。耐震改修工事を実施するための手順としては，(1)に説明したやり方に比べもう少し簡略化したやり方をすることも考えられないわけではありません。しかし，丁寧に，少しずつ段階を踏んで進めていくことこそ，住民の意思を1つの方向にまとめていくことにつながるものと思います。したがって，機会あるごとに意向把握と情報発信に努めることが肝要です。

　次に，理事会には日常業務があり，一般的に1年任期で一斉に交替することが多いので，耐震改修に係る検討も理事会の仕事とするには負担が大きすぎるでしょう。したがって，専門委員会等を設置し，耐震改修に係る事項はその委員会で検討・調査し，その結果を理事会に報告し，理事会が決定するという方法が効率的です。組合員の中には一級建築士もいるでしょうし，熱心に調査・研究等をして建設的な意見を出してくれる人もいるはずです。したがって，専門委員会のメンバーをどのように選ぶかも，重要課題と思います。しかし，専門委員会のメンバーが耐震改修に関係する幅広い知識や情報を持っているとは限らないので，耐震改修実現に向けての専門的・技術的な知識を持ち経験に裏打ちされた専門家のアドバイスを受けたり，協議をした

りすることがどうしても必要になるでしょう。したがって，専門家の選定も極めて重要です。

　また，マンションのどこを改修したらよいのか，そしてその改修方法としてはどのような工法が可能であり，その長所・短所はどこにあるのか等の判断は，専門家の知識を借りないと難しいことが多いと思われます。改修箇所・工法によっては，後に述べるように特定の区分所有者の承諾が必要になる場合もあるので，慎重を要します。各種工法の中には，工事中に居住者が日常生活を営むことができる場合（居ながら改修）もあれば，いったん空き家にしなければならない工法（空き家改修）もあります。

　工法によっては，外観等が変わり，資産価値に影響を与える場合もあることに注意しなければなりません。耐震改修したくても資金不足のために計画が実行できない場合も多いのが実情ですから，資金調達，費用負担についても，幅広く情報収集しなければなりません。行政による補助金や住宅支援機構のマンションリフォームローンを活用しての借入れ可能金額等について，見通しをはっきりさせることも必要です。自治体との協議も重要です。

(3) 耐震改修工事の総会決議要件

　耐震改修工事が，例えば，柱や梁に炭素繊維シートや鋼板を巻き付けて補修する工事や，構造躯体に壁や筋かいなどの耐震部材を設置する工事で基本的構造部分への加工が小さいものについては，共用部分の管理に関する事項に該当すると考えられるので，普通決議によりこれを行うことができます（区分所有法18条1項）。これに対し，例えば，マンション外側に柱，梁フレームを新設する外付けフレーム補強工法や，バットレスを新設するバットレス補強工法などを採用する場合，あるいは免震，制震の工法を採用する場合には，共用部分の形状又は効用の著しい変更を伴うものとして，区分所有法では，特別決議を要することになります（同法17条1項）。しかし，特別決議を要するということになると，必要な耐震改修工事の合意形成が難しくなります。

　そこで，建築物の耐震改修の促進に関する法律が平成25年5月に改正され（平成25年11月25日施行），マンションの耐震改修が共用部分の変更に該当する場合でも，所管の特定行政庁に対し，設計図，計算書等の資料を添えて，耐震改修を行う必要がある旨の認定を申請し，その認定を受けることができれば，「要耐震改修認定建築物」として，特別決議ではなく，普通決

議で，これを行うことができるようになりました（同法25条3項（第3部221頁以下参照））。所管行政庁では，この認定されたマンションの区分所有者に対し，耐震改修についての指導，助言をすることができるので（同法27条1項），このようなことからも，自治体との協議が欠かせません。

(4) 特定の区分所有者の承諾

耐震改修工事が共用部分の変更に該当する場合にも，上記のように所管行政庁の認定を受けたマンションでは，普通決議でこれを行うことができますが，その工事内容が専有部分の使用に特別の影響を及ぼすべきときは，その専有部分の区分所有者の承諾が必要になります（区分所有法17条2項，18条3項）。

この区分所有者の承諾を要する場合とは，耐震改修工事をすることの必要性，有用性と，その区分所有者が受ける不利益を比較衡量し，その区分所有者の受ける不利益が受忍限度を超えているか否かで判断します（法務省民事局参事官室『新しいマンション法──一問一答による改正区分所有法の解説』85頁）。ケースバイケースで判断するほかありませんが，例えば，改修工事中のみ，専有部分への出入りが不自由になったり，採光が悪化するような場合には特別の影響には当たらないと考えられます。また，バルコニー横の壁を外側に厚くする改修工事により，以前に比較し多少日照時間が減少したり通風が悪くなるという程度の場合は，受忍限度の範囲内と考えてよいでしょう。これに対し，専有部分の広さに影響が出たり，南側バルコニーの中央部分に外付けフレームが新設されるような場合は，受忍限度を超えるものとして，その区分所有者の承諾が必要になると考えられます。このような場合，その区分所有者に対し，何らかの補填をするなどの方法を検討することが望ましいでしょう。

外壁のヒビ割れ，屋上からの雨漏り等と分譲業者の責任

【建物の維持管理】

Q18 そろそろ第1回の大規模修繕の時期が近づいてきましたが，よく見ると外壁のヒビ割れが散見されます。最近，居住者からバルコニーの手摺りがぐらついていると言われ，最上階住戸の居住者からは天

井から雨漏りがして天井板やクロスが汚れてきたとも言われました。これらはマンション建築時の施工等から生じた現象と思うのですが，①分譲業者に責任を問うことができますか。②施工業者等にもできるのでしょうか。

Ⓐ ①アフターサービス規準がある場合には，外壁のヒビ割れ等がその規準に定める「箇所」，「部位」，「状態」に合致し，かつ，サービス期間内のものであるなら，分譲業者に修補してもらうことができるでしょう。アフターサービス規準の内容を確認することが必要です。瑕疵担保責任を問う場合には，外壁のヒビ割れ等が瑕疵であることを証明する必要があり，また，瑕疵担保責任の期間内であることの確認が欠かせません。次の②に述べるような状況である場合には，不法行為責任を問うことも可能ですが，分譲業者の過失の証明も必要になります。
②マンションの外壁のヒビ割れ等が，建物としての基本的な安全性を欠くものでこれを放置すれば居住者等の生命・身体等を危険にさらすような瑕疵がある場合には，施工業者や設計・監理業者に対し不法行為責任を問うことができます。その場合，責任を問う側が過失を証明しなければなりません。

(1) 住宅の分譲業者の一般的な責任——瑕疵担保責任

一般に住宅の分譲業者の責任として考えられるものは，瑕疵担保責任とアフターサービス特約による責任の2つでしょう。

売買契約では，売主は買主に対し売買の目的である財産権を移転する義務を負いますが，この場合，契約の当初から目的物に瑕疵があるときは，売主は買主に対し一定の責任を負わなければなりません。これが売主の担保責任で，この責任は，有償契約である売買契約では売主にこのような責任を認めることが公平であり取引の信用を保護することになって適当であるとの考えから，法律が特に認めた責任であるといわれています。したがって，売主に過失がなくても担保責任を負うものとされています。

売買の目的物の瑕疵には，例えば，建物を買ったところそれが売主の物ではなく第三者の物であったとか，100m^{2}ある土地として売買契約したのに90m^{2}しかなかったといった権利の瑕疵と，買った建物に白アリが巣食っていたとか，新築建物なのに雨漏りがするといった物質的な瑕疵とがあります。

本問の場合は物質的な瑕疵の有無が問題になるので，以下は，物質的な瑕疵に限定して説明します。

　民法は，「売買の目的物に隠れた瑕疵があったとき」と定めているので，買主が取引上一般的に要求される普通の注意を用いても発見されない何らかの欠陥が目的物にある場合には，瑕疵があるということになります。目的物の品質・性能が売買契約の趣旨に適合しないことで，目的物が契約当事者間に予定された品質・性能を持たないこと，と言い換えることもできます。欠陥と認められるかどうかは，その種類の物として通常有していなければならない品質・性能を基準に判断することになります。そして，このような物質的な瑕疵がある場合，善意の買主は常に損害賠償の請求をすることができ，瑕疵があるために売買の目的を達することができないときは，契約を解除することができる（民法570条，566条），というのが瑕疵担保責任の内容です。これらの請求は，買主が事実を知ったときから1年以内に行わなければなりません（民法570条，566条3項）。この売主の瑕疵担保責任の規定は任意規定なので，特約によって軽減することも加重することもできますし，瑕疵担保責任を負わない旨の特約も原則として有効です（民法572条）。

　もっとも，本問のように売買の目的が不動産で売主が宅地建物取引業者の場合は，瑕疵担保責任の期間について引渡後2年以上となる特約をする場合を除き，民法570条に定めるものより買主に不利な特約は無効となります（宅地建物取引業法40条）。また，新築住宅の売買契約で平成12年4月1日以降に締結される新築住宅（建設工事完了の日から1年以内のもので，かつ，人の居住の用に供したことのないもの）の取得契約については，売主は，買主に引き渡した時から10年間（その新築住宅が住宅新築請負契約に基づき請負人からその売主に引き渡されたものである場合には，その引渡しのときから10年間），住宅のうち構造耐力上主要な部分又は雨水の浸入を防止する部分（以下「構造耐力上重要な部分等」といいます。）として政令で定めるものについて瑕疵担保責任を負わなければなりません（住宅の品質確保の促進等に関する法律（以下「住宅品確法」といいます。）2条2項，88条1項）。住宅品確法では，瑕疵担保責任の期間が10年になったことのほかに，売主に対する瑕疵修補請求が認められたことも大きな特徴です。

(2) 住宅分譲業者の一般的な責任——アフターサービス特約

　民法の瑕疵担保責任の内容は損害賠償請求権と契約の解除権であり，瑕疵

修補請求権については明文規定がありません。しかし，一般的に買主は，契約の解除や損害賠償より，売主が瑕疵の修補をしてくれることを希望することが多いと思われます。しかも，瑕疵か否かの判断は難しく，それぞれの立場の相違によって議論が紛糾することも多いはずです。そこで，瑕疵か否かを問わず，あらかじめ定めた規準に従い，分譲業者が買主に対し，一定の不具合箇所に生じた現象に対し，一定期間無償で修補することにしている場合が少なくありません。これがアフターサービスといわれるもので，売主の無償による修補を約束する売主の契約上の責任です。この契約をするか否かは任意です。この契約は天災地変や予測不可能な自然現象，使用者の不適切な使用，使用材料等の自然劣化，経年変化等の除外事由があります。

　このようなアフターサービスについては昭和52年に不動産協会等の関連団体により共通の規準が設けられましたが，その後上記住宅品確法の制定等を受け，改訂されています。ちなみに不動産協会の分譲マンション用アフターサービス規準によると，共用部分のうち，例えば，10年間修補の対象になるものとしては，耐力壁，屋上等（躯体）に亀裂・破損がある場合（ただし，構造耐力上影響のあるものに限る。），はね出し式のバルコニー（躯体）の亀裂・破損がある場合（ただし，構造耐力上影響のあるものに限る。なお，はね出し式のバルコニーについては，先端部の亀裂・破損等は構造耐力上の影響が少ないので原則として除外），屋上等（アスファルト防水等）に雨漏りがある場合（屋内への雨水の侵入），2年間修補の対象になるものとしては，非耐力壁，雑壁（躯体）に亀裂・破損がある場合（毛細亀裂及び軽微な破損は除く）などとなっています。そして，サービス期間の起算日は，10年間のアフターサービスを行う部分については建設会社から分譲業者に引き渡された日，それ以外の共用部分については区分所有者の1人が最初に使用した日としています。また，専有部分及び設備等については，それぞれの不具合箇所の一定状態に対し，5年，2年の期間が定められ，この期間の起算日はその物件の引渡しの日と定められています。

(3) 本問での分譲業者の契約上の責任（アフターサービス特約）

　分譲業者に外壁の亀裂等の現象を修補してもらいたいというのであれば，アフターサービス規準に基づき修補の請求をすることが簡便です。ただし，アフターサービスの特約をすることは分譲業者の義務ではありませんし，そのような特約をしている場合にも，アフターサービス規準の内容は分譲業者

によって異なります。したがって，不具合箇所に生じている現象がその分譲業者が示したアフターサービス規準にあるのかどうか，ある場合でもサービス期間内か否か等を確認しなければなりません。

　一般に，外壁のヒビ割れ等については構造耐力上影響のないものは保証の対象にはならないようです。また，バルコニーの手摺りのぐらつきについては，ぐらつきの原因が何かによって分譲業者の対応が異なるように思います。いずれにしても，分譲業者が示したアフターサービス規準に合致するか否かの判定や不具合箇所の具体的な修補の方法などについては，分譲業者（具体的には施工業者）が判断して実施することになるので，管理組合が修補の箇所や方法を積極的に指定することは難しいと思われます。

　最上階住戸の天井からの雨漏りについては，屋上等のアスファルト防水工事に問題があるなど不具合箇所があって雨漏りの現象が生じ，それが住戸の天井まで達している可能性もあるので，もしそうであれば，屋上からの雨漏りがサービス期間内である場合には，住戸内の天井の雨漏りによる天井板，クロスの汚れも修補の対象になると考えてよいでしょう。

(4) 本問での分譲業者の契約上の責任（瑕疵担保責任―瑕疵）

　アフターサービス特約がない場合や，アフターサービス規準に合致せず，またはサービス期間を経過してしまった場合，あるいは分譲業者（具体的には施工業者）が信用できないので金銭賠償を求めたいというような場合等には，瑕疵担保責任を問うほかありません。

　分譲業者に瑕疵担保責任を問うには，まず，外壁に散見されるようになったヒビ割れ，バルコニーの手摺りのぐらつき，最上階住戸の雨漏り等の現象が，どのような原因によって生じたものかを検討しなければなりません。1回目の大規模修繕が近づいているとのことですから，分譲後10年前後は経過しているでしょう。そうだとすると，これらの現象は経年劣化等によって生じたものではないかとも考えられますし，瑕疵の存在は，これを主張する者が証明しなければならないからです。

① まず，外壁のヒビ割れについてですが，コンクリートは，当初は水を多く含んでおり，乾燥するに従って次第に収縮し，その収縮率は最初の1，2年が最も高く，その後はわずかですが10年前後にわたって収縮を続けます。したがって，一般に，収縮による亀裂はある程度はやむを得ないと考えられているようですが，コンクリートやモルタル等の材料の性質から

くる収縮が原因で発生するのではなく，構造上の配慮が不十分であったためにコンクリート壁に構造上の亀裂が発生することも考えられます。

本問の場合，亀裂幅がどの程度のものかわかりませんし，亀裂がどのような原因によって生じたのかも不明です。しかし，建築基準法施行令では，亀裂から雨水が浸入し内部の鉄筋を腐食させることがないよう，コンクリートの養生や型枠及び支柱の除去について定めていますし，昭和53年に日本建築学会から発行された「ひび割れ対策指針」においても，乾燥収縮対策は設計における基本対策として位置付けています。したがって，例えば，コンクリートの型枠及び支柱を早く除去し過ぎたことで生じた亀裂だとしたら，施工に問題があったと考えられます。しかし，雨漏りは外壁からではなく最上階居室の天井だけのようですから，外壁に散見されるヒビ割れは施工上の問題ではなく，経年による乾燥収縮による亀裂で，瑕疵ではない可能性も十分考えられます。

② バルコニーの手摺りのぐらつきは，10年前後の築年数の経過によって生じることはあまりないでしょう。そこで，例えば，バルコニーのコンクリートの厚さ不足や手摺りの柱脚部アンカー取付位置のずれ等によりコンクリートが破壊し，ぐらつきが生じたとしたら，施工に問題があったということになるでしょうが，居住者等の何らかの具体的な行為によってぐらつきが生じたという可能性も考えられなくはないでしょう。いずれにしても，原因がわからないことには瑕疵があるとはいえません。

③ 最上階天井の雨漏りについては，経年によって屋上防水シートの破損，劣化が生じて雨漏りが生じた可能性もあれば，最初から防水シートが捲かれていたり防水シートの笠木部分の立ち上がりの処置に問題があった可能性も考えられます。これもやはり，原因がはっきりしないことには瑕疵があるとはいえません。

このように，瑕疵であるか否かは直ちには決めがたいもので判断が難しく，分譲業者は経年劣化を主張するでしょうから，もし分譲業者に瑕疵担保責任を追及するのであれば，専門家に現在生じている現象の原因等について調査してもらい，瑕疵であるとの目星をつけてから交渉に臨んだほうがよいと思います。

(5) 本問での分譲業者の契約上の責任（瑕疵担保責任の期間）

瑕疵がある場合であっても，瑕疵担保責任の期間を過ぎていれば売主の責

任はなくなるので，その期間内か否かの検討が必要です。

(1)で述べたとおり，住宅品確法の適用を受ける建物については，分譲業者は，新築建物の引渡しの日から10年間，構造耐力上主要な部分等について政令で定めるものの瑕疵について責任が存続します。本問のマンションがこの住宅品確法の適用を受けるものか否か不明ですが，瑕疵担保責任の存続期間内のものだとすれば，後の(8)で述べるような方法で分譲業者に責任を問うことができます。

では，住宅品確法の適用を受ける以前にマンションの売買契約の締結がなされていた場合や，住宅品確法の瑕疵担保責任期間を経過してしまった場合は，分譲業者に責任を問うことができないのか，という問題があります。まず，マンションの売買契約が住宅品確法の適用を受ける以前に既に終了していた場合は，民法の原則に戻り売主に責任を問うことができる期間は買主が事実を知ったときから1年ということになりますが，一般に分譲業者は，マンション引渡しのときから瑕疵担保責任期間を2年とする特約を結んでいます（いわゆる既存マンションの売買では，現在でも引渡し後2年とする特約が多いようです。）。この1年又は2年は除斥期間[注]と考えられているので，消滅時効の適用があるか否かの問題が生じます。この点につき最高裁判所は，「瑕疵担保による損害賠償請求権には消滅時効の規定の適用があり，この消滅時効は，買主が売買の目的物の引渡しを受けたときから進行する。」としています（最判平成13年11月27日判時1769号53頁）。したがって，マンションの引渡しを受けたときから10年以内であれば，分譲業者に責任を問うことが可能です。

(6) 本問での分譲業者の責任―不法行為責任

分譲業者からマンションの引渡しを受けたときから10年を経過してしまった場合，又は住宅品確法に定める瑕疵担保責任の責任期間を経過してしまった場合には，分譲業者に不法行為責任を問う方法も残されています。不法行為による損害賠償責任の消滅時効は，被害者が損害及び加害者を知ったときから3年，不法行為のときから20年と定められているからです（民法724条）。ただし，瑕疵担保責任は売主に過失がなくても損害賠償請求できるので売主の過失を証明する必要はないのに対し，不法行為責任を問うには，被害者が加害者の過失を証明しなければなりません。後に述べる最高裁判所の判例によって，マンション等の設計者・監理者，施工業者の責任が問いやす

くなりましたし，この判決の趣旨・内容は分譲業者についても例外ではないと考えられます。しかし，瑕疵の存在を証明することは必要です。

具体的にいうと，分譲業者として普通に注意すれば，建物としての基本的な安全性を損なう瑕疵があることを認識しえたはずだという場合に分譲業者の不法行為責任が生ずる，ということになります。

(7) 分譲業者の責任——瑕疵担保責任・不法行為責任の内容

瑕疵担保責任の内容は，善意の買主は常に損害賠償の請求をすることができ，瑕疵があるために売買の目的を達することができない場合は契約を解除することができる，というものです。この場合の損害賠償の範囲については，さまざまな考え方がありますが，瑕疵のない履行がなされたなら買主が得たであろう利益を失ったことによる損害の賠償（履行利益の賠償）ではなく，買主が瑕疵がないと信じたことによって被った損害の賠償（信頼利益の賠償）であるという考え方が比較的多かったようです。しかし，最近は，瑕疵担保責任は債務不履行責任の特則であると解する（契約責任説）考え方がやや多くなっており，損害賠償の範囲についてはさまざまな見解があります。判例の態度は明らかではありません（なお，外壁タイルの大規模補修工事を要する瑕疵があった場合に，補修による機能回復後の交換価値下落による財産的損害，慰謝料及び弁護士費用を瑕疵担保責任として認めた例につき，福岡高判平成18年3月9日判タ1223号205頁）。

住宅品確法の適用を受ける場合には，瑕疵修補に代わる損害賠償，又は瑕疵修補とともに損害賠償の請求をすることができます（なお，住宅品確法の適用を受ける場合か否かを問わず，本問の場合，分譲後相当の期間を経過し第1回大規模修繕時期が近づいてきたということからすると，「契約の目的を達することができないとき」には該当せず，契約の解除は難しいと思われます。）。

不法行為責任の内容は，損害賠償請求権です。分譲業者として普通の注意を用いれば建物としての基本的な安全性を損なう瑕疵があることを認識しえた場合には，その基本的な安全性を損なう瑕疵と相当因果関係に立つ損害が賠償の範囲になる，ということになります。

(8) 分譲業者の責任を問う者

次に問題になるのは，分譲業者に対し瑕疵担保責任又は不法行為責任を問うことができる場合に，その請求をする（又はすることができる）者は誰か，

ということです。

　本問では，外壁のヒビ割れ，バルコニーの手摺りのぐらつき，最上階住戸の天井からの雨漏りがあるので，瑕疵があるとすればその原因は共用部分であり，共用部分での瑕疵により専有部分である最上階住戸の天井に雨漏りとその汚れが生じていると考えられます。

　このうち，共用部分については，瑕疵担保責任，不法行為責任のいずれを理由とする損害賠償請求についても，管理者が各区分所有者を代理してその請求・受領をすることができますし，訴訟を追行することもできます（区分所有法26条2項・4項）。住宅品確法の適用を受けるマンションで瑕疵修補の請求をする場合も同様です。これらの損害賠償金の請求・受領，及び瑕疵修補請求は各区分所有者も行うことができますが（ただし，損害賠償金の請求は各区分所有者の共用部分の共有持分に相当する金額，ということになります（区分所有法18条1項）。），管理者がこれらの訴訟を提起した場合には，各区分所有者がこれとは別に訴訟を提起することはできなくなります。

　なお，本問のマンションは分譲後相当年数を経過していることから，分譲時の買主であった区分所有者がその区分所有権を譲渡している場合も多いと思われます。そうすると，既に区分所有者でなくなった分譲時の買主について，管理者は区分所有法26条2項の規定によりこれを代理することはできません。また，その買主から譲渡を受けた現区分所有者は，分譲業者に対して瑕疵担保責任を追及する権利を有していないので，管理者がこの現区分所有者を代理する余地はない，ということになります。この点につきどう考えたらよいかということですが，管理者は，分譲業者からの買主に対して，管理者の有する現区分所有者の代理権の行使として，上記買主の現区分所有者に対する担保責任の履行に代えて，買主の分譲業者に対する瑕疵担保責任に基づく請求について管理者に代理権を与えることを求めることができる（ただし，買主が分譲業者に対して同権利の行使をしていたときはこの限りでない。）という考え方があります（判タ1117号11頁，鎌野邦樹）。

　最上階住戸の天井の雨漏りによる天井板やクロスの汚れ等については，専有部分の問題ではありますが，共用部分の瑕疵によって天井板やボードの汚損が生じたとすれば，瑕疵担保責任の責任期間内である以上，汚損した天井板やボードの取替え又はその費用相当額を請求することができると考えます。責任期間経過後でも分譲業者の過失を証明できれば，天井板又はボードの取

替え費用相当額を請求することができるということになります。
(9) 施工業者等の責任
　次に，各区分所有者とマンションを建築した施工業者や設計・監理者との間には直接の契約関係がないので瑕疵担保責任を追及することはできないのですが，不法行為による損害賠償請求ができるか否かが問題になります。
　この点につき，賃貸マンションに関する判例ですが，最高裁判所は次のように判示しました（最判平成19年7月6日判時1984号34頁）。
① 　建物は，その利用者や隣人，通行人（居住者等）の生命，身体又は財産を危険にさらすことがないような安全性（基本的な安全性）を備えていなければならず，設計・施工者等はそのための配慮義務を有する。
② 　この義務を怠ったため建物の基本的な安全性を損なう瑕疵があり，それにより居住者等の生命，身体，財産が侵害された場合には，設計・施工者等は，特段の事情のない限り，その損害を受けた居住者等に対し不法行為による損害賠償責任を負う。
③ 　この不法行為責任は，違法性が強度である場合に限るものではなく，例えば，バルコニーの手摺りの瑕疵であっても，これにより居住者が通常の使用をしている際に転落するという生命又は身体を危険にさらすような瑕疵があれば基本的な安全性を損なう瑕疵があり，建物の基礎や構造躯体に瑕疵がある場合に限らない。
　更にこの事件の二次上告審判決で，最高裁判所は次のように踏み込んで判示しました（最判平成23年7月21日判時2129号36頁，判タ1357号81頁）。
① 　建物としての基本的な安全性を損なう瑕疵とは，居住者の生命，身体又は財産を危険にさらすような瑕疵をいい，建物の瑕疵が，居住者等の生命，身体又は財産に対する現実的な危険をもたらしている場合に限らず，当該瑕疵の性質に鑑み，これを放置するといずれは居住者等の生命，身体又は財産に対する危険が現実化することになる場合もこれに該当する。
② 　当該瑕疵を放置した場合に，鉄筋の腐食，劣化，コンクリートの耐力低下等を引き起こし，ひいては建物の全部又は一部の倒壊等に至る建物の構造耐力にかかわる瑕疵はもとより，建物の構造耐力にかかわらない瑕疵であっても，これを放置した場合に，例えば，外壁が剥落して通行人の上に落下したり，開口部，ベランダ，階段等の瑕疵により建物の利用者が転落したりするなどして人身被害につながる危険のあるときや，漏水，有害物

質の発生等により建物の利用者の健康や財産が損なわれる危険のあるときには，建物の基本的な安全性を損なう瑕疵に該当する。
③　建物の所有者は，自ら取得した建物にこのような瑕疵があるときは，特段の事情のない限り，設計・施工業者等に対して，当該瑕疵の修補費相当額の損害賠償を請求することができる。

これを本問にあてはめて考えてみると，まず，外壁のヒビ割れがもし建築当初の施工に問題があることによって生じたもので，しかも，例えば漏水の浸入が容易に予想される程度のものである場合には，これを放置すれば，鉄筋の腐食，劣化等を引き起こしマンションの構造耐力にかかわってくるでしょう。バルコニーの手摺りのぐらつきについても，それがもし，コンクリートの厚さ不足や手摺りの柱脚部アンカー取付位置のずれ等によりコンクリートが破壊しぐらつきが生じたとすれば，やはりそれを放置すれば，いずれはぐらつき箇所の広がりやそこからの雨水の浸入等でコンクリートの耐力低下や鉄筋の劣化等で，居住者が通常の使用で転落するなどの危険にさらされることになると思われます。また，最上階住戸天井からの雨漏りについては，雨漏りの原因が最初から防水シートが捲かれていたり防水シートの笠木部分の立ち上がりの処置に問題があったとすれば，それによる漏水の発生により現に天井板やクロスにシミができているわけですから，そのまま放置すれば居住者の財産だけでなく健康を損なう危険も生じてきます。したがって，以上のような瑕疵がある場合には建物としての基本的な安全性を損なう瑕疵があるものとして，管理組合は施工業者に対し不法行為責任を追及することができるのではないでしょうか。これとは別に，最上階住戸の居住者は天井からの雨漏りによる天井板やクロスの張替え等の費用を請求することができると考えられます。

次に，設計・監理会社の責任については，施工業者が「ひび割れ対策指針」等の遵守事項を，コンクリート打設のすべての段階においてチェックすることまで工事監理の業務といえないでしょうから，この点について監理会社の責任を問うことは難しいでしょう。バルコニーの手摺りのぐらつきについては，コンクリートの厚さ不足や手摺りの柱脚部アンカー取付位置等のずれが原因であるとするなら，それは設計図と異なる施工が行われたということになり，アンカー取付位置は一見すれば分かることでもあるので，手摺りの安全性に影響を及ぼすような施工を見逃したということになって，監理業

者に過失があるということになると思われます（建築士法18条3項）。最上階住戸の天井の雨漏りについては，もしそれが防水シートが捲かれていたり防水シートの笠木部分の立ち上がりの処置が不十分であったことにより生じたものであったとしても，笠木部分の立ち上がりの処置等は監理業者が詳細に検査を要する部位とまではいえないでしょうから，この点についての責任を問うことは難しいように思います。

　責任を問いうる場合の方法については(8)で述べたように，管理者がこれを行うことができます。

（注）除斥期間
　　　一定の権利について法律の予定する存続期間。権利関係を速やかに確定するのが目的。当事者が採用しなくても当然に権利消滅の効力を生ずる。

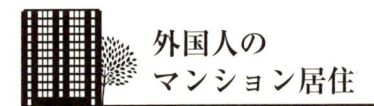

外国人のマンション居住　【居住者のマナー】

Q19 外国人がマンションの住人になるとトラブルが生じるし，不法入国者も最近多いので，管理規約で外国人の入居を拒否したいのですが，①できますか。できないとしたら，②どんな対応ができるのでしょうか。これとは別に，ある組合員が海外勤務を命じられ3，4年は外国暮らしになるとのことです。この場合の③総会案内等はどうしたらよいでしょう。

A **①外国人への賃貸禁止，譲渡禁止の定めは無効と考えられます。②管理規約や使用細則の周知徹底を図るためこれらを翻訳し交付する等の事実上の対応のほか，共同利益背反行為者に対してはその行為の差止めを請求すること等が考えられます。③長期の海外勤務者に対しては，国内に連絡場所を定めるよう義務付けることができます。**

(1) 外国人への賃貸・譲渡禁止の管理規約の効力

　外国人は言語や習慣，考え方等が異なるのでマンション内でのトラブルになりやすく，家賃を払わない心配もある，と思う賃貸人もいるようです。し

かし，日本人より外国人の方が問題を起こしやすいとかルール違反をすることが多いという明確な根拠はありませんし，もしそのような人がいたとしても，その人がそうだったということであって，外国人がそうだということにはならないでしょう。

外国人に対する賃貸借契約を拒否することは，憲法14条（法の下の平等）の趣旨に反し，不法行為が成立し慰謝料等の損害賠償を請求することができると考えられます。判例も，仲介業者を介してなされた入居申込に対して，契約交渉が相当程度進行した後に賃貸人が，申込者が外国人であることを理由に契約締結を拒否した事案につき，締結拒否には何ら合理的な理由がなく，信義則上の義務に違反したとして損害賠償を認めています（大阪地判平成5年6月18日判タ844号183頁）。また，専有部分の賃貸・譲渡は，区分所有権の本質的な内容にかかわるものですから，外国人への賃貸・譲渡を禁止することは合理的な制約の範囲を超えているといえます。以上のことから，「賃借人は日本人に限る。」とか「外国人に賃貸してはならない。」等，外国人への賃貸・譲渡を禁止する管理規約の定めは無効と考えられます。

では，不法入国の外国人に賃貸すること（不法入国の外国人にマンションを譲渡することは手続上できないと思われるので除くとして）を禁止する管理規約の定めを置くことはどうでしょうか。例えば，「区分所有者がその住戸を外国人に賃貸する場合には，在留カード(注1)又は特別永住者証明書によりその滞在資格を有する者でなければならない。」と定めたり，外国人に賃貸する場合には，「住民票を有する外国人でなければならない。」という制限を付ける等です。難しい問題ですが，在留資格のない外国人は退去強制されることもある等の問題を考えると，在留資格を確認することは望ましいことなので，そのマンションの状況に応じて，管理規約に上記のような定めを置くことは可能と考えてよいのではないでしょうか。

(2) 管理規約で定めることができる対応等

まち居住研究会が行った調査(注2)によると，外国人居住者について，分別ゴミを守らない，夜間の生活騒音がひどい，いつの間にか居住者が入れ替わっている，住宅として貸したはずなのに店舗として使っている等の問題が多いと報告されています。これらの問題は外国人に限ったものではないのですが，区分所有者である賃貸人や仲介業者が生活上のルールを十分説明していないという場合もあるでしょうし，外国人が日本の生活習慣を良く知らない

ことや，言葉も不自由，日本語を話せても読めない等に起因することも多いと思われます。

　そこで，これらのトラブルを防止するには，管理規約はもちろんですが，生活上のルールである使用細則の周知徹底をはかる必要があります。そしてそのためには，管理規約で，「区分所有者が住戸を外国人に賃貸・譲渡する場合には使用細則を十分に説明しなければならない。」などの定めを置いたりすることのほか，管理組合として，違反行為があった場合は繰り返し説明・注意をしたり，掲示板や管理規約・使用細則を翻訳し交付する等の対応が考えられます（なお，翻訳等に要する費用は，そのマンションの状況に応じて，管理組合で負担をすることができるでしょう。）。また，管理組合で推薦できる仲介業者を選定し，ひととおりの確認を依頼するなどの対応も検討に値します。繰り返し説明・注意をしても違反行為が続く場合には，理事長は理事会の決議によりその者に対し，是正等のため必要な勧告，指示，警告を行うことができますし（標準管理規約63条1項。管理規約にこのような定めがなくても，この方法による勧告等は可能です。），賃貸人である区分所有者に対し違反行為を止めさせるよう勧告等を行うこともできます（区分所有法46条2項）。そして，違反行為が著しい場合には，規約違反を理由とする行為の差止めを請求することができますし，共同利益背反行為に該当する場合には区分所有法57条以下による行為の停止等の請求をすることができます。

(3) 長期海外勤務者への連絡等

　海外に勤務している者に対する連絡は大変です。区分所有法35条3項は，総会の招集通知を受ける場所を管理者に通知したときはその場所に，通知がなかったときは，その所有する専有部分所在の場所に宛てて通知を発すれば足りると定めています。したがって，海外勤務者が通知場所を現に居住している海外の場所と指定してきたときは，その場所に通知を出さなければなりません。しかし，これでは不便ですし，総会招集通知に限らず，各種通知・連絡事項も迅速に伝わらないこともあります。

　このようなことから，長期の海外勤務者については，国内に連絡場所を定めこれを届けさせるという方法が便利であり実際上必要でもあります。管理規約にこの種の定めを置いても，海外勤務者に対する著しい制約とはならないので，有効と考えられます。この定めにもかかわらず，海外勤務者が国内の連絡場所を設けず何ら届出をしなかった場合には，通知を受けるべき場所

を通知しなかったことになるので，その者の所有する専有部分に宛てて通知をすれば足りる（区分所有法35条3項）ことになります。

なお，長期の海外勤務者に対しては，総会での議決権行使等も含め国内に代理人を定めることを義務付けることができるという考えもあるようですが，代理人を選任するか否かは区分所有者の自由ですし，包括委任を強制することにもなると思われるので，このような定めは許されないと考えた方がよいでしょう。

(注1) 在留カード
　　氏名，生年月日，性別，国籍・地域，住居地のほか，在留資格・期間・期間満了日，就労制度の有無等10項目が記載された顔写真付きのカード。この在留カード交付対象者である中長期在留者と特別永住者には住民票が作成される。
(注2) まち居住研究会が1998年に行った東京都新宿区大久保地区の分譲マンションにおける外国人居住の実態調査。

生活騒音と対処法　【居住者のマナー】

Q20 上階に入居してきた若い夫婦には小さな子供が2人おり，毎日のように飛びはねたり走りまわる音が聞こえ，私はすっかり体調を崩しました。注意してもそのときだけです。①何とかならないものでしょうか。②管理組合はこういう場合，何もしてくれないのですか。

A **①あなたの側の被害状況を具体的に話し，上階の人に改善してもらうよう努力してください。騒音が受忍限度を超えるときは損害賠償の請求ができます。また，違法性が強い場合は，人格権又は物権的請求権に基づき差止請求することができます。②管理組合は騒音について掲示する等して生活上の注意を促すことができます。また，騒音による被害が相当範囲の住戸に及び共同利益背反行為に該当する場合には勧告・指示等をすることもできます。差止め等の措置はかなり難しいと思われます。**

(1) マンションでの音の問題

　マンション総合調査によると，トラブル発生状況の項目の中にある「居住者間のマナー」をめぐるトラブルの具体的内容では，「生活音」が毎回高い比率を占めています。マンションは壁，床，天井を隔てていわば「お隣さん」どうしの関係にあるわけですから，マンションに騒音問題はつきもの，と言っても過言ではないでしょう。それに，音の感じ方には個人差があり，ある人にとって「うるさい音」でも他の人にとっては「そうでもない」という傾向もあります。いずれにしても，一般的に騒音問題は，双方にとって納得のいく解決をはかることができにくいのが現実です。

　ところで，生活騒音は，基本的には「音を出している者」（加害者）と「それをうるさいと感じる者」（被害者）との当事者間の問題です。しかし，その騒音が相当範囲の住戸に及び共同利益背反行為に該当する場合には管理組合の問題にもなります。

(2) 騒音と受忍限度

　一般に騒音の違法性を判断するについては，受忍限度論が用いられています。一般通常人ならば社会共同生活を営む上で，当然受忍すべき限度を超えて被害を被ったときに，その侵害は違法であるとする理論です。騒音による被害が受忍限度を超えているか否かの具体的な判断は，侵害行為の態様，侵害の程度，被侵害利益の性質と内容，侵害行為が生じた所在地の地域環境，侵害行為の開始とその後の継続の経過及び状況，その間にとられた被害の防止に関する措置の有無及びその内容，効果等の諸般の事情を総合的に考慮して決することになります。

　マンションにおける騒音については，フローリングによる騒音についてですが，加害行為の有用性，妨害予防の簡便性，被害の程度及びその存続期間，その他双方の主観的及び客観的な諸般の事情に鑑み，平均人の感覚ないし感受性を基準として判断し，一定限度までの騒音被害は集合住宅では社会生活上やむを得ないものとして互いに受忍すべきである一方，受忍限度を超える騒音や振動等は不法行為を構成するとしています（東京地判平成6年5月9日判時1527号116頁，同旨東京地八王子支判平成8年7月30日判時1600号118頁）。

　したがって，あなたの場合も，上階の騒音が受忍限度を超えるときは損害賠償の請求が可能ですが，受忍限度を超えるか否かの判断は難しいので，何

時頃どの程度の音がしたか等について記録をとっておくことが大切ですし，できれば騒音測定器で測定しておくと良いでしょう（自治体によっては測定器の貸出しを行っているので，確認してください。）。しかし，それ以前に，根気よく，あなたの居室にどのような音が伝わっているかを説明する等して上階の人に理解をしてもらうことが大切です。なお，仮に不法行為を構成する場合であっても過去の判例からすると損害賠償（慰謝料）による解決が主流で，騒音の差止めが認められるのは違法性がかなり強い場合に限られます。

(3) 子供の騒音に関する判例

　子供の騒音について最近の判例を紹介しておきます。

　1つは，上階に越してきた夫婦の子供（3，4歳）が廊下を走ったり飛んだり跳ねたりする音について，当該マンションの床構造は重量床衝撃遮音性能はLH-60程度で，遮音性能上やや劣る水準であり，ほぼ毎日音が階下に及びその程度はかなり大きく聞こえるレベルである50〜65デシベル程度のものが多く午後7時以降，時には深夜にも階下に及ぶことがあり，音が長時間連続して階下に及ぶこともあった，としています。そして，上階居住者は，特に夜間及び深夜には音が階下に及ばないように子供をしつけるなど，住まい方を工夫し誠意ある対応を行うのが当然であるが，床にマットを敷いたものの，階下居住者の申入れを取り合おうとしないなど対応が極めて不誠実であったと認定し，受忍限度を超えているとして慰謝料の支払を命じました（東京地判平成19年10月3日判時1987号27頁）。この事件では，上階居住者の対応の不誠実を重視して違法性を認めています。

　もう1つは，上階に越してきた夫婦の子供（幼稚園児）が室内を走り回る音について（当該マンションは床の厚さ200mm以上のコンクリートの上に約4mmの防音緩衝材を施工し，その上に遮音性能LL-45の規格の約9mm厚のフローリング材を施工しています。），午後9時から翌日午前7時までの時間帯でもデシベル（A）の値が40を超え，午前7時から同日午後9時までの同値が53を超え，生活実感としてかなり大きく聞こえ相当にうるさい程度に達することが相当の頻度であると認定しています。そして，上階の居住者はその程度の音量及び頻度で騒音を階下に到達させないよう配慮すべき義務があるのにこれを怠り，受忍限度を超えるものとして不法行為を構成するとし，かつ，これを超える騒音を発生させることは人格権ないし階下住宅の所有権に基づく妨害排除請求としての差止めの対象になるとして，慰謝料，

治療費等の損害賠償を認めるとともに，午後9時から翌日午前7時までの時間帯は40デシベル（A）を超えて，午前7時から同日午後9時までの時間帯は53デシベル（A）を超えて，階下の建物内に発生させてはならないと判示しました（東京地判平成24年3月15日判時2155号71頁）。

(4) 騒音問題と管理組合

　区分所有者は専有部分について所有権を有しているわけですが，専有部分は1棟の建物の一部分にすぎないので，その建物を良好に維持するについて区分所有者全員の有する共同の利益に反する行為，つまり建物の正常な管理や使用に障害となるような行為が禁止されるのは建物の区分所有の性質上当然といえます。区分所有法6条1項は，区分所有者のこのような義務を明確にしたものですが，このように区分所有者の権利が内在的な制約を受けるということは，すなわち，区分所有者がその義務に違反する行為をし，又はそのおそれがあるときは，他の区分所有者は，その行為の停止等の措置をとるように求める権利を有するということになります。

　この6条1項の義務は，その文言からみると，区分所有者の共同の利益を守るため各区分所有者が団体としての区分所有者に対して負う義務と考えられます。違反行為の直接の影響が全区分所有者に直接及ばない場合であっても，それが相当の範囲に及ぶのであれば，共同生活の秩序の維持という観点からは当然に利害関係を有するわけですし，6条の趣旨が区分所有者全体の円満な共同生活の維持のために認められたものであると解するときは，この規定に基づく権利は区分所有者全員が行使すべき権利であると考えられるからです。

　ここにいう共同の利益に反する行為を類型別に分けると，建物の不当毀損行為，不当使用行為のほかプライバシーの侵害ないしニューサンスも含まれるとするのが一般的な見解です（なお，区分所有者が管理組合役員をひぼう中傷する文書を配布し，工事業者の業務を妨害するなどの行為がマンションの正常な管理又は使用を阻害する場合には共同の利益に反する行為に当たるとみる余地があるとした例につき，最判平成24年1月17日判タ1366号99頁）。ニューサンスとは，異常な騒音・振動・悪臭・有害ガスを発生させる場合や，他人に迷惑を及ぼすような家畜その他の動物を飼育する場合，あるいは自分の専有部分で他人に迷惑を及ぼすような，例えば24時間営業のスナック喫茶を開業するような場合です（法務省民事局参事官室『新しいマンション法——一問一答

による改正区分所有法の解説』272頁)。

　本問の場合，管理組合は生活をする上でのエチケットとして，特に小さい子供のいる家庭では騒音等に気をつけるよう掲示することはできますし，その騒音被害が相当範囲の住宅に及んでいる場合には，共同利益背反行為として勧告，指示，警告等を行うことができます。区分所有法6条1項に該当する行為があることを理由に，管理者又は総会で指定された区分所有者が区分所有法57条による行為の差止めを請求する訴訟を提起する方法については，営業として行っているカラオケ騒音のような場合（東京地決平成4年1月30日判時1415号113頁）は別として，子供の飛びはねる騒音が相当範囲の住宅に及ぶことは通常考えにくく，訴訟提起は難しいと思われます。

既存マンションの専有部分リフォームの限界と注意事項　【居住者のマナー】

Q21 建築後10年近く経過したマンションを購入しました。全面的にリフォームしたいのですが，①どこまでできるのですか。また，②注意しなければならないことがあれば教えてください。

A ①管理規約（専有部分の修繕等に関する細則を含みます。）でリフォームする場合の手続のほかリフォームに関する制限等を定めているでしょうから，それを確認してください。管理規約等に定めがない場合にも，定めがある場合と同じように共用部分に関わる工事を勝手に行うことはできません。また，共同利益背反行為が禁止されることからも，自ずと一定の制約があります。②注意事項としては，工事中の騒音や材料運搬による共用部分の損傷に気をつけること，工事後にフローリングや水まわりの位置の変更などによる騒音トラブルが生じること等があります。

(1) 専有部分の範囲

　区分所有建物は，区分所有権の目的である建物の部分，つまり専有部分とそれ以外の区分所有者全員の共有物である共用部分から成り立っています。

専有部分は区分所有者個人の所有物ですから、そのリフォームは、基本的にはその区分所有者の自由に任されます。しかし、マンションは専有部分と共用部分が複雑に入り組んでおり、配線・配管も縦横にはりめぐらされているので、区分所有権の対象はどこまでかという専有部分の具体的な範囲が不明確です。区分所有法にはこれに関する直接の定めがないので、解釈によるほかありません。

この専有部分の具体的な範囲については、次の3つの考え方があります。
① 境界部分はすべて共用部分であり、境界部分に囲まれた空間部分のみが専有部分であるという考え方（内壁説）
② 天井・壁・床などの境界部分の厚さの中央までが専有部分の範囲に含まれるという考え方（壁心説）
③ 境界部分の骨格をなす中央部分は共用部分だが、その上塗り部分は専有部分の範囲に含まれるという考え方（上塗り説）

以上のうち、内壁説では内装工事もできないことになって不都合ですし、壁心説では建物の維持管理面から適当とはいえません。このようなことから、③の上塗り説が一般的な考え方になっていますし、標準管理規約もこの上塗り説に従って専有部分の範囲がどこまでかを定めています。天井、床及び壁は、躯体部分を除く部分が専有部分、玄関扉は、錠及び内部塗装部分が専有部分、窓枠及び窓ガラスは専有部分に含まれない、専有部分の専用に供される設備については共用部分内にある部分以外のものは専有部分、というように本文で定めています（標準管理規約（単棟型）7条）。そして、問題になる各種配線配管については、別表で、給水管本管から各住戸メーターを含む部分が共用部分、雑排水管及び汚水管は配管継手及び立て管が共用部分であるとして、給水管は各住戸メーターより先、そして雑排水管及び汚水管は配管継手から先が専有部分であることが分かるようにしています。

多くのマンションで、この標準管理規約に準拠した定めを管理規約に置いていると思われますので、リフォームする場合には、まず管理規約で専有部分の範囲につきどのように定めているかを確認することが大切です。

なお、管理規約に専有部分の範囲について明確な定めがない場合にも、上塗り説は一般的な考え方なので、標準管理規約の定めと同じ基準で判断してもよいと思われます。

(2) リフォーム工事の限界等と注意事項

　専有部分のリフォームは，工事中の騒音のほか，材料搬出入に伴う玄関，廊下，エレベーター等の利用や損傷，材料置場など，共用部分の利用の仕方でトラブルが生じがちです。また，リフォームに伴って躯体や配管本管に影響を与えるなど，共用部分にかかわる工事が勝手に行われてしまうこともあります。特に，絨毯敷きの洋間や畳敷きの和室をフローリングにするような場合には，遮音性能がかなり低下するので，リフォーム終了後のトラブルに発展することがあります。

　このようなことから，専有部分のリフォームについてはその手続のほか，禁止事項等について管理規約に定めを置いているマンションが多くなっています。したがって，管理規約に専有部分のリフォームに関する定めがあるか否かを確認し，その定めがある場合には，その定めに従ってリフォームしなければなりません。

　特にフローリングについては，遮音性能や施工方法の限定のほか，周辺住戸の居住者の同意書を必要とする場合もありますし，フローリングによる影響で上下階の居住者間で訴訟になったケースもあるので注意が必要です（東京地判平成3年11月12日判時1421号87頁，東京地判平成6年5月9日判時1527号116頁，東京地八王子支判平成8年7月30日判時1600号118頁，東京地判平成24年3月15日判時2155号71頁）。

　これらの定めに違反してリフォームしてしまった場合は，その定めと違反の内容にもよりますが，管理組合から撤去又は原状回復等を請求されることがあります。

　なお，管理組合によっては，管理規約の定めを遵守してほしいとの趣旨で，リフォームの工事業者を数社推奨している場合もあるので，これも確認しておくとよいでしょう。

　ちなみに標準管理規約では，区分所有者が専有部分の修繕等を行おうとするときは，設計図，仕様書及び工程表を添付した申請書を理事長に提出し，書面による承認を受けなければならないこと，理事長は上記申請について承認又は不承認をしようとするときは理事会の決議を経なければならないこと，また，区分所有者は承認の範囲内において専有部分の修繕等に係る共用部分の工事を行うことができることを定めています。また，理事長等は必要な範囲内で修繕等の箇所に立ち入り，必要な調査を行うことができること等も定

めています（同規約17条）。本来，専有部分のリフォームの実施が共用部分の工事をも伴うときは，その工事が共用部分の変更に当たらない場合は管理に関する事項として，規約で集会の決議に代え，別の方法によることを定めることが可能です。そこで，標準管理規約では，理事会の決議に基づく理事長の承認により，専有部分の修繕に係る共用部分の工事を行うことができるとしたものです（区分所有法18条1項・2項）。

区分所有者が管理規約に違反してリフォーム工事をした場合には，理事長は，行為の差止め，排除又は原状回復のため必要な措置として訴訟等を提起することも，標準管理規約には定められています（67条）。

もっとも，管理規約に専有部分のリフォームに関する定めがあるか否かにかかわらず，リフォームの範囲については上塗り説に従ってよいと思われますし，区分所有者は共同利益背反行為をしてはならない義務を負うので，これに違反した場合には，区分所有法57条1項によりその行為の停止，結果の除去等の措置の対象になることに注意しなければなりません。また，リフォームする際の騒音のほか，エレベーター等の利用の仕方，共用部分への影響，フローリングによる騒音の程度いかんによっては，騒音被害者との間で，または管理組合との間で損害賠償の請求が問題になることもあるでしょう。

なお，管理規約に専有部分のリフォームに関する定めが何もない場合に，そのリフォーム工事が共用部分にもかかわるときは，総会の普通決議が必要になります。

専有部分のリフォーム工事については，以上のような注意事項のほか，例えば所有する2住戸を1住戸とするため戸境壁を撤去するなど工事の内容が共用部分の変更に該当する場合には，総会による特別決議が必要になります。また，専有部分内に防火扉が設置されている場合には，消防法上の定めに基づくものですから，これを撤去したり木製のドアに取り替えたりすることはできません。

そのほか，水回りの位置を変更することは，万一水漏れ事故等が生じた場合に被害が拡大しないかどうかを検討した方がよいでしょうし，排水の音が下階の寝室に聞こえてトラブルになること等もあるでしょうから注意を要します。

(3) 専有部分リフォームに関連した判例等

共同利益背反行為などとして裁判になったものとしては，古くはルーフテ

ラスに設置したサンルームの撤去を命じたもの（京都地判昭和63年6月16日判時1295号110頁），マンションの外壁に換気装置設置のための開口工事について建物の保存に有害な行為に当たるとして原状回復を命じたもの（東京高判昭和53年2月27日金融法務事情875号31頁），バルコニーを温室とする工事がバルコニー等の改築禁止の建築協定に違反するとして撤去を命じたもの（最判昭和50年4月10日判時779号62頁）があります。平成に入ってからも，バランス釜設置のためにバルコニー側外壁に開けた穴について共同の利益背反行為に当たるとして原状回復を命じたもの（東京地判平成3年3月8日判時1402号55頁），ユニットバスを入れるため風呂場入口の下がり壁を撤去したことが共同利益背反行為を禁止している住宅の模様替えに関する協定に反するとして原状回復を命じたもの（東京高判平成9年9月17日判例集未登載），比較的最近ではバルコニーに大理石を敷設したことが法律及び管理規約に定める共同利益背反行為であるとして原状回復を認めたもの（東京地判平成18年8月31日判タ1256号342頁）など多数あります。

ペット飼育制限と管理規約の効力
【居住者のマナー】

Q22 マンション購入に当たって管理規約を調べたら「他人に迷惑をかける動物の飼育は禁止する」と定められています。仲介業者は，①全面禁止ではないから飼育できると言っていますが……。もし飼育できないなら他のマンションを探してみますが，ペット飼育に関しては，②どんなルールがあり，③どんな問題があるのでしょうか。今の世の中，ペットは私たちの生活にとって不可欠だと思います。

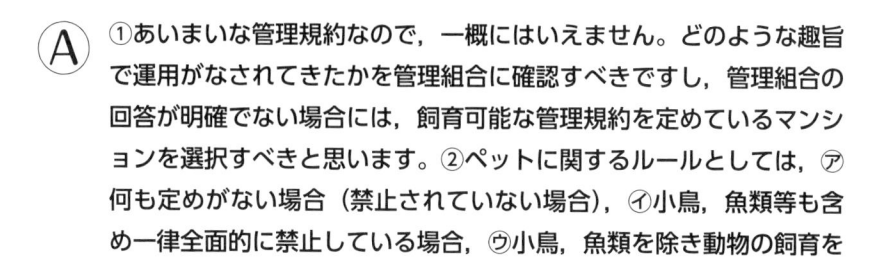

A ①あいまいな管理規約なので，一概にはいえません。どのような趣旨で運用がなされてきたかを管理組合に確認すべきですし，管理組合の回答が明確でない場合には，飼育可能な管理規約を定めているマンションを選択すべきと思います。②ペットに関するルールとしては，㋐何も定めがない場合（禁止されていない場合），㋑小鳥，魚類等も含め一律全面的に禁止している場合，㋒小鳥，魚類を除き動物の飼育を

禁止している場合，㋑一定条件を満たす場合には飼育を認めている場合のほか，ご質問のようにあいまいな定めをしている場合等が見受けられます。③上記の一律全面禁止は有効か，飼育禁止には実害が必要か，途中から管理規約を改正して飼育制限をすることは既に飼育している人の権利に特別の影響を及ぼすか，等の問題があります。

(1) ペット飼育制限に関する一般的な考え方

説明の便宜上，まず，ペット飼育制限と区分所有法に基づく一般的な考え方を述べておきます。

区分所有者は，専有部分の所有者ですから，特に法律の制限がない限り，その専有部分を自由に使用，収益することができます。専有部分でペットを飼育することも，本来，その自由に属するものです。しかし，マンションはその構造上，同じ建物の中で多数の人が廊下やエレベーター等の共用部分を使用し，専有部分についても，壁，床，天井を隔てて生活するものであるため，共同生活の秩序を乱すような区分所有権の行使が許されないのは，建物の区分所有の性質上当然のことといえます。区分所有法6条1項はこのような区分所有者の義務を明確にし，区分所有者の共同の利益に反する行為を禁止するとともに，同法30条1項で，建物等の管理又は使用に関する区分所有者相互間の事項は規約で定めることができるとして，管理規約に法律と同一の効力を認め，区分所有者の共同の利益に反する行為は管理規約で制限することを認めているわけです。

では，ペットの飼育が共同の利益に反する行為に当たるか否かですが，一般に，ペットを飼育すれば鳴き声などの騒音は容易に床や壁を隔てて伝わってきますし，糞尿による悪臭や衛生上の問題も生じ，臭気は換気口やベランダなどを伝って他の住居に侵入します。共用部分汚損の問題も生じます。また，ペットの毛などに対してアレルギーを持つ人もいれば，生来動物に対し嫌悪感を持つ人もいます。マンションでは近隣住戸にこのような人たちが居住する場合もあるわけですから，ペットの飼育が近隣住民に対してこのような被害を与えるおそれのあることは事実であり，共同の利益に反する行為として禁止されることもやむを得ないと思われます。

以上のようなことから，ペットの飼育を制限することは可能ですが，専有部分の使用に関するものは，その基本的な事項は管理規約で定めるべき事項

ですから，飼育を認める，認めない等の規定は管理規約で定めるべき事項ということになります（手続等の細部の規定を使用細則に委ねることは可能です）。

(2) ペット飼育制限に関するルールと判例

① 管理規約にペット飼育に関する規定が何もない場合（飼育が禁止されていない場合）

例えば，ペットの鳴き声がうるさく，隣戸の居住者が不眠症になるなどペットが他の居住者に迷惑をかけた場合には，ペットを飼育している者は不法行為による損害賠償責任を負うことになります。これとは別に，管理組合として何か対応することができるかどうかですが，飼育が禁止されていない場合にも，区分所有者は区分所有法6条1項の共同の利益に反する行為をしてはならない義務を負いますし，これに違反して他の居住者に迷惑をかけたような場合には，管理者等は，同法57条によりペットの飼育禁止などの請求をすることができます。

この場合の共同の利益に反する行為に当たるか否かは，その行為の必要性の程度，これによって他の区分所有者が被る不利益の態様，程度等の諸事情を比較考量して決すべきことになります（東京高判昭和53年2月27日下民31巻5～8号658頁）。この場合の比較考量に際しては，鳴き声，糞尿等による有形の迷惑，ペットの行為が居住者に対し不快感を生じさせるなどの無形の迷惑，飼主による自主管理の限界，マンションの構造上の特徴など，他の者にどの程度の迷惑をかけているかということ（飼育禁止の必要性，合理性）と，ペット飼育による飼主の気持ちのやすらぎや病気治療など，飼育を禁止させることによる飼主の不利益が考慮されるべき具体的な要素，ということになるでしょう。この場合，ペットの飼育が共同の利益に反する行為に当たることは，管理組合がペットの飼育による騒音，悪臭等を具体的に立証しなければなりません。

② 管理規約で，小鳥，魚類等も含め動物の飼育を一律全面的に禁止している場合

横浜地裁平成3年12月12日判決（判時1420号108頁）は，主に以下の理由を述べ，一律全面禁止の管理規約を相当の必要性，合理性があるものとして有効と認め，飼主に対し犬（イングリッシュビーグル）の飼育禁止を命じました。

㋐　マンションその他の共同住宅では，居住者の動物飼育によってしばしば住民間に深刻なトラブルが発生し，このようなトラブルを回避するために動物の飼育を規約で禁止している。

　㋑　動物の飼育を認めているマンションは，トラブル防止のため，飼育方法や飼育を許される動物について詳細な規定を設けている。

　㋒　共同住宅で他の居住者に全く迷惑がかからないよう動物を飼育するには防音設備，集中エアコンの設備を整えるなど住宅の構造自体を整備し，動物を飼育しようとする者の適性を事前にチェックしたり，飼育の仕方等に関する詳細なルールを設ける必要がある。

　この判決の控訴審でも，一律全面禁止の管理規約を有効と判断しました。その理由は，マンション内における動物の飼育は，一般に，他の区分所有者に有形無形の影響を及ぼすおそれのある行為であり，これを一律に共同の利益に反する行為として管理規約で禁止することは区分所有者の許容するところであり，具体的な被害の発生する場合に限定しないで動物を飼育する行為を一律に禁止する管理規約が当然に無効だとはいえない，というものです（東京高判平成6年8月4日判時1509号71頁）。

③　管理規約で，小鳥及び魚類以外のペットの飼育を禁止している場合

　最高裁判所（平成10年3月26日判決，判例集未登載）は，管理規約の定めを有効とし，犬の飼育禁止と弁護士費用相当額の一部を認めた原審（東京高判平成9年7月31日判例集未登載）の判決理由を一部修正して次のように述べ，上告を棄却しています。

　㋐　ペットの飼育は，動物の種類，生態，飼育環境，飼育方法等により他人の権利，自由と衝突することも免れない場合があり，多数の人々が1棟の建物を区分所有している場合も，各人の生活の場に不可避的に接点が生ずることになるから，同様の問題がある。このような建物においては様々な価値観を有する人々が互いに節度を守ることによって一定の水準の住環境を維持し，共有していかなければならないから，ペットを飼育したいと考え，または他人がペットを飼育することに理解を示す人々がある反面，動物の鳴き声，臭気，体毛等を生理的に嫌悪し，あるいはそれに悩まされる人々もありうる。また飼主が注意するにしても動物による病気の伝染等の危険等，衛生面の問題を完全に払拭することはできない。

㋑　マンションは入居者が同一の建物で共用部分を共同して利用し，専有部分も上下左右又は斜め上もしくは下の隣接する他の専有部分と相互に居室や床等で隔てられているにすぎず，必ずしも防音，防水面で万全の措置が取られているわけではないし，ベランダ，窓，排気口を通じて臭気が侵入しやすい場合も少なくないから，各人の生活形態が相互に重大な影響を及ぼす可能性を否定することができない。したがって，区分所有者は，このような区分所有の性質上，自己の生活に関して内在的な制約を受けざるを得ない。

　㋒　マンションの構造は㋐に述べたように糞尿によるマンションの汚損や臭気，病気の伝染や衛生上の問題，鳴き声による騒音，咬傷事故等，建物の維持管理や他の居住者の生活に有形の影響をもたらす危険があることはもちろん，動物の行動，生態自体が他の居住者に対して不快感を生じさせるなどの無形の影響を及ぼすおそれのある行為であることは明らかであるから，本件マンションで犬を飼育することは実害又は実害発生の蓋然性の有無にかかわらずそのこと自体，本件規定に反する行為である。

④　管理規約で，単に「他人に迷惑をかける動物の飼育を禁止する。」と定めている場合

　このような定めをしている場合には，その解釈が問題になります。

　例えば，猛獣や猛犬などのように定型的に他人に迷惑又は危害を及ぼすおそれのある動物の飼育を禁止しているもので，室内で飼育されることの多い小型犬など定型的に迷惑又は危害を及ぼすおそれのない動物の飼育は禁止していないと解釈する人もいるでしょうし，犬や猫も鳴き声，臭気，体毛等で定型的に他人に迷惑をかけることがあるのだからそれらの飼育を禁止する趣旨だと考える人もいるでしょう。「他の居住者に迷惑を及ぼすおそれのある」動物を飼育しないことと定めている管理規約について，「このような限定は，小鳥や金魚の飼育を許す趣旨は含んでいるとしても，小型犬や猫の飼育を許す趣旨を含むとは認められない。」としたものもあり（東京地立川支判平成22年5月13日判例集未登載），また，猛獣や猛犬等は別として動物の飼育は，その動物そのものよりも飼育者のマナーに問題がありトラブルを起こすケースが多いのだから，犬や猫の飼育を禁止しているのではなく，他人に迷惑をかけるような飼育の仕方をしてはいけないという趣旨だと思う人もいるかも

しれません。

　どのような解釈をすべきかは，管理組合での過去の議論などの経緯等も含めその規定が設けられたときの事情やその後その規定の運用がどのような趣旨で行われてきたか等を総合的に考慮して判断するほかないと思われます。

　したがって，購入したいマンションの管理規約がご質問のような定めである場合には，管理組合に確認することが必要です。しかし，明確な答えが返ってくるとは限りませんので，もしペットの飼育を希望するのであれば，管理規約により飼育可能であることが明確になっているマンションの購入を考えた方がよいでしょう。

⑤　管理規約で，ペットの大きさ，頭数をはじめ，一定条件を満たす場合は飼育を認めている場合

　最近の分譲マンションでは，飼育する場合の条件を詳細に定めたり，飼育する者たちで組織する会への加入を義務付け，他の居住者に迷惑をかけるような違反行為がないように相互に注意し合うルールを定めたうえ，飼育を認めているケースが多いようです。東京都は平成6年に「集合住宅における動物飼養モデル規程」を公表し，その中で飼主の遵守事項，飼主の会，居住者の理解，飼育できる動物の種類，頭数，飼育する場合の手続，飼主に対する指導，禁止等について詳細なモデルを作成しています。公益財団法人マンション管理センターでも平成11年に「ペット飼育細則例」を作成しています。

⑥　なお，上記のルール②と③については，管理規約に違反して現に飼育している者に配慮し，一定の登録日までに届け出たペットの一代に限り飼育を認め，そのペットの死亡後は飼育することができないとする「一代限り認める」などの経過措置を管理規約で定め，既に飼育している者に配慮しているケースもあります。

(3) ペットの飼育に関する問題

　ペットの飼育に関する問題はいろいろありますが，主なものを取り上げると次のとおりです。

①　ペット飼育制限に関する定めは有効か否かについて，一般論として有効であることは既に説明したとおりです。しかし，小鳥，魚類等も含め一律全面的に動物の飼育を禁止する定めについては，前述した東京高等裁判所の判断とは異なり，類型的に他人への影響がないと考えられる小鳥や魚類まで禁止するのは合理的な制限の範囲を超え，権利濫用ではないかという

意見もあります。
②　次に，ペットの飼育は他の区分所有者に対する迷惑その他実害を与えていない場合も許されないのかどうかという問題があります。これについては，(2)の①のように管理規約で何も定めていない場合は，他の居住者に迷惑をかけるなどの実害が発生しており，それが区分所有者の共同の利益に反するときに飼育が禁止されるということに，異論はないでしょう。しかし，(2)の②又は③のように飼育を禁止している規定に違反して飼育している場合には，実害の発生は不要と考えられています。
③　新たに管理規約を改正して飼育禁止を新設しようとする場合に，既に飼育している人の承諾が必要かどうかという問題もあります。この点について，(2)の②に記載した東京高等裁判所の判決は，次のように述べ，飼主の承諾は不要としています。

　　飼主の身体障害を補完する意味を持つ盲導犬の場合のように，何らかの理由によりその動物の存在が，飼主の日常生活・生存にとって不可欠な意味を有する特段の事情がある場合には，たとえマンション等の集合住宅においても，動物の飼育を禁止することは，飼主の生活・生存自体を制約することに帰するものであって，その権利に特別の影響を及ぼす。これに対し，ペット等の動物の飼育は，飼主の生活を豊かにする意味はあるとしても，飼主の生活・生存に不可欠のものではない。

　　この点についても，特別の影響に当たるとの考え方があり，このような場合には，例外的に一代限りは認めるなどの代替措置・緩和措置が必要だとしています。
④　ペット飼育制限に違反して飼育している者は，その飼育を差止めするために管理者が専有部分へ立ち入ることを受忍しなければならないか，という問題もあります。この点につき，東京地方裁判所は，共同の利益に反する行為がなされた場合に，管理者が請求しうる措置は，当該共同利益背反行為を停止させ，その結果を除去し，あるいはそれを予防するために必要であり，かつ十分な範囲のものに限られるべきで，専有部分の立入りへの受忍を求めることは私生活上の自由を強度に侵害するものであり，必要かつ十分な範囲を超えるものとして許されない，としました（平成19年10月9日判決，判例集未登載）。
⑤　また，屋外での猫への餌やり行為がペット飼育制限に違反するかどうか，

という問題もあります。この問題については，「他の居住者に迷惑を及ぼすおそれのある動物の飼育」，「他の組合員及び占有者に迷惑を及ぼし，不快の念を抱かせ，もしくは危害を及ぼすおそれのある行為」が禁止されているマンションにおいて，被告が，専用庭等に段ボール等を用意して住みかを提供する飼育の域に達しているから上記動物飼育禁止条項に違反しており，飼育の程度に達していないものへの餌やりは，迷惑行為禁止条項に違反するとした判例があります（東京地立川支判平成22年5月13日判時2082号74頁）。また，この判決は，野良猫に対しての餌やり行為を中止しても動物の愛護及び管理に関する法律44条2項(注)に反することはないが，当該猫が飼い猫程度に至った場合には，この条項に違反することになる，としています。

(4) 動物との共生に向けて

犬と違って猫には登録制度がなく，けい留義務もありません。放し飼いにすることも，法的には禁じられていません。このようなことや，「動物の愛護及び管理に関する法律」の改正，「東京都動物の愛護及び管理に関する条例」の改正，環境省告示による「家庭動物等の飼養及び保管に関する基準」等の改正が背景となって，最近は地域猫活動が少しずつ広がってきました。野良猫について，これを単に放置するのではなく，不妊去勢手術を施し，ルールを作って餌を与え，掃除等を適正に管理し，猫の命を大切にしながら，ゴミ集積所荒らしや無制限な増殖といった野良猫問題の拡大を防ぎ，地域住民と地域の猫がうまく共存していこう，という活動です。

時代のすう勢としては，少子高齢化社会の中で動物は家族の一員，人生のパートナーとしてますます重要なものとなっていますが，他方，マンションにはアレルギーを有する人も居住していますし，人と動物の共通感染症に対する配慮も必要な時代になっています。分譲時期が古いマンションでは，ペットの飼育に関し制限を設けているケースが多いのですが，最近は，一定条件を満たせば飼育を認めるマンションが増えてきているので，犬や猫を飼育したい人は飼育を認めるマンションを選び，犬や猫が苦手な人やアレルギーのある人は飼育を認めないマンションを選ぶことによって，居住者の愛護動物を飼育する権利と避けて生活する権利との調整ができるようになっています。しかし，これからマンションを選択する人はともかく，長年居住しているマンションでペット飼育に関する定めが変更される場合には，区分所有法

31条1項にいう管理規約の変更が区分所有者の権利に特別の影響を及ぼすべきときに該当するか否か等の問題が生じるでしょう。その場合，前述した東京高裁平成6年8月4日判決のような考え方がやはり維持されるのか否か，興味深いものがあります。

さらには，「共用部分ではペットを抱きかかえる」という管理規約があるマンションで，高齢の飼育者が体力的に抱きかかえることが難しくなったらどう対応すべきかなど，今後は詳細かつ具体的な問題が生じてくるものと思います。

(注) 動物の愛護及び管理に関する法律44条2項
　　　愛護動物に対し，みだりに給餌又は給水をやめることにより衰弱させる等の虐待を行つた者は，50万円以下の罰金に処する。

管理費からの自治会費支出　【防災対策・コミュニティ形成】

Q23 大震災で地域との協力が必要だと痛感しました。この際，組合員全員に自治会に加入してもらうか，または，管理組合として自治会に加入するかのどちらかにしたいと思うのですが，①管理費から自治会費を出すことはできないでしょうか。

A ①**管理費から自治会費を出すことはできませんし，組合員に対し自治会加入を強制することもできません。管理組合が自治会に加入することもできないと思われます。**

(1) 自治会と管理組合の違い

自治会は，その会によって多少活動目的として掲げる事項は異なりますが，一般的に，一定の地域に居住する住民等を会員とし，会員相互の親睦を図り，地域のコミュニティ活動を主な目的とする団体です。そして，これに加入するかどうかは個人の自由に任されますし，いったん加入した者も，退会制限等の特別の定めがない限り，自由に退会することができます。自治会活動に必要な費用（自治会費）は，自治会に加入している住民が支払います。最高

裁判所の判例も，自治会は，主として会員相互の親睦を図ること，快適な環境の維持管理及び共同の利害に対処すること，会員相互の福祉，助合いを行うことを目的としている団体であるとしています（最判平成17年4月26日判時1897号10頁）。

これに対し，管理組合は，そのマンションに居住しているか否かに関係なく区分所有者全員を構成員とする団体で，敷地及び共用部分等の維持管理を主な目的とする区分所有法上の団体です（区分所有法3条）。区分所有者である以上，管理組合に加入しない自由はありませんし，管理組合を脱退することもできません。そして，区分所有者である以上，居住か非居住かに関係なく，管理費等を負担する義務があります。

このように，自治会と管理組合は，主な目的，法律上の根拠の有無，構成員等が異なる団体であるので，区別する必要があると考えられています。

(2) 自治会費と管理費に関する判例

ご質問は，管理費から自治会費を出すことができるかということですが，この点に関する判例は次のとおりです。

当初自治会が自治会費として月300円及び町内会費として月200円の計500円を区分所有者全員から徴収し（管理費等は管理会社が個々の区分所有者から依頼を受けて徴収していました。），その後管理組合が設立されてから当該500円を管理組合費と名称変更した事案について，裁判所は，管理組合は区分所有の対象となる建物並びにその敷地及び附属施設の管理を行うために設置されるのであるから，管理組合における多数決決議はその目的内の事項に限ってその効力を認めることができると解すべきであるとしたうえ，自治会当時からの経緯によると，管理組合費500円のうち100円は実質的に町内会費相当分としての徴収の趣旨であるから，この町内会費相当分の徴収を規約で定めてもその拘束力はない，としました。また，区分所有法3条の趣旨からすると，管理組合自身が町内会に入会する形を取ることも，その目的外の事項として，入会行為自体の効力を認めることはできないとしたうえ，町内会費を請求する権利主体でない管理組合が町内会費の請求をすることはできない，としています（東京簡判平成19年8月7日判例集未登載）。

もう1つの判例は次のような内容です。

管理組合が徴収した管理費等の中から戸当たり200円をコミュニティ形成業務の委託費として自治会に支払っていた事案について，管理組合が委託費

を検討するに当たり自治会に委託する業務の内容とそれに見合う金額を具体的に検討した形跡は見られないし，戸当たり200円として計算しそれを全額委託先に支払い，業務の成果を査定することがないという手法が業務委託費の計算方法として合理的なものであると認めることもできない等として，200円は定額の自治会費とみるのが相当であるから，自治会を退会した組合員に対しその後に徴収した管理費から200円相当額の返還を命じました（東京高判平成19年9月20日判例集未登載）。

なお，この判決は，本件のように管理組合が管理する建物，敷地等の対象範囲と自治会活動が行われる地域の範囲が一致しているという点で特殊性のある管理組合と自治会の関係があれば，管理組合が自治会にコミュニティ形成業務を委託し，これに見合う業務委託費を支払うことは区分所有法にも反しない，と結んでいます。

(3) 自治会への加入，脱退

以上のように，管理組合と自治会の主な違いや判例からすると，敷地及び共用部分等の管理のために区分所有者全員が負担しなければならないものとして徴収した管理費等の中から，加入・脱退が自由で地域のコミュニティ活動中心のための自治会費を出すことはできないと考えられます。仮にマンション購入時にディベロッパーとの約束で自治会加入を承諾したとしても，加入後の退会を特に制限する定めがない以上，これを認めないわけにはいきませんし，そうなれば，管理費の中に含まれているその後の自治会費相当額は，返還しなければならないということになります。

したがって，自治会への加入は各個人の判断で行い，加入した者が管理費とは別に自治会に対して自治会費を支払う，という取扱いをすべきものです。標準管理規約27条のコメント②に，「各居住者が各自の判断で自治会，町内会等に加入する場合に支払うこととなる自治会費，町内会費等は地域コミュニティの維持・育成のため居住者が任意に負担するものであり，マンションという共有財産を維持・管理していくための費用である管理費等とは別のものである。」との記載があるのも，このような考え方によるものです。

なお，ご質問では，管理組合として自治会に加入することも考えているようですが，先に紹介した判例及び管理組合の主な目的・業務からすると，管理組合が自治会に加入することもできないと思われます。

管理組合と町内会共同の防災訓練

【防災対策・コミュニティ形成】

Q24 管理組合として，マンション周辺の町内会の人たちと一緒に防災対策を考え，実行したいのですが，①町内会に入らないとできないのでしょうか。いざというときは②集会室の開放もしたいのに，自治会や町内会と管理組合は違うという理由で強力に反対する人もいます。

A **①管理組合として，町内会と共同の防災訓練は町内会に入らなくてもできると思います。②集会室の開放もできると考えます。**

(1) 自治会・町内会と共同の防災対策

　町内会や自治会と管理組合とでは，その法律上の根拠の有無，主な目的，構成員，加入・脱退の自由の有無等が異なり，両者は性格の異なる別の団体であると考えられています。詳細はQ23を参照してください。判例についても記載してあります。しかし，これらの判例は，徴収した管理費の中から町内会費や自治会費を支払ってはならないというもので，管理組合が町内会や自治会と協同して防災対策を検討したり実行したりすることができないといっているわけではありません。

　防災・防犯に関する業務は区分所有法3条の建物等の維持管理に関する事項に該当しますが，これを受け，標準管理規約32条の管理組合の業務には，その13号に「防災に関する業務」が，12号には「……安全の維持に関する業務」が列記されています。この13号，12号に列記されている防災に関する業務や安全の維持に関する業務は，直接的には，そのマンションとしての，消火器の備付けや点検，防災訓練の実施などの業務や防犯対策の業務を指していると考えられますが，防災・防犯対策について地域住民と共同で取り組むことを否定しているものではありません。2011年の震災では近隣住民どおしの助け合い，協力が効果的であることが証明されました。マンション管理標準指針(注)が標準的な対応としているハザードマップ等防災・災害対策に関する情報の収集・周知，防災訓練の実施なども，近隣の自治会や町内会

と情報交換してハザードマップを作成したり合同で防災訓練を実施する方が知識の幅も広がるし，近隣住民とも顔見知りになります。そして，そのことでよりよいハザードマップの作成やより防災訓練の効果を上げることができます。顔見知りになることは，防犯対策にも極めて有効です。防犯対策の望ましい対応に関するコメントに「防犯パトロールについては，マンション単独ではなく，近隣自治会等の取組に参加する形でも良いと考えられます。」との記載があるのは，その趣旨と思われますし，そのような趣旨は防犯に限定されるものではないはずです。

確かに，自治会・町内会と管理組合は性格の異なる団体ですし，管理組合は建物等の管理をする団体ではありますが，この「管理」とは義務違反者に対する措置や復旧・建替えも含む広い概念ですし，建物等の管理自体ではなくても，それに付随し又は附帯する事項は，管理組合の目的の範囲内です。したがって，防災対策の効果を上げるため自治会・町内会と共同で防災対策を考え，実行することも管理組合の目的の範囲内と考えてよいと思います。防災対策を一緒に実行するには町内会に入らないとできないのかとの質問ですが，一般的に，共同して防災対策を実行することについての制約はないはずです。実際に，マンション管理組合と近隣自治会とが協同して防災訓練を実施しているケースもあります。

(2) 地域住民のための集会室の開放

2011年の震災をきっかけに，管理組合と近隣住民との共助の動きは少しずつ広がってきています。行政も，災害時に帰宅途中の者を受け入れるビルを指定したり，マンションの集会室を近隣住民のために一時的な避難場所として提供することはできないか等の検討も始まっていますし，管理組合が自治体と協定を結び，災害時に避難場所としてマンション集会室を提供することとしている例もあります。災害時はお互いの助け合いが必要です。集会室はマンションの区分所有者の共用の施設であり，管理組合で行う行事や理事会開催場所，時には居住者慶弔のためのスペース等として利用されるものですが，災害等の緊急時に生命・身体等の安全を確保するため，そのスペースを一時的に地域住民のため等の利用に供することまで否定されるものではないと考えられます。

手続としては，総会の普通決議により，集会室利用細則を改正する等して災害等の緊急時には帰宅途中の者や地域住民の避難場所として提供する旨の

定めを置く等しておくとよいでしょう。
(注) マンション管理標準指針
　　マンションの維持管理のため，「何を」，「どのような点に」留意すべきか，いわばマンション管理の重要事項に関する標準指針を示したもの。平成17年12月に国土交通省により発表された。

管理組合の居住者用防災用品購入，居住者名簿の作成　【防災対策・コミュニティ形成】

Q25 管理組合で備蓄用の水・乾パン等の防災用品を購入してもよいでしょうか。賃借人もいるので管理費から費用を出してよいかどうか気になっています。居住者名簿の作成もしたいのですが，①これらは自治会の仕事だと言って反対する人がいます。

A ①防災用品の購入，居住者名簿の作成は可能と考えます。

(1) 防災用品や非常食類の備蓄も管理組合の業務

　標準管理規約32条で定める管理組合の業務には，「防災に関する業務」や「安全の維持に関する業務」が列記されています。Q24で説明したように，管理組合の主な業務は敷地や共用部分等の維持管理が中心ですから，列記されている防災に関する業務や安全の維持に関する業務も，直接的には，消火器の備付け・点検や防災訓練により災害等から建物を守ること，定期的巡回・出入口の戸締まり等により建物等の具体的な安全性を確保することが中心になるでしょう。しかし，その建物等の安全性の確保はその建物を所有しあるいは居住している者によって行われるわけですから，これらの者の生命・身体等を守ることも重要であり，マンションを所有し，居住している者の生命・身体等の安全なくしてマンション自体の安全を確保することはできません。防災・防犯対策は，マンションの資産価値そのものに影響するものといえます。

　区分所有法6条が「共同の利益」といい，同法58条から60条までの各1

項が「共同生活上の障害」,「共同生活の維持」といっているのは,区分所有関係は建物の所有関係であるとともに共同生活関係としての実質を有しているからですし,建物等の維持管理とマンションでの生活が密接に結びついている以上,管理組合の業務の範囲内と考えてよいと思います。したがって,このような見地から,管理組合で備蓄用の水・乾パンその他の防災用品を購入するための費用を管理費から支出することは可能と考えます。標準管理指針でも,防災対策の望ましい対応として,災害時に必要な道具・備品・非常食類の備蓄が列記されています。

(2) 管理費からの支出と占有者

　ご質問の趣旨は,在住・非在住を問わず区分所有者から納入された管理費を,占有者を含めた居住者のために使われることになる防災用品を購入することに問題はないか,ということでしょう。

　占有者は,区分所有者と同様に共同の利益背反行為をしてはならない義務を負っていますし（区分所有法6条3項）,マンションの使用方法については区分所有者が管理規約や集会の決議に基づいて負う義務と同一の義務を負っていますが（同法46条2項）,これらの定めがあるのは,占有者の協力なくしてマンションの適正な管理を実現することはできないからで,前述したように,区分所有関係が共同生活関係としての実質を有しているからです。占有者の協力もあるからこそ,適正なマンション管理が期待でき,マンションの安全性が維持され居住者の安全も維持することができるわけです。したがって,防災用品購入のため管理費からその費用を出すことは,結果的にその用品が事実上占有者の手に渡ることがあるとしても,これを肯定してよいと思います。

　確かに,区分所有者全員から徴収した管理費が,居住者のためにも使われることになるのは問題だという意見もあるでしょう。このことは,在住区分所有者が極端に少ない投資用マンションのような場合を考えてみれば頷けます。また,本問のような防災用品は,本来,居住者が自分たち自身の生命・身体を守るためにそれぞれ自費で用意しておくべきものでもあります。

　したがって,第一次的にはそれぞれの居住者が用意しているということを前提に,しかし,それだけでは不十分な場合もあるでしょうから念のため管理組合でも用意し,災害時等にはすぐこれを役立てることができるよう,管理組合で保管しておく,という対応をおすすめします。

(3) 居住者名簿の作成

　以上述べたような考え方から，同様に，管理組合として，居住者名簿や高齢者・障害者が入居している住戸を記載した防災用名簿を作成することもできると考えてよいと思います。ただし，個人情報の提供を渋る居住者も多いため，名簿作成の困難も予想されます。名簿作成の必要性・有用性を十分周知するとともに，使用目的や保管場所・保管責任者等に関する細則を制定するなどして厳格に運用することが大切です。このことが，ひいては居住者から安心して情報を提供してもらえることにもつながるはずです。

　なお，防災用品の購入や防災訓練の実施，防災用名簿の作成等は，もしマンション内に自治会が組織されているのであれば，管理組合と自治会のそれぞれの目的からして（Ｑ23参照），自治会で行う方がより適切といえます。しかし，マンション内に自治会が組織されているケースは多くありませんし，管理組合が組合自身の業務として行うことを消極的に解する必要はないと考えます。

第3部

これからのマンションの管理と再生

鎌野邦樹

　現に起こりつつある，またはこれから起こるであろうマンションをめぐる様々な問題，または区分所有者等の需要に対して，管理組合等は，どのように対処していくべきでしょうか。それらについては，現行法の下でも工夫次第で対処できるものもありますが，他方で，現行法の下では対処できず新たな立法が必要であるものもあります。

　第3部では，このような新たな問題や需要を挙げて，それぞれの問題や需要について，現行法の下でも可能であると考えられるもの，現行法の下では不可能であり立法を待たなければならないと考えられるもの，及びそのどちらであるかは微妙であると考えられるものを明らかにしつつ検討してみたいと思います。

　具体的には，Ⅰ．経年・老朽マンションを考える（1．耐震性確保と長寿命化，2．経年マンションの現況と高齢者等の問題，3．これからのマンション管理の方式，4．マンション・団地の利点を生かすための試み）と，Ⅱ．マンションの復旧・建替え・解消を考える（1．老朽化の場合と被災の場合，2．建替え制度を考える，3．マンションの解体・解消制度について）をとり上げました。以下で論じている問題は，総じて，第1部及び第2部を踏まえての，応用問題ないし先端的な問題です。マンションや団地において現に生じている問題もありますが，今後，徐々に問題となってくると思われる問題（政策的・立法的課題を含む。）を多く扱っております。したがって，多くが判例や学説のない問題であり，その意味で，第3部については，主として筆者の考えを述べたものです。また，筆者が法律学の研究者であることから，記述が法的観点に偏り，また，必ずしも実態や実状に即したものとはなっていないかもしれないことをお断りしておきます。

I 経年・老朽マンションを考える

1 耐震性確保と長寿命化

　以下では，マンションの構造上の最大の課題である，耐震性を中心とする建物の安全性と長寿命化について考えてみます。

(1) 耐震性の問題と「耐震欠陥マンション」

■分譲業者に責任を問える場合と問えない場合

　わが国のマンション居住者にとっての最重要な問題として，マンションの耐震性が挙げられます。地震が頻発し，いつ巨大地震が発生するかわからない今日において，この問題は，生命にもかかわるきわめて重要な問題であるといえます。マンションの建築時ないし分譲時において，建築法令上の耐震基準を満たしていなかったり，また，分譲契約に定められた耐震性を満たしていない場合には，区分所有者は，マンションの売主に対して，法的責任（後述の債務不履行責任ないし瑕疵担保責任）を問うことができます。これに対して，建築時ないし分譲時においては，建築法令にも契約にも違反せずに耐震基準や約定の耐震性を満たしていたが，その後の関連法令の改正によって耐震性について以前より厳しい基準となったために，現行の耐震基準を満たさなくなった場合には，区分所有者は，売主に対し何らの法的責任も問うことができません。以下では，上で述べた各場合についての管理組合の法的対応についてみていきましょう。

■分譲業者（売主）等に対する請求

　まず，購入したマンションが建築時の建築法令上の耐震基準を満たしていなかったり，また，分譲契約に定められた耐震性を満たしていない場合に，管理組合又は各区分所有者は，マンションの売主等に対して，どのような請求をすることができるでしょうか。

　区分所有法によると，管理者は，共用部分等について生じた損害賠償金の請求及び受領について区分所有者を代理すると定めています（26条2項）ので，マンションが関連法令の耐震基準を満たしていなかったり，分譲契約に

定められた耐震性を満たしていない場合には，管理者は，売主に対して損害賠償請求をすることができます（民法570条，566条又は415条）。また，各区分所有者も，共用部分等について生じた損害賠償金の請求を，自己の持分権に基づいて売主に対してすることができます（民法570条，566条又は415条）。両者の請求権の調整が現行法上はなされていませんので（学説上は争いがあります。），これらの請求権は並存し，どちらの請求をすることも可能と解されるでしょう。他方で，売主に対する修補請求権は不可分的に行使しなければならないと解されますので，各区分所有者は，単独ではこれを行使することはできないと考えられます。

　なお，欠陥（瑕疵）のある建物の購入者が建設業者に対してその責任を追及できるかどうかについては議論のあるところでしたが，最高裁判所は，建物の施工者（建設業者）や設定者・工事監理者（建築士）は，建物の注文者に対してだけではなく建物購入者・建物利用者・隣人・通行人等の関係でも建物の基本的な安全性を欠くことがないように配慮すべき義務があり，基本的な安全性を欠く建物によって損害を生じさせた場合には，建物購入者等は，施工業者・設計者等に不法行為（民法709条）を理由として損害賠償を請求することができると判示しました（最判平成19年7月6日民集61巻5号1769頁）。したがって，建築法令上の耐震基準を充足しない建物については基本的な安全性を欠くとして，管理者又は区分所有者は，施工業者・設計者等に対して修補（耐震補強）費用相当額の損害を請求することができると解されます。

■**管理者ないし管理組合による請求**

　耐震性に関する共用部分の瑕疵については，管理者によって迅速に修補（耐震補強工事）がなされることが望ましく，そのためには，管理者が規約又は集会の決議によって区分所有者のために原告となり（区分所有法26条4項），統一的に売主に対し修補請求もしくは損害賠償請求（前掲の民法の諸規定のほか住宅品確法95条）をすることが必要です。これらの請求により，各区分所有者は，団体的決定である同請求権の行使に拘束されますから自己の持分権に基づく請求権の行使は制限されると解されます。通常，規約の多くは，マンション標準管理規約と同様に，この点に関する規定を設けていませんが，設けておくことが望ましいと考えます。なお，共用部分の瑕疵に対する修補請求であっても，その訴訟の提起については，保存行為として管理者

がこれを単独ですることはできないと解されます。

　なお，上の場合に，管理者が損害賠償請求訴訟の原告となるに当たり，損害賠償金の請求及び受領のみを目的とし，必ずしもそれが修補の目的であることが示されていない場合には，代理人である管理者が受領した損害賠償金は，本人である各区分所有者に持分に応じて帰属します。したがって，共用部分の瑕疵を理由とする損害賠償請求による損害賠償金については当該瑕疵の修補（耐震補強工事等）に充てる旨を規約で定めておくか，集会で決議する必要があるでしょう。

■区分所有者が単独で請求した場合

　それでは，管理者の上記請求に先んじて，特定の区分所有者が，損害賠償金の請求を自己の持分権に基づいて売主に対してした場合（民法570条，566条）はどうでしょうか。このような請求は妨げられないと解されますが，この場合でも，なお，上記の管理者による損害賠償請求は可能であると解されます（ただし，先の特定の区分所有者の持分に相当する額は請求の範囲から除かれます。）。この場合において，その後に瑕疵部分を修補する旨の集会決議が成立したときには，単独で損害賠償金を受領した区分所有者に対しては，そのための費用の負担を請求することができます。

　以上のこととは別個に，各区分所有者は，共用部分の瑕疵を理由として，単独で，区分所有権等の売買契約について，瑕疵担保責任を理由として解除を主張したり，錯誤による無効を主張したりすることは可能であると解されます。ただ，その場合でも，当該区分所有者及びその特定承継人（解除や無効の場合はそれらの相手方である売主）は，集会の決議等に服さなければなりません。

(2) 耐震性に劣るマンション

■既存耐震不適格マンション

　以上に対して，建築時ないし分譲時においては，関連建築法令にも契約にも違反せずに耐震基準又は約定の耐震性を満たしていたが，その後の関連法令の改正があったため現行の耐震基準には適合しなくなったマンションについては，管理者や区分所有者は，売主に対し法的責任を問うことはできません。このようなマンションは，「既存耐震不適格建築物」といい，建築物耐震改修促進法では，「地震に対する安全性に係る建築基準法又はこれに基づ

く命令若しくは条例の規定（以下「耐震関係規定」という。）に適合しない建築物で同法第3条第2項の規定の適用を受けているものをいう。」と定義しています（5条3項1号）。建築基準法3条2項は，「この法律又はこれに基づく命令若しくは条例の規定の施行又は適用の際現に存する建築物若しくはその敷地又は現に建築，修繕若しくは模様替の工事中の建築物若しくはその敷地がこれらの規定に適合せず，又はこれらの規定に適合しない部分を有する場合においては，当該建築物，建築物の敷地又は建築物若しくはその敷地の部分に対しては，当該規定は，適用しない。」と定めています。要するに，当該建物の建築時にその当時の法令の耐震基準に照らし合法であった場合には，その後の法令の改正によってそれに照らせば違法であっても，違法とは扱われずに，現状のままであることが許されるということです。

　現存する建築物の耐震基準に関しては，①1971年より前に建設された「旧旧耐震基準」に基づくもの，②1981年より前に建築され，十勝沖地震（1968年）の被害を踏まえ1971年に改正された建築基準法施行令に基づく「旧耐震基準」によるもの，③宮城沖地震（1978年）の被害を踏まえて1981年に改正された建築基準法施行令に基づく現行耐震基準によるものがあります（基礎用語25参照）。したがって，古いマンションほど耐震性が低いといえそうですが，耐震性と建築年数とは必ずしも相関しません。古いマンションでも当時の耐震基準を大きく上回って建築されたものもあるからです。したがって，次に述べる「耐震診断」や，安全性ないし耐震性に係る「基準適合認定」を受けることが望ましいといえるでしょう。

■建築物耐震改修促進法の2013年改正

　2013年に改正された建築物耐震改修促進法では，既存耐震不適格建築物，すなわち1981年以前に建築された「旧旧耐震基準」又は「旧耐震基準」に基づく建物で現行の耐震基準を満たしていないものについては，次のような規定が設けられました。

　第1は，既存耐震不適格建築物の所有者の耐震診断・耐震改修についての努力義務です。改正法は，マンションを含む既存耐震不適格建築物の所有者は，「当該既存耐震不適格建築物について耐震診断を行い，必要に応じ，当該既存耐震不適格建築物について耐震改修を行うよう努めなければならない。」（16条1項）と定め，所管行政庁は，これらについて「必要な指導及び助言をすることができる。」と定めています（16条2項）。したがって，法律

上は，耐震診断及び耐震改修は，マンションの管理組合（管理者及び区分所有者）にとっての努力義務であり強制力はありません。

第2は，建物の安全性認定制度です。改正法は，マンションを含む建築物の所有者は，「所管行政庁に対し，当該建築物について地震に対する安全性に係る基準に適合している旨の認定を申請することができる。」と定めています（22条1項）。「旧旧耐震基準」又は「旧耐震基準」に基づく建物であっても，現行の耐震基準等を満たしている旨の上記「安全性認定」を受けていれば，区分所有者は安心ですし，また，その旨の表示が可能ですので（同条3項），第三者に売却する際にもその点で高い評価を受ける可能性があります。

第3は，マンション（区分所有建物）に特有の制度として，耐震改修必要性認定制度があります。マンションにとって，この制度が今回の改正の中で最も重要な制度です。まず，第1で掲げた努力義務に応じるなどして耐震診断が行われた区分所有建物の管理者等は，「所管行政庁に対し，当該区分所有建築物について耐震改修を行う必要がある旨の認定を申請することができる。」と定めています（25条1項）。この認定を受けた「要耐震改修認定建築物」について，区分所有者は，「耐震改修を行うよう努めなければならない。」とされ（26条），また，所管行政庁による必要な指導・助言・指示等がなされます（27条）。

■マンション耐震改修における決議要件の緩和

マンションにとって今回の改正の中での「目玉」は，上述の行政による耐震改修の必要性の認定を受けたマンションである「要耐震改修認定建築物」については，たとえ当該耐震改修が「共用部分の変更」に該当する場合であっても，区分所有法で要求する集会における特別多数決議（区分所有者及び議決権の各4分の3以上の多数決議）を必要とせず，過半数決議によりこれが可能となるとしたことです。すなわち，要耐震改修認定建築物についての「耐震改修が建物の区分所有等に関する法律第17条第1項に規定する共用部分の変更に該当する場合における同項の規定の適用については，同項中「区分所有者及び議決権の各4分の3以上の多数による集会の決議」とあるのは「集会の決議」とし，同項ただし書の規定は，適用しない。」（25条3項）と定めました。今後は，この規定が設けられたこと，及びこの規定による決議があった場合には行政による補助金が予定されていることから，耐震改修の

必要なマンションについて耐震改修が促進されるものと思われます。
■建築物耐震改修促進法25条3項について
　以上の規定に関していくつかの点についてコメントをしておきましょう。なお，同規定の適用があるのは，あくまで上述の行政による耐震改修の必要性の認定を受けたマンション（「要耐震改修認定建築物」）に限定されます。
①　改正法25条3項で「集会の決議」と定められましたから，区分所有法18条1項に規定されている通常の「共用部分の管理」と同様の「集会の決議」で足りるということです。この決議については，同法39条1項で「規約に別段の定めがない限り，区分所有者及び議決権の各過半数で決する」と定められていますので，規約に別段の定め（標準管理規約（単棟型）47条1項・2項は，普通決議については，議決権総数の半数以上を有する組合員が出席し，出席組合員の議決権の過半数で決すると定めています。）があれば，それに従います。
②　改正法25条3項で「同項ただし書の規定は，適用しない。」と定められていますが，区分所有法17条1項ただし書の「ただし，この区分所有者の定数は，規約でその過半数まで減ずることができる。」の規定は，改正法25条3項が「集会の決議」によるとしたことで意味をなさないことになったためです。
③　改正法25条3項は，耐震改修が「共用部分の変更」（区分所有法17条1項）に該当する場合であっても「集会の決議」で足りるとしましたが，同条2項の規定（「共用部分の変更が専有部分の使用に特別の影響を及ぼすべきときは，その専有部分の所有者の承諾を得なければならない。」）の適用はありますので，実務上は，この点が耐震改修が実施できるかどうかを左右する重要な事項であると思われます。
■改正法25条3項は強行法規（強行規定）か
　改正法25条3項の規定において，理論上（解釈論上）及び実務上，最も問題と思われる点は，同規定が強行規定か否かという点です。すなわち，同項では，要耐震改修認定建築物についての耐震改修が共用部分の変更に該当する場合について「集会の決議」によるとしましたが，これは強行規定であるから「集会の決議」と異なるような要件の下での集会の決議や規約の定めは無効である（強行規定説）のか，それとも，従来は区分所有法17条の規定（強行規定）から耐震改修が共用部分の変更に該当する場合には必ず同規

定に従った特別多数決議が必要であったが,「集会の決議」によるものとすることによって, 要耐震改修認定建築物についての耐震改修に限っては, 同条の強行規定性を外して, 必ずしも区分所有法17条1項で定める特別多数決議でなくてもよい, 言い換えれば, 規約で当該マンションでは要耐震改修認定建築物についての耐震改修についても特別多数決議を要件とする旨の定めも有効と考える(「任意規定説」)かどうかです。

　形式的には, 改正法が「集会の決議」によるものとしたところで, 区分所有法上,「集会の議事」については普通決議（過半数決議）とは異なる決議要件を規約による別段の定めとして設定できますし（39条1項）, また,「共用部分の管理に関する事項」についての「集会の決議」については「別段の定めをすることを妨げない」(18条2項)とされていますので, 上で述べた後者の解釈(「任意規定説」)も成り立つ余地があります。

■改正法25条3項と規約改正の要否

　この点に関する実務上の問題としては, 現在の実際の規約の多くはマンション標準管理規約に準拠していますので, 同規約では共用部分の変更については組合員総数の4分の3以上及び議決権総数の4分の3以上で決するとされている（単棟型47条3項2号）ことから,「要耐震改修認定建築物」の耐震改修について「集会の決議」として普通決議で決するためには, 規約の改正が必要かどうかです。任意規定説に従うと, 規約の改正が必要ということになりそうです。

　しかし, 改正法25条3項の規定が設けられた趣旨は, ①「要耐震改修認定建築物」の耐震改修については, 区分所有者の生命, 身体及び財産の安全性の観点からきわめて重要であること, ②それだけでなく, このことは公益にもかかわること, ③「要耐震改修認定建築物」の耐震改修については, 区分所有法の定める「共用部分の変更」一般に対して改正法25条3項によって特に限定的に規定が設けられていること, 及び④「要耐震改修認定建築物」については, 区分所有者に耐震改修実施の努力義務があり（改正法26条）, また所管行政庁による必要な指導・助言・指示等がなされる（同法27条）ことを前提として同規定が設けられていることなどから, 強行規定説が妥当であると考えます。

　したがって,「要耐震改修認定建築物」の耐震改修については,「集会の決議」と異なる要件を設ける規約の定めは無効であり, また, この決議に当た

っては特に規約の改正の必要はなく，この点に係る規約の改正については一般の規約の改正手続は不要であると解されるでしょう。

なお，マンション標準管理規約では共用部分の変更に要する経費についても修繕積立金を取り崩せるものとしていますので（単棟型 28 条 1 項 3 号），これに準拠した規約については問題が生じませんが，仮にこれとは異なり「共用部分の変更に要する経費」については修繕積立金を取り崩せない旨の規約がある場合でも，強行規定としての改正法 25 条 3 項の規定が設けられたことにより，「要耐震改修認定建築物」の耐震改修に要する経費については，「共用部分の変更に要する経費」からは除外され「集会の決議」に係る事項に要する経費として，修繕積立金の取崩しを含むその経費の捻出についても強行的に「集会の決議」によるものと解するべきです。

(3) 経年老朽化マンション

■経年老朽化マンションとは

建築から相当な年数を経過したマンションについては，どのように管理していくのでしょうか。この点がマンションをめぐる大きな問題となりつつあります。区分所有法が制定された 1962 年頃には 1 万戸程度しか存在しなかったマンションが，同法の第 1 回目の改正時の 1983 年には約 100 万戸に増加し，第 2 回目の改正（2002 年）を経た 2013 年の今日では 600 万戸に近づいています。したがって，今日では「相当な年数」を経過したマンションが多く存在するようになり，今後は年を経るごとにこれが増加していきます。震災対応とは異なり，現時点では喫緊の課題ではないのかもしれませんが，このようなマンションに対してどのように対応するについては，今から考えておくべき重要な課題です。

以下では，相当な年数を経過したマンションを「経年マンション」といいます。ただ，ここで問題とするのは，経年が理由で老朽化した，または老朽化しつつある「経年老朽化マンション」です。建築後あまり年数が経過していないマンション（例えば建築後 10 年以内の経年マンション）は当然これから除かれますが，ただ，「相当な年数」は，建築からの「一定の年数（例えば 30 年なり 50 年）」の経過を必ずしも意味するものではありません。「経年老朽化マンション」に関しては，建物ごとにその部材や構造及び建築後の維持・管理の状況が異なっていることから，一律に建築後何年以上が経過し

たマンションというとらえ方をすることはできません。場合によっては，20年程度しか経過していないマンションもこれに該当することもあるでしょうし，60年以上経過したものでもこれに該当しないこともあるでしょう。

■「経年老朽化マンション」問題の本質

「相当な年数」の経過していないマンションについては，一般に，不慮の災害や事故による以外は大規模な修繕や補修の必要はなく，また，マンションの設備や施設が陳腐化したり時代に適合しなくなったという「社会的老朽化」の問題も生じません。不慮の災害や事故による以外で，例えば外壁等のひび割れの問題が生じたとしたら，それは，建設上の欠陥（瑕疵）と見るべきでしょう。

これに対して，相当な年数が経過した「経年老朽化マンション」については，相応の修繕や補修が必要となり，また，「社会的老朽化」又は利便性の向上を目的とする共用部分の改良が必要となることがあります。そこでの問題の中心は，修繕・補修や改良のために多額の費用がかかることです。したがって，費用との相関で，どの範囲又はどの程度まで修繕・補修を行い，また改良をするのか，場合によっては建替えを行うのかについて，区分所有者間において合意形成をはかっていくことが最大の問題となります。この点に関する各区分所有者の考え方や経済的状況は様々ですので，特に多額の費用を要する場合においては，一定の合意形成（最終的には集会における法所定の多数による決議）をはかることは容易ではありません。この点が，「経年老朽化マンション」に係る問題の本質です。

■「経年非老朽化マンション」であり続けるために

それでは，経年老朽化マンション，すなわち，相当な年数の経過によって経年劣化が生じ，そのための修繕・補修が必要となったり，また，社会的老朽化（施設・設備等の陳腐化・利便性の欠如等）や社会的不適合化（エコ対応性や身障者・高齢者対応性の欠如等）が生じそのための改良が必要となったりして，相当な費用が必要となるに至ったマンションについては，どのように対応すべきでしょうか。

この点を考える前に強調すべきことは，一般的には，まず，このような経年老朽化マンションに至る時期をできるだけ遅らせること（「経年非老朽化マンション」の時期を長くすること）が重要であると考えます。そのためには，経年劣化に対しては日常的な修繕・補修によって対応し，また，社会的

老朽化や社会的不適合化に対しても適宜，改良を行っていくことが必要であると思います。これらを実施していくためには，長期修繕計画が作成された上で，それが必要に応じて見直されることが重要であり，基本的に同計画に基づいて適切な区分所有者の合意形成（日常的な修繕・補修については集会における普通決議，改良については特別多数決議）がなされることが必要です（前者に関しては基礎用語19〜22を，後者については基礎用語13，14，22を参照）。

■経年老朽化マンションの対応

　経年老朽化マンションについては，前述のように，経年劣化に対する修繕・補修が不可欠となり，また，社会的老朽化や社会的不適合化に対する改良の必要性が生じてきます。これらのためには多額の費用が必要とされ，区分所有者がこれらの費用負担にどの程度耐えられるかが問題となり，また，マンションを維持し存続させていくのに過分の費用を要すると思われる場合が出てきます。この段階に至って，費用不足のために必要不可欠な修繕や補修等がなされなかったり，マンションの維持・存続のために過分の費用の支出が余儀なくされるに至った場合には，当該マンションから少なくない区分所有者は出ていき，または，事実上，管理が行われなくなり，管理が放棄されたまま放置された「危険有害マンション」となっていくおそれがあります。

　このような「危険有害マンション」とならないために，経年老朽化マンションにおいては，建物の維持・存続を前提として「中短期的な修繕等の計画」を作成し，費用負担との関連で，当面（計画期間内において）どの程度・どの範囲の修繕・補修（ないしは改良）を実施していくのかについての合意形成をはかっていく必要があると考えます。そして，この「中短期的な修繕等の計画」は必要に応じて適宜，見直していくことが必要でしょう。

■合意形成の基礎としての建物診断の必要性

　上で述べた「中短期的な修繕等の計画」の作成やこれに基づく合意形成の前提としては，定期的な建物診断が必要です。つまり，当該マンションを一定の期間にわたり維持・存続させていくためには，どの程度・どの範囲の修繕・補修（ないし改良）が必要で，そのためにはどの程度の費用が必要かについての概要が明らかにならないことには，上記計画の作成やそれに基づく合意形成をすることはできません。そして，建物診断に基づく現存建物に対する費用負担等に照らすと，現存建物を維持・存続させるのではなく，それ

を建て替えるか，または区分所有関係を解消される方向での合意形成をはかるといった選択肢も出てくる可能性があります（建替えや解消に関しては，後記Ⅱの1〜3を参照）。

■「長期修繕計画」とそれに続く「中短期的な修繕等の計画」

　マンション標準管理規約では，管理組合の業務のひとつとして「長期修繕計画の作成又は変更に関する業務」（単棟型32条3号）を掲げ，そのコメントでは，計画期間は25年以上（新築時においては30年程度）であること，修繕の対象となる工事金額等が定められていること，その内容については定期的（おおむね5年程度ごと）に見直すこと，計画の作成等の前提として劣化診断（建物診断）を行うこと等が記載されています（32条関連②・③）。上で述べた「中短期的な修繕等の計画」は，このような「長期修繕計画」に続くものであり，「経年非老朽化マンション」及び経年老朽化マンションにおいても，それぞれに応じた形で規約に定めておくことが望ましいと考えます。

　なお，マンション標準管理規約では，管理組合の業務として「長期修繕計画の作成又は変更に関する業務」の次に「建物の建替えに係る合意形成に必要となる事項の調査に関する業務」（単棟型32条4号）を掲げていますが，「経年非老朽化マンション」及び経年老朽化マンションにおいては，後者の建替えに関する業務はいっそう重要になってくるでしょうし，必要に応じて「中短期的な修繕等の計画」に関する業務と関連づけて行う必要があるでしょう。

　現行法制の下では，上記の長期修繕計画等の作成や建物診断については何らの定めをしていませんが，今後，立法上，例えば建築後一定の年数を経過した区分所有建物については定期的に建物診断を受けることを義務付けたり（この結果によって，区分所有者に一定の合意形成を促したり，または，行政上の対応を行うことになります。），あるいは，前述の改正建築物耐震改修促進法に倣って，例えば，「要老朽対応認定建築物」については建替えや解消のための合意ないし決議要件を緩和することなどについて検討する余地があると考えます。

2 経年マンションの現況と高齢者等の問題

1の「耐震性確保と長寿命化」では，経年・老朽マンションに関して，その構造上の最大の課題である，耐震性を中心とする建物の安全性と建物の長寿命化（及び「長寿命化後」）について法的観点から考えてみましたが，次には，このような経年マンションにおける現実の状況を踏まえて，マンションの管理に関しマンションを維持し再生させ得るいくつかの手法について考えて見ましょう。経年マンションをどのように管理していくかという問題は，先の構造上の問題と同じく重要な問題であり，実際には両者の問題は密接に関連しています。つまり，日常的な管理（マンションの「ソフト面」）が健全に機能しないと，構造にかかわる維持・改良・建替え等（マンションの「ハード面」）が進展しませんし，構造上もはや維持・補修等が不可能な場合には，日常的な管理（マンションの「ソフト面」）を行う意味はありません。

(1) 経年マンションの状況

■経年マンションの状況と問題

今日のわが国では，約4人に1人が65歳以上の高齢者であり（内閣府の平成23年版高齢社会白書），特に経年マンションにおいては，一般的に，その割合はさらに高い状況（区分所有者の「高齢化」）にあります。また，人口減少に伴い空住戸（空家）が増加し——それにもかかわらず他方では，少なくない住宅が新規に建築・分譲されています——，この点はマンションにおいても例外ではありませんし，経年マンションにおいては，その割合はいっそう高く（マンションの「空住戸化」），また，空住戸になっていない場合でも賃貸されている割合が高い状況（マンションの「賃貸化」）にあります。

区分所有者ないし居住者の高齢化・賃貸化・空住戸化が進展すると，マンション管理に関するハード面とソフト面にそれぞれ影響が及びます。ハード面としては，例えば，高齢者の増加に伴い，一般的に，高齢者のための共用部分の改良（共用廊下や階段に手摺りを設けること等）が必要になるとともに，他方，それ以外の維持や改良のための費用の支出には消極的となってきます。ソフト面としては，例えば，高齢化・賃貸化・空住戸化に伴い管理組合の役員（理事）のなり手が実際上得られない等の問題が生じてきます。

また，経年マンションにおいては，以上の高齢化・賃貸化・空住戸化の進

行と併行して，社会の変化による共用部分・共用施設の陳腐化や，環境やエネルギー面からの不適合化といった構造上の問題も生じてきます。

■高齢化・賃借化・空住戸化等

　分譲時には，区分所有者の多くを若年層・中年層が占めており区分所有者自身が居住していましたが，時が経るとともに，①分譲時から居住している区分所有者は高齢化し，②区分所有者からの賃借人の割合が増加し，また，③賃貸されないまま空住戸となっている割合が増加していくといった，経年マンションの高齢化・賃借化・不在化といった状況に至りますが，このような現実については，各マンションの管理組合で有効な対策を講じることはできず，まずは，これを現実として受け入れざるを得ません。誰でも年をとるわけですし（①関連），管理規約で賃貸や空住戸を直接的な形で禁止することはできません（②，③）。また，マンションは，経年により，基本的にその施設・設備は老朽化・劣化し，また社会的適合性を欠いたり陳腐化していきます。したがって，経年マンションについては，このような現実を踏まえて，マンション管理を考えていく必要があります。以下では，経年マンションにおける高齢化・賃借化・空住戸化に関し，具体的に，それらに伴う典型的な問題や課題を挙げ，その対策を考えてみましょう。

(2) 高齢者等のための生活環境の整備

■戸建ての場合とマンションの場合

　マンションに居住する高齢者にとって，戸建ての場合と比べてマンションであるためにマイナスになる点は何でしょうか。逆にマンションであるためにプラスになる点はあるのでしょうか。

　マイナス面としては，戸建てと異なりマンションには共用部分や共有の敷地が存在するために，①それらにつき高齢者（又は身障者）にとって使用しやすいように改良するためには集会の決議を必要とし，自分だけの判断では行えないこと，及び，②管理のための共同の決定に従い，応分の費用の負担や労務の負担をする必要があることです。具体的には，①については，例えば，エレベーターのないマンションにおいてこれを設置しようとする場合であり，②については，管理費の値上げに応じたり，理事会方式を採用して輪番制で理事を担当しているマンションにおいて理事を担当することなどです。②については，マンションの賃借化や空住戸化とも関連しますので，後に検

討しましょう。

　プラス面としては，戸建ての場合と異なりマンションには共用部分や共有の敷地が存在するために，上のことを逆転させて，①敷地等につき高齢者を含む区分所有者全体のために活用できるのではないかということ，及び，②管理を共同で行うことに随伴して，生活上の諸々のサービスを共同で受けることはできるのではないかということです。これらのプラス面についても項を改めて後に検討してみましょう。

■高齢者等のための共用部分の改良等（エレベーターの設置等）

　当該マンションにおいて，例えば，エレベーターが設置されていない，廊下や階段に手摺りがついていない，車椅子での対応が可能となっていないなどの場合には，高齢者や身障者にとって生活上の大きな障害が生じます。このような場合には，当該マンションから引っ越しをせざるを得なくなることもあるでしょうが，そこを離れたくない，または経済的事情等から離れることができないこともあるでしょう。

　そこにエレベーターを設置する，廊下や階段に手摺りを付ける，車椅子での対応を可能とするという点は，共用部分（ないし共有敷地）の管理の問題として，結局は，集会における多数決議によって対応することになります。一般的には，エレベーターを新たに設置する場合は，共用部分の変更に該当するために特別多数決議が必要でしょうし（区分所有法17条1項），廊下や階段に手摺りを設置する場合は，著しい変更とは言えないでしょうから，普通決議で足りるでしょう（同法18条1項）。これらの決議の成立・不成立を実際上左右するのは，ひとつは，これらの改良を必要とする高齢者等がどのぐらいの割合で存在するか，もうひとつは，これらの改良のためにどの程度の費用がかかるかという点であろうかと思います。そして，これらの前提としては，当該マンションをできるだけ長期間存続させよう，したがって，高齢者でない区分所有者にとっても将来のためにこれらの改良を行おうという考えを多数の区分所有者が持てるかどうかという点にかかってくると思います。また，例えば，設置を強く希望し，当該設備を多く利用する区分所有者（例えば，エレベーターについては高層階の区分所有者）がより多くの費用を負担するということで，実際上，決議の成立が容易になる場合も考えられます。

　なお，エレベーターが設置されていないマンションの高層の階に高齢者が

居住している場合において，当該高齢者が当該団地ないしマンションへの永住を望むことを前提として，同住戸と1階部分の高齢者でない区分所有者との住戸（又は不在である住戸）との交換等が考えられますが，この場合には，いずれにしろ両者の合意が必要ですし，実際上，多くの高齢者がそもそもこのようなことを望むかといった点から（同じく引っ越しの負担を伴うのであったら，必ずしも当該マンションの1階部分への移住である必要はない。），このような住戸交換については現実性が極めて乏しく，一般的ではないのではないでしょうか。

(3) 管理の主体としての管理組合と理事会

■高齢化・賃貸化・空住戸化に伴う役員（理事）の担い手不足

　マンション標準管理規約では，管理組合の役員（理事及び監事）は，組合員すなわち区分所有者から，総会で選任するとされています（単棟型35条2項）。多くの管理組合の規約は，これと同様の規定を設けています。このような規約の定めに従うと，区分所有者は，そのマンションに現に居住しているかどうかを問わずに（当該住戸を賃貸していても，空住戸にしていても），役員に選任される資格があります。ただ，管理組合によっては，役員を現住の区分所有者に限定する旨の規約を定めているところもあります。2011年（平成23年）の改定以前の標準管理規約ではそのように定められていました。

　さて，多くのマンションでは，実際上，白紙の状態で立候補や推薦により総会で役員が選任されるわけではなく，あらかじめ当該マンションの区分所有者が順番で1年ないし2年の任期で役員を担当することとされており（輪番制），順番に役員候補者（当該住戸の区分所有者）が総会で提案されて，それが了承されるという形になっています。『平成20年度マンション総合調査結果報告書』（国土交通省マンション政策室，平成21年4月）によると，役員の選出方法については，「抽選又は順番で選ばれることが多い」が69.1％，「立候補又は推薦で選ばれることが多い」が21.9％となっています。そして，そのような「輪番制」の下では，多くの区分所有者は，管理組合の役員の順番が回ってきたときには，おそらく渋々ながら引き受けているというのが実態のようです。いずれにしろ，実際に役員の引受け手がいる場合には問題が生じませんが，先に見た区分所有者の高齢化や住戸の賃貸化・空住戸化が進展すると，実際上，役員のなり手不足が深刻な問題となってきます。

■役員の就任は法的義務か

　区分所有法では，区分所有者が管理者を集会において選任することができるとされており（25条），また，管理組合法人にあっても理事は必須の機関ですので集会において選任しなければなりませんが（49条），決して特定の区分所有者に対して管理者や理事などの役員になることが義務付けられているわけではありません。多くの規約が準拠している標準管理規約においても，先に見たように，役員は，組合員のうちから，総会で選任されると定められ（単棟型35条2項），また，区分所有法上の管理者とされる理事長についても，理事の互選により選任されると定められており（単棟型38条2項，35条3項），これらの役職の就任が，当人の意思に反して義務付けられているわけではありません。このことは，仮に規約で「区分所有者は，順番に役員を引き受けなければならない。」と定められたとしても，同規定をもって，同規約に反対した者や特定承継人（住戸の譲受人）をも含む特定の区分所有者に対し，その意思に反して役員の就任を強制することはできないと解することができます。意思に反して役員の就任を強制する部分は，公序良俗に反するものとして無効であると解されます（民法90条）。

■理事会運営細則モデル

　公益財団法人マンション管理センターは，管理組合の理事会運営の参考のために，2013年4月に「理事会運営細則モデル」を策定しましたが，その26条は，輪番制の場合の理事及び監事候補者の選出について次のように規定しています。

　　（理事及び監事候補者の選出……輪番制の場合）
　第26条　理事長は，次期の理事及び監事候補者を次の各号の定めるところにより選出し，理事会の承認を得なければならない。
　　一　フロア別の各ブロック（フロアごとにあらかじめ定めた複数の住戸のグループ（以下「ブロック」という。））から部屋番号順で○名の役員候補者を選出し，当該ブロックの部屋が一巡した場合は最初の部屋番号に戻る。
　　二　順番により役員候補者となった組合員から，健康上の理由や転勤，又は当該マンションに居住せず遠隔地に住んでいること等特別な事情があることから役員候補者となることを辞退する等の申入れがなされ，

理事長がやむを得ないと認めた場合には，当該ブロックの現役員が留任するか，又は当該ブロックの次の部屋番号に進むものとする。この場合において，現役員が留任するか，又は次の部屋番号に進むかは，当該ブロック内で協議し決定するものとする。
　三　前号により順番が延びた組合員は，当該特別な事情が解消された時には，部屋番号による順番にかかわらず次の役員候補者となるものとする。
（以下省略）

■役員就任の拒絶理由

　理事会運営細則モデルの上記規定では，「役員候補者となることを辞退する等の申入れ」のための「特別な事情」として，「健康上の理由や転勤，又は当該マンションに居住せず遠隔地に住んでいること等」としていますが，高齢者の場合には「健康上の理由」に，住戸を賃貸したり空室にしている場合には「転勤，又は当該マンションに居住せず遠隔地に住んでいること」に該当するでしょう。なお，高齢者の場合に，高齢のために特に（煩雑な）担当業務の執行に耐えられないことを理由とすることはもっともなことだと思いますが，身体等の状況により客観的に担当業務に耐えられないのは必ずしも年齢と関係がないことから，これを一律に「定年制（一定の年齢を基準として該当者はその旨の申出をすることができると定める。）」とするのではなく，上記のような「健康上の理由」と定める方が適正でしょう。
　ここで，注意を要するのは，上記規定によると，これらに該当しても当然に辞退の申入れが認められるわけではなく，「理事長がやむを得ないと認めた場合」でなければなりませんし，さらに，最終的に理事会の承認が得られなければなりません。
　また，同理事会運営細則モデルでは，役員候補者からの辞任の申入れにおいて，当該役員候補者が自己に代わり当該組合員（区分所有者）以外の者，例えば同居の親族や賃借人にその職務を行わせることを認めていません。前述のように，マンション標準管理規約が，管理組合の役員（理事及び監事）は組合員（区分所有者）から総会で選任すると定めているからです（単棟型35条2項）（この点については，やや詳しく後に述べます。）。辞任の申入れがあった場合には，当該ブロックの役員が欠員となるのではなく，その者に代わり現役員が留任するか次の順番の組合員が役員候補者となるとしていま

す。したがって，経年マンションにおいて，区分所有者の高齢化や住戸の賃貸化・空住戸化が進展した場合には，「役員候補者となることを辞退する等の申入れ」が多くなり，それ以外の区分所有者の役員の就任の回数及び期間がその分だけ多くなることになります。

■輪番制が機能する前提

ところで，上で見た理事会運営細則モデルの定めのように，区分所有者は順番に役員を引き受けるとされ，また，上記のような健康上の理由など「特別の事情」があり，かつ理事長が「やむを得ないと認めた場合」でなければ辞退の申入れができないとされてはいるものの，実際上，区分所有者から多忙等を理由として，または特に理由を示すことなく，役員となることを拒絶された場合には，既に述べたように，役員の就任を法的には拘束できないと考えられ，結局，その拒絶を受け入れざるを得ないと思います。

輪番制というのは，多数の者が，それを承認し，実際に，身体上業務の執行が可能であり，かつ，（たとえ不承不承でも）順番がきたら多数の者が引き受けている場合においてのみ機能し得る制度だと思います。多くの区分所有者ないしは少なくない区分所有者が，順番が来たのに，どのような理由からであれ実際に役員の就任を拒んだり，または，現実に職務の遂行が困難となった場合には，この制度は実際上機能しなくなると思われます。

■「役員の担い手不足」問題のそもそもの原因

ところで，実のところ，マンションの区分所有者の高齢化，住戸の賃貸化・空住戸化が，管理組合の「役員（管理者等）の担い手不足」の根本的な原因ではありません。というのも，当然のことですが，そもそも第1に，マンションの管理において「理事会方式」を採用せずに「管理者方式［第三者管理方式］」を採用すれば，執行機関としての理事会は存在しませんから，その構成員たる理事（役員）は不要であり，その担い手不足の問題は生じません。第2に，「理事会方式」を採用したとしても，「輪番制」を採らずに，役員の職務を担う意思があり，かつ適任である少数の区分所有者が存在すれば，同様にこの問題は生じません。

したがって，マンションの高齢者化・賃貸化・空住戸化が進行した状況でも，「理事会方式」ではなく「管理者方式［第三者管理方式］」を採用すれば，役員のなり手不足及びそのことからくる管理不全の問題は解消しますし，「理事会方式」を維持した場合でも，「輪番制」を採らずに，総会において立

候補なり推薦なりで適任の役員を選任することができれば,「役員のなり手不足」問題は解消します。

■区分所有者の管理への無関心

　ところで,この問題の底流には,現住の非高齢者である区分所有者を含む区分所有者全般のマンション管理への無関心があり,それが特に賃貸化・空住戸化によって顕著になると思われます。理論的には,区分所有者が自己の住戸に自らが居住しない場合(賃貸化・空住戸化)においても,その財産管理については利害関係を有しているので,規約が非現住の区分所有者の役員資格を認めている限り,役員の就任を引き受け得るでしょうし,たとえ,また,輪番制において少なくない区分所有者が役員の就任を拒絶したりその職務の執行が実際上困難となった場合でも,他方では少なくない区分所有者が順番とは無関係に役員の就任を相当な期間又は回数にわたり引き受ける可能性があるはずです。ところが,現実には,このようなことは一般的ではないようです。したがって,現実には,マンションの高齢者化・賃貸化・空住戸化に伴って,徐々に役員のなり手不足が問題となってくるのです。

　ところで,総会への出席者が少ないことや,理事会の役員に就任したがらない,就任しても積極的に職務を行わないことなどから,区分所有者全般の「マンション管理への無関心」が言われ,それが問題視されることがあります。しかし,私たちは,一般的に,管理に不全を来さないように所定の管理費等を支払い,他の区分所有者の利益を侵害しないように共同利益背反行為を自制はしますが,直接的に自らの利益に影響しない場合には,自己の専有部分に関係するなど自己に属する領域以外の事項については「無関心」であることが常態であると思われます。しかし,逆に言うと,共用部分や建物全体に関する管理の事項であっても,少額ではない費用負担を伴う修繕や改良,さらには建替え,管理費や修繕積立金の少なくない増額,管理方式の転換(例えば「理事会方式」から「管理者方式［第三者管理方式］」への転換)等については,直接的に自らの利益に影響が及びますので,区分所有者は大いに関心を示すものと思われます。

　したがって,通常時の「無関心」自体をことさら問題視するのではなく,これを前提として,いかにして管理不全を来さないようにするためにはどのようにすればよいかを考える必要があると思います。

■役員の担い手不足の対処方法

　それでは、マンションの区分所有者の高齢者化、住戸の賃貸化・空住戸化の下で、また、区分所有者は通常は（平時には）管理には無関心であることを前提に、管理組合は、いかにして「役員の担い手不足」問題に対処し、さらには、いかにして良好な管理の継続を図っていけばよろしいでしょうか。

　「理事会方式」の下で「輪番制」を採用している多くのマンションにおいて、役員のなり手不足の問題を根本から解消する選択肢としては、先に述べたこととの関連でいえば、「輪番制」から「役員立候補・推薦制」にすること、または「理事会方式」から「管理者方式［第三者管理方式］」にすることが考えられます。しかし、前者については、実際に役員の数だけ立候補者や推薦者がいるか、毎期、特定の不適任者が立候補したり推薦されたりするのではないかなどの懸念があります。後者については、適当な管理者を得られるか、新たな費用負担を伴うのではないか、区分所有者の管理への無関心を助長するのではないかなどの懸念があります。「管理者方式［第三者管理方式］」については、改めて項目を設定して後に述べることにして、以下では、「理事会方式」の下での「輪番制」に修正を加えることによって、役員のなり手不足を解消する方法をいくつか考えてみましょう。

　第1は、役員に対して報酬を支給（若しくはその額を増額）したり、または、それと併せて役員を辞退する者（若しくはもっぱら不在（賃貸・空住戸）を理由に役員を辞退する者）には管理費等を多く負担させることによって、役員就任の辞退を防止する方法が考えられます。これらの方法を採用するためには、その旨の規約の定めが必要です。マンション標準管理規約は、「役員は、……報酬を受けることができる」と定めています（単棟型37条2項）。不在区分所有者に対する協力金負担に関して、これを定めた規約を有効とした最高裁判決がありますが、これについては、第2部Q3を参照してください。

　第2は、役員の就任拒絶によって理事会の役員に不足が生じた場合には、不足の人数だけ組合員（区分所有者）からの立候補（又は推薦）を募り、総会において輪番制による役員候補者と併せて選任する方法が考えられます。このためにも、規約（及び関連細則）でその旨の設定が必要です。

■役員の担い手不足の「第3の対処方法」

　上の第1及び第2の方法は、役員資格は組合員（区分所有者）に限定され

るとするマンション標準管理規約（単棟型35条2項）の立場を前提としますが，第3の方法は，この前提を崩して組合員以外のマンション居住者にも役員資格を認めるものです。これには，組合員以外のマンション居住者に「本人」として役員資格を認める（総会においてこのような者も選任することができる。）という考えもあり得ますが，区分所有者以外の者には，最終的に理事会及び総会で決定されたすべての決議事項（例えば管理費の増額）の効果は及びませんので，このような者に「本人」としての役員資格を認めるのは適当ではないとして，あくまでも「本人」たる組合員の「代理人」として理事会において担当業務を執行し議決権を行使するとする方法が考えられます。

　いずれにしても，このような「本人」たる組合員の「代理人」をも総会において「理事会の役員」として選任できるかどうかは規約で定めることが必要であり，どのような者が「代理人」たる「理事会の役員」となることができるのか等についても規約等で定めておくことが必要です。例えば，輪番制において順番が回ってきた役員候補者が，自己の「代理人」として同居の親族（例えば，配偶者又は2親等内親族に限る。）又は賃借人を指定した場合に，理事長が理事会の承認を得て同指定を認めたときには，役員候補者として認められるとする方法が考えられます。

　前述したように，理事会の役員は組合員本人である必要があり，たとえ本人の意思を表示し（理事会における議決権行使），本人に代行して業務を執行し，すべての効果は本人に帰属するとはいっても，本人の一定の親族（ましてや賃借人）である「代理人」では駄目であるというマンション標準管理規約及びそれに準拠している多くの管理組合の規約（ないし実態）の立場からすれば，上のような考え方は受け入れられないでしょうが，マンションの高齢者化・賃貸化（・空住戸化）の現状の下においては大いに検討に値する考え方ではないでしょうか。

　なお，上のような考え方は，組合員たる役員が，ある特定の期日の理事会に出席できないためにその親族等が当該理事会に代理出席することとは異なります（規約により理事会の代理出席を認めることは違法ではないとした判例として最判平成2年11月26日民集44巻8号1137頁）。また，組合員（区分所有者）が総会において自らの議決権を代理人によって行使することとも異なります。後者の点は，区分所有法39条2項及びマンション標準管理規約（単

棟型）46条4項により定められており，総会における議決権行使を制約したり，また代理人の範囲を制約することは許されないと解されます。

以上の3つの方法（①報酬支給・協力金負担，②欠員分の立候補による補充，③役員代理）については，どれか1つを選択するというのではなく，2つ又は3つを併存させることも不可能ではありません。いずれにしても，現存の「理事会方式」及び「輪番制」を，基本的には維持・継続することとした管理組合の選択（集会における決議及び規約の改正）の問題です。

3 これからのマンション管理の方式

前節2の「経年マンションの現況と高齢者等の問題」で述べた管理方式に関する考え方は，現在多くの管理組合で採用されている理事会方式（及び輪番制）を前提とするものです。すなわち，区分所有者である輪番の理事（役員）から構成される理事会によって議案が総会へ提出され，また，総会で決定された事項が理事会によって執行される方式です。以下では，このような理事会方式に代わる管理方式として，管理者管理方式，すなわち，管理者によって議案の提出や業務の執行がなされる方式（「管理者方式［第三者管理方式］」）について考えてみましょう。ここでの管理者には区分所有者以外の外部の専門家が就任されることが基本とされています。

理事会方式を採用するにしろ管理者管理方式を採用するにしろ，マンションにおける管理組合の主目的は，区分所有者の所有している専有部分と共用部分とが一体となった建物及びその敷地の管理です。それは，このような建物と敷地の「維持（保存行為）」を基本としますが，状況によっては改良（変更）や復旧，さらには建替えも対象となります。そして，これらの管理，すなわち，どのように維持していくのか，改良，復旧，又は建替えを行うのか否か，行うとしたらどのように行うのかについては，区分所有者において合意形成ないし多数決による共同決定をはかっていく必要があります。

上で述べたマンションの管理は，各区分所有者の資産としての建物と敷地の価値を維持し，さらには増加させること（そのことによって「高く貸せること」「高く売れること」）を目的とするよりは，実際には，大部分の区分所有者にとっては，日々の生活の場としての住環境を維持し，さらには増進させることを目的としています。上で述べたマンションの維持・改良・復旧・

建替えのための合意形成ないし共同決定，及び日々の生活の場としての住環境の維持・増進は，共に「人」（区分所有者）と「人」（区分所有者）との関係性が問題となります。ここには，「コミュニティ」との関連が問題となり得ます。以下では，この点も考えてみましょう。

(1) マンション管理と「管理者」

■区分所有法上の「管理者」

　以下において管理者方式［第三者管理方式］を考える前提として，まず，管理者に関して，現行の区分所有法の構造を考察し，また，現行法規に基づく実務を確認しておきましょう。マンションにおいて，区分所有法上，区分所有者全員を構成員とする管理組合は当然に成立する団体ですが，管理者は，必ずしも管理組合の必須の機関ではありません（3条参照）。ただし，実際には，管理組合（管理を目的とする団体）にとって，マンションを維持保全していかなければならないことから，管理業務を現実に担う管理者が必要であり，多くのマンションにおいて管理者が存在しています。ごく少数の区分所有者から構成される管理組合を除いて，多くの管理組合においては，管理者なしではマンションの維持保全等の管理を行うことはできないといえるでしょう。その管理者は，集会において選任され（25条1項），集会決議や規約の定めに従って管理に関する業務を執行するものです（26条1項）。

　理事会方式での「輪番制」の下での理事長は，上でいう「管理者」ですし，これからみていく管理者方式［第三者管理方式］における「管理者」も，上でいう「管理者」であり，この点において異なるところはありません（したがって，区分所有法でいう管理者は，双方の管理者方式に対応することができます）。しかし，同じ「管理者」でも，両者は，その**職務上の義務の内容及びそれに対応する責任**において異なるところはないのでしょうか。次にはこの点を検討してみましょう。

■「選任」と「委任の規定の準用」

　区分所有法によると，集会において「選任」された管理者（25条1項）の権利義務は，区分所有法の定め（26条等）及び規約に定めるもの（マンション標準管理規約（単棟型）38条，54条，32条）のほか，「委任に関する規定に従う」（28条）とされています。ここにおいて，管理組合（ないし区分所有者全員）と管理者との間には，「選任」は存在しますが，委任契約の締結は

具体的にはなく，ただ，委任に関する規定の準用があるにすぎません。より実状に即して述べると，総会における「選任」に当たっては，委任者たる区分所有者の「委託」と受任者たる役員（理事）の「承諾」はあり，そこに一種の委任契約があったとみることができますが，ただ，そこでの委任契約の内容は，新たに個別具体に約定されるのではなく，区分所有法や規約に定められているものであり，受任者たる役員（理事）の義務は，それらの事項についての抽象的・一般的な義務です。したがって，上記の「委任に関する規定に従う」ということから役員（理事）には善管注意義務（民法644条。なお，標準管理規約（単棟型）37条1項）が課されますが，その善管注意義務の内容はこのような「抽象的・一般的な義務」であり，しかも，その程度についても「輪番制」の状況下で課されるもの（消極的義務）にすぎないと解することができます。

■「理事長」たる「管理者」

そして，さらに理事長は，多くの場合に，総会で選任されるのではなく，先に述べたように，理事会における理事の互選で選任されます（マンション標準管理規約（単棟型）35条）。直接的に総会で選任されるわけではありません。したがって，管理者とされる理事長（同38条2項）の事務の処理についての善管注意義務が特に強化されるわけではなく，管理に関して特に積極的，かつ高度な注意義務が課せられるわけではありません。例えば，規約で管理者の業務として「長期修繕計画の作成・変更に関する業務」（同32条3号）が定められていても，その業務の具体的な内容や履行期についての義務が課されるわけではありません。管理者たる理事長には，管理一般に関する権限は与えられますが，特定された具体的な行為の履行義務（例えば，○月○日までに長期修繕計画を作成する（または見直す）義務）が課されるわけではありません。したがって，規約上定められている「長期修繕計画の作成」が現実に履行されない場合でも，区分所有者は，その義務の履行を理事長（管理者）や理事会に対して法的には請求することはできません。このような請求に対しては，理事長（管理者）や理事会の側は，「私（たち）にはそのような具体的な義務は課されていません」との反論をすることができます。当該業務を現実に行うかどうか，そしてどのように行うかについては，理事会で，又は総会で決定されます。結局，「選任」（集会）に当たって具体的に委任事項が示されていない以上，区分所有者の側に履行に関する責任が戻って

きてしまいます。確かに，理事長（管理者）は，前述のように委任に関する規定の準用によって善管注意義務を負い（民法644条），たとえ受任者が無償の場合でも，また素人の場合でもこれが免責されることはありませんが，その義務の内容は，最終的には，委任者たる区分所有者ないし管理組合と受任者たる理事長（管理者）との関係を基礎とした合理的意思解釈により確定されるところ，「選任」した区分所有者側に，管理者の義務の内容をどの程度特定してその履行を期待していたかどうかが第一に問われることになります。一般的には，このような具体的な特定はなく，また，義務の履行についての期待も薄弱であると思われるので，その限りで，管理者が善管注意義務に基づく具体的な履行責任を問われることはないと解されます。

■管理業者の責任と管理者の責任

　少し横道にそれますが，ここで管理業者（管理会社）と管理組合との法的関係をみておきましょう。多くのマンションでは，管理組合は，具体的な管理業務の多くの部分（会計業務，建物維持保全業務，管理員・清掃業務等）を管理会社に契約を通じて委託しています。それでは，管理組合が管理業者に管理業務を委託している場合に，管理組合は，管理業者に対して，例えば上記の長期修繕計画の作成・見直しについての履行責任を問えるでしょうか。管理業者は，管理組合（管理者）から管理委託契約により具体的に委託された業務についてのみ責任を負いますから，管理組合（管理者）から長期修繕計画の作成・見直しにつき具体的に業務を特定されて委託されている場合には，当然に履行責任を負いますが，たとえ当該事項が当該マンションにとっては重要な管理に関する事項であったとしても，具体的に業務委託がなされていない場合には履行責任を負うことはありません。履行責任を問うのであれば，管理組合（管理者）が，長期修繕計画の作成・見直し等について，管理組合の作成・見直し等の補助業務としてではなく，具体的に作成・見直し業務を直接に委託することが必要です。言い換えれば，管理業者に対しては，管理に関する具体的な業務を契約内容とすれば，その業務の履行を義務付けることができます。

　先に述べたように，区分所有法上の管理者の法的地位は，管理者の「選任」及び「委任に関する規定の準用」の規定から導かれるものであるところ，理事長たる管理者は，「委任に関する規定の準用」はありますが，その善管注意義務は，適正な管理のための積極的な義務ではなく，また，「委任契約」

により具体的・直接的な業務内容が義務付けられるわけではありません。これに対して，管理者方式［第三者管理方式］の下での管理者は，区分所有法上の「選任」及び「委任に関する規定の準用」の規定から導かれるという点では異なりませんが，管理業者の場合と同様に，管理組合との間の「委託契約」によりその具体的・直接的な業務内容を定められることができますし，また，理事会方式における「輪番制」の下での理事長たる管理者とは異なり，契約により特に選任されたということから，適正な管理に関する善管注意義務の程度・内容としての高度性及び積極性が要求されるものと解されます。

■「選任」から「契約」へ

　社団法人や会社においては，社員総会又は株主総会の決議によって役員（理事や取締役等）が「選任」され（一般法人法63条，会社法329条1項），法人と役員との関係は「委任に関する規定に従う」とされています（一般法人法64条，会社法330条）。ただ，そこでの「選任」については，実際上，当該法人の利益ないし目的を最大限達成しうる者が選任され，また，そのような者だからこそ，役員に対しては一般的な業務事項を示すにとどめ，その業務においては包括的な権限を与えられます。これに対して，特に理事会方式を採用する管理組合の場合には，現実には，その利益を最大化する適任者が管理者に「選任」されるとは限りませんし，また，そのような者だからこそ，一般的な業務事項が示されているだけでは，自らの権限を行使して，その業務を適切かつ円滑に執行することは担保されません。もっとも，総会での選任に当たり，理事ないし理事長となった者に特定の具体的な業務の履行を義務付ける契約がなされれば，各区分所有者は，管理者に対して，約定の業務につき不履行があれば，直ちに当該義務の履行の請求をすることが可能となります。しかし，現実には，「輪番制」の下での理事ないし理事長の選任に当たり，このような契約による義務付けを行うことは，これを組織的に行うこと，「受任者」たる理事・理事長の能力，及びそもそも選任を行う「委任者」としての区分所有者の側の能力を考慮した場合には，きわめて困難と思われます。

　結局は，管理組合の側で「契約」内容について詳細に明示しなくても，その利益の最大化を実現できるような適任者（専門家）を「選任」し，「契約」内容については，特に依頼を必要とする一般的業務事項以外は報償に関するものにとどめ，受託者たる管理者に「一般的・包括的な権限」を与えること

によって，「特定の具体的な履行」についてまで責任を問うことができるという方式が望ましいといえましょう。すなわち，管理組合と管理者との間には，「選任」に当たり，実質的・具体的な「契約」を介在させる必要はありますが，その「契約」の内容については，管理者に対する個別具体的な「マンションの適正な管理」に係る義務をすべての事項につき詳細に明示しなくても，当然にそのような義務が課される方式が適切であると思われます。このことを可能とするのが，管理者方式［第三者管理方式］です。

それでは，「マンションの適正な管理」の実現のために，現在多くのマンションで採用している理事会方式をやめて，全面的に管理者方式［第三者管理方式］に移行した方がよいのでしょうか。以下では，理事会方式の長所・短所及び管理者方式［第三者管理方式］の長所・短所並びに各方式の課題も含めて検討していきましょう。

(2) 理事会方式とその課題

次頁の図「主要なマンションの管理方式」に掲げたA～Cの各方式ごとに，その長所や短所ないし課題をみていきましょう。

■理事会方式の長所

前述のようにマンション標準管理規約は，Aの【理事会方式】を採用し，現実にはこの方式が広く普及しています。むしろ，マンション標準管理規約を策定するに当たって，現実に広く普及している理事会方式を標準型として採用したというのが正確でしょう。この方式の長所は，区分所有者が自分たちの建物と敷地を**全員で順番に直接的に**管理することができる点にあります。また，順番に理事になることで管理への関心を高めることができます。管理に関する合意形成ないし共同決定の場は総会ですが，この方式には，区分所有者たる理事が，直接に，総会に向け理事会での決定により議案を提出し，また，総会の決議を執行できる点においてメリットがあります。なお，ここで注意を要するのは，管理者方式［第三者管理方式］とは異なり，実質的に，管理者たる理事長が総会に議案を提出するのではなく，また，理事長が規約の定めや総会での決議を執行するのではなく，理事会での多数決議による決定によってそれらが行われることです。

ただ，理事・理事長ないし理事会が管理業務を実際に行うことには限界がありますから，多くの管理組合では，具体的な管理業務の実施については管

理業者（管理会社）に委託しております。

■**理事会方式が普及している理由**
　理事会方式が採用され普及しているのは，輪番制により区分所有者が自分

《主要なマンションの管理方式》

A【理事会方式】　標準管理規約（現況一般）モデル

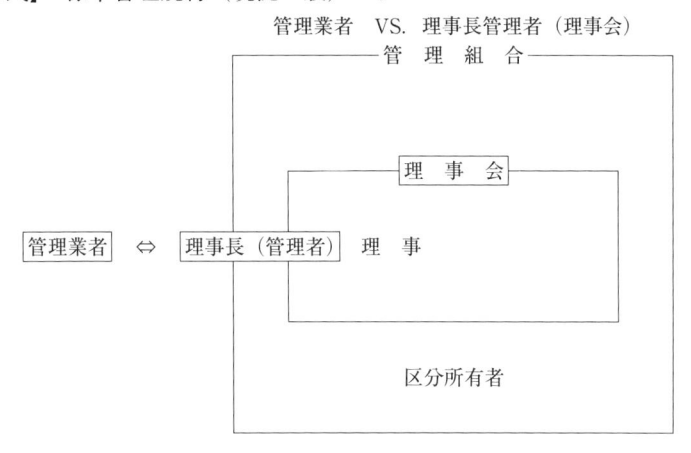

　　　　　　　　　　　　　　　管理業者　VS．理事長管理者（理事会）
　　　　　　　　　　　┌──────管　理　組　合──────┐
　　　　　　　　　　　│　　　　　　　　　　　　　　　　　　│
　　　　　　　　　　　│　　　　　　　┌──理　事　会──┐　│
　　　　　　　　　　　│　　　　　　　│　　　　　　　　│　│
　　管理業者　⇔　│　理事長（管理者）　理　事　│　│
　　　　　　　　　　　│　　　　　　　└────────┘　│
　　　　　　　　　　　│　　　　　　　　　　　　　　　　　　│
　　　　　　　　　　　│　　　　　　区分所有者　　　　　　　│
　　　　　　　　　　　└──────────────────┘

B【管理者方式】第三者活用モデル
B－1《管理業者活用型》
　　　　　　　　　　　　　　　　管理業者管理者　VS．管理組合
　　　　　　　　　　　┌──────管　理　組　合──────┐
　　　　　　　　　　　│　　　　　　　　　　　　　　　　　　│
　　　　　　　　　　　│　　管　理　者　⇔　区分所有者　　　│
　　　　　　　　　　　│　　（管理業者）　　　　　　　　　　│
　　　　　　　　　　　│　　　　　　　　　　　　　　　　　　│
　　　　　　　　　　　└──────────────────┘

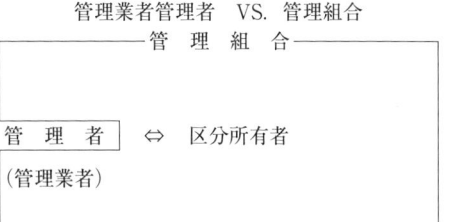

　　2《管理士等活用型》
　　　　　　　　　　　　　　　　管理士管理者　VS．管理組合
　　　　　　　　　　　┌──────管　理　組　合──────┐
　　　　　　　　　　　│　　　　　　　　　　　　　　　　　　│
　　　　（　管理業者　⇔　）管　理　者　⇔　区分所有者　　　│
　　　　　　　　　　　　　　（マンション管理士等）

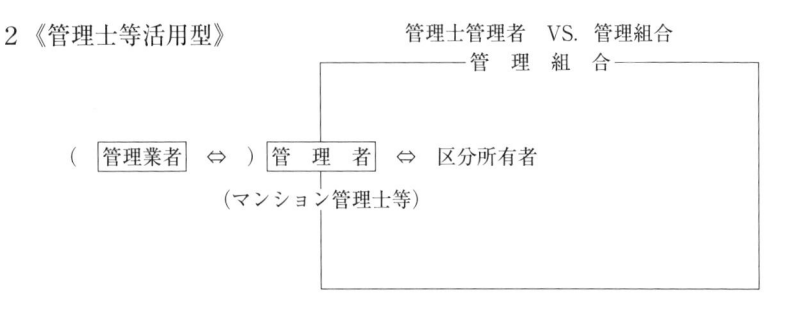

C【管理士等管理者・理事会方式】

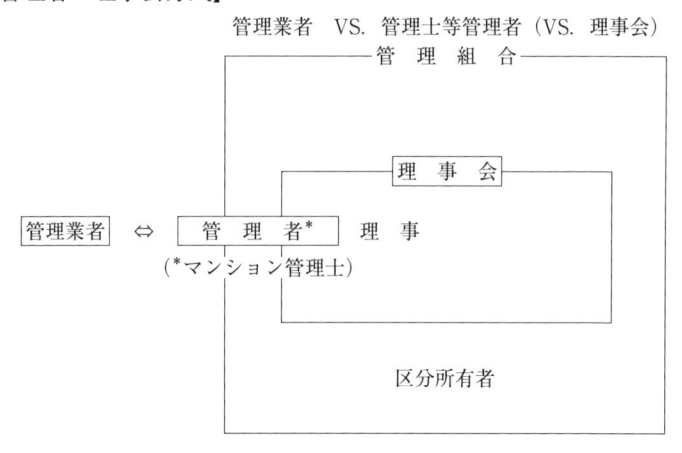

　　　　　　　　　　管理業者　VS．管理士等管理者（VS．理事会）

```
┌─────────────管　理　組　合─────────────┐
│                                                │
│                       ┌──理　事　会──┐     │
│                       │                │     │
│ ┌────┐      ┌─────┐        │     │
│ │管理業者│ ⇔  │管 理 者*│　理　事    │     │
│ └────┘      └─────┘        │     │
│               （*マンション管理士）    │     │
│                       └────────┘     │
│                                                │
│                       区分所有者               │
└────────────────────────────┘
```

たちで直接的に管理に参加できることにあると思われますが，ただ，手間のかかる具体的な業務を引き受け，また，管理全般についての専門性を生かしつつ理事会を補助する管理業者の存在があるからであると思われます。すなわち，理事会方式の実質は，「輪番制理事会・管理委託方式」として，これらを一体として把握する必要があると考えます。

　それでは，管理業者にとっては，管理者方式［第三者管理方式］，その中でも自らが管理者となって管理業務を受託する図B－1の「管理業者管理者方式」と比べた場合に，「輪番制理事会・管理委託方式」の方がメリットがあるのでしょうか。この点を考えるに当たり，マンション管理組合において管理者方式［第三者管理方式］が採用されて管理業者が管理者となる場合には，理事会方式が採用されている場合と比べて，管理業者の報酬が当然に増加し得るかという問題を考えてみましょう。管理者方式［第三者管理方式］を採ろうが理事会方式を採ろうが，マンション管理のための管理業者にとっての業務量自体はほぼ同一であると思われます。両者の主な違いは，総会に提出する議案の決定及び総会決議の執行に当たって諸々の決定を理事会が行うか，それとも管理者となった管理業者自身で行うかです。管理業者としては，理事会方式の下でも，これらの補助業務は受託業務として行うわけで，その対価としての報償を得ることができます。問題は，管理者として総会に提出する議案の決定及び総会決議の執行に当たって諸々の決定まで含めて業

務委託された場合に，これらが報酬としてどれだけプラスの金銭評価がされるかです。おそらく管理業者としては，理事会で決定すべき事項について自らでその判断をしなければならない形で業務を委託された場合には，理事会で決定すべき事項について補助のための業務を委託された場合と比べて，当該決定に係る責任を負担するに見合うだけの額が管理業者に対し報償として当然に支払われるとは考えていないように思います。このように，理事会方式は，区分所有者の側からだけではなく，同方式が管理業務委託方式と結びつく限りは，マンションを供給した分譲業者及びそれと実質的に密接な関連がある管理業者にとって（現実に，ほとんどのマンションの分譲において分譲時に分譲業者から管理業者が指定されており，マンションの売買契約と管理委託契約がセットになっています。），この方式にはメリットがあり，今日この方式が多くの管理組合で採用されている要因であると思われます。そして，この方式が現に適切・適正に機能している限りは，特に問題はないと思われます。

■**理事会方式の課題**

　Aの【理事会方式】に関しては，先に述べたように，区分所有者である理事ないし理事長（管理者）の「なり手不足」が言われており，確かに，現実に理事のなり手がいなくなった場合には，この方式は成り立ちません。

　しかし，前節2の最後に述べた3つの対処方法（①報酬支給・協力金負担，②欠員分の立候補による補充，③役員代理）により，「なり手不足」の問題は解消される可能性があります。

　理事会方式のより根本的な問題は，次のような構造的な問題です。すなわち，たとえ理事ないし理事長（管理者）を得られたとしても，必ずしも適任者が「選任」及び「互選」されるとは限らず（ここでいう適任者とは，業務についての誠実性の観点からのものではなく，専門性の観点を含みます。），また，先に述べたように，管理業務に関する理事会（ないし理事長）と管理組合との「契約」もなされないことです。現実には多く見られるように，基本的には管理業者が用意した業務委託契約（案）（マンション標準管理委託契約書に準拠しているものが少なくありません。）が理事会（及び総会）により了承され，これに基づいた管理業務が管理業者に委託されて，それを前提とした業務が理事会及び理事長（管理者）によってなされます。そのこと自体は，必ずしも非難されるべきではなく，むしろ現実にはこのためにわが

国のマンションの管理は全般的には良好になされているともいえるでしょう。ただ，実際には，理事長たる管理者の主たる義務ないし役割は，管理委託契約に基づく管理業者の業務の不履行ないし違法行為の監視・監督に止まらざるを得ず，建物等の維持管理の適正性（維持管理に要する費用の妥当性も含む。）は，結局は，管理業者の「誠実義務」の履行いかんに依拠せざるを得ません。つまり，例えば，区分所有者ないし管理組合にとっての適正な維持管理のためには，管理費用（管理業者への委託料を含む。）は抑えて，修繕積立金を値上げした方がよい場合でも，また，長期修繕計画を見直した方がよい場合でも，管理業者の信義則上の「誠実義務」に頼らざるを得ず，管理業者の側からの積極的な助言や申出が得られるとは限りません。そして，そのような助言や申出を得られない場合でも，先述のように，管理業者に対して責任を追及することはできず，また，理事会ないし理事長たる管理者に対して責任を問うことも難しいでしょう。

■経年マンションの管理と理事会方式

　以上のようなことも，「経年マンション」に至る前においては許容されるかもしれません。一般的には，次に掲げるような総会で重大な決定をはかる議題がほとんどないからです。しかし，「経年マンション」においては，ソフト面では高齢化・賃貸化・空住戸化が進行する中で，少なくない管理費滞納等の問題にどのように対応するか，ハード面では，どのような形で建物の維持を継続的に図っていくか（長期修繕及び長期修繕後の問題），建物部分等についての改良を行うべきか，耐震性に問題はないか（耐震診断や耐震補強の問題），建替え（や解消）にどのように向き合っていくのかなど，総会で決定すべき難題が次々と出てくるからです。理事会ないし管理者としては，適確な管理のために，これらの各事項について専門的な知見に基づいて，積極的に情報提供をし，かつ具体的に議題として総会に提出をし，区分所有者の共同決定を促す責務があると思われます。したがって，それに相応しい管理者が必要となってきます。

　先に見たように，理事会ないし理事長たる管理者については，「委任に関する規定の準用」はありますが，その善管注意義務は適正な管理のための積極的な義務ではなく，また，別途，管理組合との間の「委任契約」により具体的・直接的な業務内容が義務付けられるわけではありません。

　理事会方式（＋管理業務委託方式）は，理論的には，区分所有者の中から

理事及び理事長としての「適任者」を選任することができ，理事や理事長が適正な維持管理のための権限（管理業者の選任・監督も含む。）を適切に行使できるという前提に立てば，管理組合が理事会を通じて主体的に最良の管理を実現し得る方式となり得ますが，現実には，次のようないくつかの疑問を払拭することができません。①大部分の区分所有者は，理事（ましてや理事長）を引き受けたくないのではないか，②輪番制等で「選任」される理事や「互選」による理事長に対して，多くのこと，また，最良の管理を期待できるか，③管理業者に対する委託業務の履行について，理事会や理事長に十分な点検・監督業務を期待できるのか，④実際には理事会ないし理事長の責任が曖昧で，それらに対しての責任追及は難しいのではないか，なお，⑤管理業者に委託せずに自主管理を選択した場合には，理事（長）の業務は過大なものとなるのではないか。

　これに対して，管理者方式［第三者管理方式］を採用した場合の管理者は，区分所有法上の「選任」及び「委任に関する規定の準用」の規定から導かれるという点では異なりませんが，管理業者の場合と同様に，管理組合との間の「委託契約」により，その具体的・直接的な業務内容を定めることができますし，また，これがない場合においても，実質的な「契約」を経て特に選任されたということから，適正な管理に関する善管注意義務の程度・内容としての高度性及び積極性が要求され，それに対する責任を追及することができるようになります。

(3) 管理者方式［第三者管理方式］とその課題

　それでは，「経年マンション」においては，当然に，理事会方式から管理者方式［第三者管理方式］への転換を図ることが望ましいのでしょうか。以下では，この点を考えてみましょう。

　Bの【管理者方式】（わが国で現にこの方式が採られているマンションは少数です。）は，区分所有者以外の第三者が管理者となり，区分所有者により構成される理事会（チェック機関としての機能は有し得ます。）は必ずしも予定されていません。管理者となるべき者としては，わが国の現在の状況では，マンション管理に関して専門性を有する管理業者又はマンション管理士が考えられます。

■管理業者が管理者となる方式

　B－1《管理業者活用型》では，管理業者が，管理委託契約に基づく従来の（理事会方式の下での）受託業務（事務管理業務，管理員業務，清掃業務，建物・設備管理業務等）を従来のように理事会の補助業務としてではなく，「管理者」の自らの業務として行います。例えば，管理業者としては，従来は事務管理業務の1つとして「管理組合の会計の収入及び支出の調定」としての「収支予算案の素案の作成」や「収支決算案の素案の作成」を行っていましたが，管理者として選任され同業務について管理組合との間で委任契約が締結された場合には，管理者たる管理業者は自らで総会に提案すべき「収支予算案の作成」や「収支決算案の作成」を行うことになります。法律で定められている管理者としての業務（管理者の権限）以外の業務については，任意に規約で定めることができ，また，総会において決議することができ，これらを反映した形で管理者が選任され，管理者と管理組合の間でその業務をとり込んで委任契約が締結されます。

■マンション管理士等が管理者となる方式

　以上の方式に対して，B－2《管理士等活用型》では，マンション管理士その他の者が管理者として選任され，従来の（理事会方式の下での）理事会の業務について管理組合との間で委託契約が締結されます。そして，管理者は，一般的には，管理組合（区分所有者全員）を代理して管理業者との間で，必要に応じて，理事会方式の下での委託業務（事務管理業務，管理員業務，清掃業務，建物・設備管理業務等）のうちの少なくない業務を管理者の補助業務として委託すると思われます。

　すでに述べたように，管理業者であれマンション管理士等であれ，これらの者が管理者に選任された場合には，これらの者は，管理者として，形式的にその者に属する業務（権限）を執行すれば足りるのではなく，善管注意義務の内容として管理組合の利益のために最も適合的な方法によって業務を執行することが求められるものと解されます。したがって，区分所有者ないし管理組合にとっての適正な維持管理のためには，現在の額では建物の維持のために不足を来すことが明らかなため修繕積立金を値上げした方がよいと思われる場合には，管理者としては管理組合に対して情報提供及び助言をし，さらには総会にその旨の議案を提出することが求められます。そのようなことが適切になされなかった場合には，管理組合からの責任を追及されること

もあり得ましょう。前述のように，この場合の管理者は，理事会方式における理事長たる管理者の場合と比べて，専門家（第三者）としての管理者であること，及び「管理者委託契約」が介在していることから，同じく善管注意義務を負うとしても，その内容ないし程度において異なるものと解せましょう。

■管理組合と管理者の「対立構造」

　建物等の適正な維持管理をめぐって，管理組合（権利者である区分所有者の団体）と管理者（義務者）との間に一種の「対立構造」（権利・義務関係）にあると見た場合に，実際にその対立構造が鮮明であるほど，維持管理の適正性は高まるものと考えられます。理事会方式においては，実際には，「管理組合（区分所有者）」と「理事長管理者（理事会）」との対立構造は鮮明ではなく，そうかといって，「管理業者」対「理事長管理者（理事会）」（243頁の図A参照）において，後者による前者への十分な指揮・監督がない限りは，「管理組合（区分所有者）」と「理事長管理者（理事会）」との対立構造の不鮮明さは補填されず，適正な維持管理を実現することは困難となります。現実には，このような問題が生じているものと思われます。

　これに対して，管理者方式［第三者管理方式］においては，「管理組合（区分所有者）」対「管理業者管理者」又は「マンション管理士等管理者」との対立構造（243頁の図B参照）はシンプルであり鮮明です。ただ，実際には，理事会等に比べ管理組合（区分所有者全員の団体）による管理者への指揮・監督は十分にはなし得ないおそれがあり，したがって，適正な維持管理が日常的には担保されないおそれがあります。そこで，管理者方式［第三者管理方式］への移行ないしそのための制度設計をなすに当たっては，①管理者の適格性・能力，及び，②管理者に対する行為規制の点について検討するとともに，③管理組合（区分所有者）による管理者に対するチェック体制について検討することが重要な課題となります。

(4) 新たな管理方式を考える

■「管理士等管理者・理事会方式」の提案

　以上を踏まえて，一案として，一方では，現に普及している理事会方式（管理業者への業務委託方式を含む。）を生かし，他方では，前記の課題①〜③を克服しつつ，第三者たる管理者（マンション管理士等）を活用する

「（マンション）管理士等管理者・理事会方式」を提案したいと思います。前記の課題のうち，①と②については，「マンション管理士等管理者」とする（マンション管理士や関連NPO団体に属する専門家を管理者として選任する）ことによって，現行の制度（管理適正化法上の規制）の下で克服でき，③については，「理事会方式」を基本的に維持させることによって克服できるものと考えます。なお，輪番制での理事会方式における理事の「なり手不足」については，先に述べた3つの対処方法（①報酬支給・協力金負担，②欠員分の立候補による補充，③役員代理）により解消を図ります。すなわち，その内容は，次の（ア）～（エ）とします。（ア）現に普及している理事会方式（243頁の図のＡ）において，理事会を，集会において（輪番制等により）「選任」された区分所有者である複数の理事と，集会で「選任」された上で管理組合との間で「管理者業務委託契約」を締結した外部の専門家である管理者から構成するものであり，管理者を理事長とします（標準管理規約（単棟型）38条2項〔理事長を管理者とする場合〕とは逆）。（イ）外部の専門家である管理者には，基本的にマンション管理士や関連NPO団体に属する専門家を充て，マンション管理適正化法2条5号に定める業務である「専門的知識をもって，管理組合の運営その他マンションの管理に関し，」管理組合又は区分所有者の「相談，助言，指導その他の援助を行うこと」について，またはこれに準じて，「管理者」業務を行わせるものとします。（ウ）現行法制上，管理業務が基幹事務（会計事務及び長期修繕計画案の作成・見直し等）を含む場合には「マンション管理業者」としての登録を受ける必要がある（マンション管理適正化法2条6号・7号・8号，44条1項）ことから，「マンション管理士等管理者」は基幹事務は行わないものとし，①区分所有法で定める業務（共用部分の保存，集会決議の実行，規約で定めた行為の実行，規約の保管・閲覧，集会の招集，事務の報告）のほかは，②理事会・総会（集会）運営業務，③各種点検・検査等に基づく助言の業務，④管理組合の各種検査等の報告・届出の業務，及び⑤図書等の保管の業務（マンション標準委託契約書の別表第1「事務管理業務」のうち，「2　基幹事務以外の事務管理業務」）等を担うことが考えられます。（エ）（ウ）で掲げた業務以外の管理業務（マンション標準委託契約書の別表第2の「管理員業務」，別表3の「清掃業務」及び別表4の「建物・設備管理業務」等）については，従前どおり，基本的には管理業者に委託するものとし，マンション管理士等管

理者は，管理業者への委託管理業務について，専門家の立場から管理組合としてのチェックを行うものとします。以上のことにより，管理者方式［第三者管理方式］の課題として指摘されている，前記の，①管理者の適格性・能力，②管理者に対する行為規制，及び③管理組合による管理者に対するチェック体制に対して，かなりの程度解決を図ることができると考えます。

■管理士等管理者と理事会との関係

　上の【管理士等管理者・理事会方式】（244頁のC）において，マンション管理士等である管理者と理事会とはどのような関係であるべきでしょうか。前記（ア）のように，理事会は，集会において（輪番制等で）「選任」された区分所有者である複数の理事と，集会において「選任」された上で管理組合との間で「管理者委託契約」を締結した管理者から構成されます。管理者は，理事長として，対外的には管理組合及び理事会を代表（区分所有者を代理）し，対内的には総会及び理事会の議長を務めますが，総会及び理事会において議決権は有しないものとし（管理士等管理者は区分所有者ではありません。），理事会及び総会において理事及び区分所有者によって決議されたことを執行する地位にとどまります。ただ，管理者は，専門知識を有する者として，理事及び区分所有者が理事会又は集会（総会）において決議を行う際には，適正かつ管理組合のために最も利益となる管理の実現のために必要な情報提供，助言及び指導を行い，また，理事会の決議ないし職務の執行に当たっては，管理組合のために適切かつ最も利益となる方法によって業務を遂行する義務を負います。

　244頁の図のC【管理士等管理者・理事会方式】（管理業者　VS．管理士等管理者（VS．理事会））において示しているように，管理業務の主要な部分（会計事務，長期修繕計画案の作成・見直し，及び管理員業務等の補助業務）は管理業者に委託するところ，管理士等管理者は，専門家として管理組合の側から管理業者の行う委託業務についてチェックをし，他方，管理組合からの管理士等管理者に対する委託業務に関しては，理事会によってチェックされます（なお，理事会の業務執行等については，監事によりチェックされます（標準管理規約（単棟型）41条参照））。

　管理者は，区分所有法上，「規約で定めた行為をする権利を有し，義務を負う」（26条1項）と定められているところ，前掲図Cの【管理士等管理者・理事会方式】においては，実際には，「管理士等管理者」をして，理事

会及び総会において適正・適切な「規約」の設定等がされているか否かが点検され，他方で，管理士等管理者の「規約で定められた行為をする権利・義務」の行使・履行は，「理事会」の判断ないし決議に基づいて執行されるという構造になります。「管理士等管理者」は，日常の具体的な管理業務の執行者としてだけではなく，当該マンションにとって最も利益となる適切・適正な維持管理について情報提供・助言・指導をする専門家として有意義であり，他方，「理事会」は，管理士等管理者の業務を点検する機関としてだけではなく，区分所有者が集会（総会）において当該マンションにとって最も利益となる適切・適正な維持管理（共用部分等の通常の管理だけではなく変更及び建替え，並びに費用負担に関する事項も含む。）にかなう決定（決議）ができるために，日常的に業務を行う機関として有意義です。当該マンションにおける維持管理についての判断や決定は，最終的には，管理者や理事会ではなく，区分所有者自らがしなければなりません。

　もちろん，どのような管理方式を選択するのか（前掲図のA, B, Cのどれか，あるいはその他の方式か），また，現行の管理方式を当面は維持するのか否か，それとも他の方式に移行するのかについても，それぞれのマンションの状況に応じて，区分所有者自らがしなければなりません。

■「経年マンション」における管理方式と費用負担等

　上で提案した「管理士等管理者・理事会」方式については，多くの管理組合では，現在に至るまで「経年前マンション」として輪番制の理事会方式を採用してきていること，及び，理事の「なり手不足」のおそれ又はその一部が現実化しているものの，その点を除けば同方式の著しい弊害は生じていないことを前提としています。

　「経年マンション」においても，管理に関する現在及び将来に向けての判断は最終的には区分所有者が行わなければならないので，そのことを日常的に区分所有者自らが順番に認識ないし検討する機関として，また，管理者（及び管理業者）の業務を管理組合としてチェックする機関として，「理事会」を存続させ，他方で，理事会構成員である理事（長）の日常の具体の管理業務を軽減して「理事（長）のなり手不足」を解消するために，また，理事ないし区分所有者に対して前述した難問を抱える「経年マンション」における適切・適正な管理のために必要な情報提供，助言及び指導を提供させるために，専門知識を有する「管理士等管理者」を新たに設置するというもの

です。

　上の「管理士等管理者」の設置に当たっては，実務的には費用の面が最大の課題となるでしょう。ただ，1つには，これまでに区分所有者たる理事ないし理事長が担ってきた労務が軽減されること（その労務の多くを管理士等管理者に担わせることができ，また，例えば，理事会の開催回数を半減できる可能性があります。），1つには，これまで管理業者に委託していた業務の一部（理事会・総会（集会）運営支援業務等）を管理士等管理者に委託することによって，実質的な費用負担の増加を抑えることができることから，この面の課題は相当程度解決できるものと思われます（もっとも，管理者と管理業者（また，理事会）との間でどのように業務分配を行うかは重要な課題です。）。

■「管理士等管理者・理事会方式」の規約（案）

　以下に，現行のマンション標準管理規約（単棟型）と対応させた形で，上で述べた一案としての「管理士等管理者・理事会方式」を採用する場合の規約の関連条項（案）を掲げておきましょう。なお，横浜市建築局（現・まちづくり調整局）は，平成16年2月に，「横浜市モデル」とでも名付けるべき「理事長を管理者としないことが可能なモデル管理規約」を策定しました。「横浜市モデル」は，私の案と類似していますが，次の点において異なっています。「横浜市モデル」は，①管理者として必ずしもマンション管理士を想定していないこと（38条2項），②管理者は，理事長ともなり得ます（38条の2第1項）が，「管理者は，理事会に出席して意見を述べることができる。」（38条の2第2項）と定められていることから理事会の構成員ではないと思われること，③管理者の業務に関しては，「長期修繕計画（修繕積立金積立計画を含む。）に関する案を作成し，またその変更案を少なくとも5年に一度作成し，理事会に提示しなければならない。」とされ，また，総会の招集や，総会での業務執行の報告を義務付けられています（38条の2第3項・4項，42条3項・4項）が，他方では，「総会の議長は，理事長が務める。」（42条5項）として管理者の業務とされていないこと等の点において，私の案とは異なります。一言で述べると，横浜モデルは，管理者を理事会とは別個の機関とした点で，私の案とは異なるものです。

「管理士等管理者・理事会方式」（私案）の規約（案）

（役員）

新第35条案　管理組合に次の役員を置く。
　一　管理者
　二　副理事長
　三　会計担当理事　　　○名
　四　理事（副理事長，会計担当理事を含む。以下同じ。）　　○名
　五　監事　　　○名

2　理事及び監事は，○○マンションに現に居住する組合員のうちから，総会で選任する。

3　管理者は，マンション管理士その他マンション管理に関する専門知識を有する者のうちから，総会で選任する。

4　副理事長及び会計担当理事は，理事の互選により選任する。

5　副理事長は，管理組合を代表して，管理者との間で委任契約を締結する。

（管理者）

新第38条案　管理者は，管理組合を代表し，その業務を統括するほか，次の各号に掲げる業務を遂行する
　一　法律，委任契約，規約，使用細則等又は総会若しくは理事会の決議により，理事長の職務として定められた事項
　二　理事会の承認を得て，職員を採用し，又は解雇すること。

2　管理者は，管理組合における理事長として，理事会の議長を務める。

3　管理者は，理事会及び総会において議決権を有しない。

4　管理者は，通常総会において，組合員に対し，前会計年度における管理組合の業務の執行に関する報告をしなければならない。

5　管理者は，理事会の決議を実行するほか，専門知識をもって，マンションの適正な管理のために，管理組合，理事会又は区分所有者に対して，助言，指導をしなければならない。

【参考：マンション標準管理規約（単棟型）】

（役員）

第35条　管理組合に次の役員を置く。

一　理事長
　　二　副理事長　　　　○名
　　三　会計担当理事　　○名
　　四　理事（理事長，副理事長，会計担当理事を含む。以下同じ。）○名
　　五　監事　　　　　　○名
　2　理事及び監事は，○○マンションに現に居住する組合員のうちから，総会で選任する。
　3　理事長，副理事長及び会計担当理事は，理事の互選により選任する。
　（理事長）
第38条　理事長は，管理組合を代表し，その業務を統括するほか，次の各号に掲げる業務を遂行する。
　　一　規約，使用細則等又は総会若しくは理事会の決議により，理事長の職務として定められた事項
　　二　理事会の承認を得て，職員を採用し，又は解雇すること。
　2　理事長は，区分所有法に定める管理者とする。
　3　理事長は，通常総会において，組合員に対し，前会計年度における管理組合の業務の執行に関する報告をしなければならない。
　4　理事長は，理事会の承認を受けて，他の理事に，その職務の一部を委任することができる。

(5) 管理組合と賃借人・自治会・コミュニティ

■課　題

　管理組合は，区分所有者の団体であり，マンションの建物と敷地等の管理を目的とする団体です。しかし，マンションには，区分所有者から住戸（専有部分）を借り受けた賃借人も少なからず居住しています。そして，当該マンションには管理組合とは別に，その居住者，すなわち，区分所有者と賃借人等を構成員としている自治会が存在している場合もありますし，自治会が，当該マンションの居住者を含む周辺の地域の住民で組織されている場合もあります。管理組合として，賃借人の管理への参加や自治会との関係，また，居住者間のコミュニティ形成について，どのように考えればよいのでしょうか。

　なお，自治会は，組織上，管理組合とは全く別組織ですし，居住者間のコ

ミュニティ形成は，これまで述べてきたマンションにおける管理の方式とは無関係ですし，また，管理組合の管理とも直接には関係しません。

■**賃借人の管理への参加等**

賃借人は，区分所有者ではないので，管理組合（区分所有法3条でいう「区分所有者の団体」）の構成員ではなく，集会での議決権はありません。ただ，会議の目的である事項につき利害関係を有する場合には，集会に出席して意見を述べることができます（区分所有法44条1項）。例えば，ペット飼育の禁止について集会において決議する場合等がこれに当たります。しかし，意見を述べることができるだけで，決議は必ずしもその意見に拘束されません。もっとも，賃借人が当該決議事項について利害関係を有するか否かにかかわらず，区分所有者が自己の代理人として賃借人に議決権の行使をさせることは認められています（同法39条2項）。

賃借人は，建物や敷地等の使用方法につき，区分所有者が規約又は集会の決議に基づいて負う義務と同一の義務を負います（同法46条2項）。先のペット飼育の禁止などがその例です。

理事会方式をとっている管理組合において，賃借人がその理事（役員）となれるかどうかは，区分所有法には特に定めがありません（なお，区分所有法上，管理者については資格制限はありません（同法25条1項，管理組合法人につき同法49条1項））。賃借人がその理事（役員）となれるかどうかは，規約の定めによりますが，マンション標準管理規約においては，「理事及び監事は，組合員のうちから，総会で選任する」（35条2項）と定められていることから，賃借人は組合員（区分所有者）ではないですから，役員にはなれないことになります。

管理組合と自治会との違い等については，第1部基礎用語8及び後掲の判例の解説を参照してください。以下では，主として，マンション標準管理規約にいう「地域コミュニティ」，「居住者間のコミュニティ形成」について考えてみます。

■**居住者間のコミュニティ形成**

「マンション標準管理規約（単棟型）」によると，管理組合の業務として，敷地及び共用部分等の保安・保全・保守等（32条1号）や組合管理部分の修繕（同2号）等の中核的な業務のほか，①官公署，町内会等との渉外業務（同11号），②風紀，秩序及び安全の維持に関する業務（同12号），③防災に

関する業務（同13号），④広報及び連絡業務（同14号）が掲げられています。また，それらと並んで⑤「地域コミュニティにも配慮した居住者間のコミュニティ形成」（同15号）が掲げられています。そして，管理費について，「地域コミュニティにも配慮した居住者間のコミュニティ形成に要する費用」（27条10号）につき通常の管理に要する経費として充当できると定められています。なお，上の①，②，③及び④については，別段，それらの各経費につき管理費が充当できる旨の明示的な定めはなされていませんが，これらについて経費を要するときには，「管理組合の運営に要する費用」（27条11号）又は「その他敷地及び共用部分等の通常の管理に要する費用」（27条12号）として充当することができると理解することができます。

■コミュニティ形成条項をめぐる議論とマンション標準管理規約

上記⑤の規定（以下では，「コミュニティ形成条項」といいます。）については，次のような3段階の議論があります。

第1は，財産管理ないし財産価値に無関係なコミュニティ形成については，管理組合の業務とすべきではなく，また，そのために管理費を充当するのは許されないとするものです。この立場はコミュニティ形成条項の廃止を主張しますが，一方の論者は，管理組合の業務は純粋な財産管理に徹するべきである点（自治会との差異）を強調するのに対し，他方の論者は，同条項は個々の区分所有者を財産管理とは無関係なコミュニティという排他的な性格を有する共同体への帰属を強いることにつながりかねないことの問題性を強調します。

第2は，規約にこの点を定めるのは許容されるとしても，標準型として行政庁（国土交通省）が提示する「マンション標準管理規約（単棟型）」に規定を設けるのはおかしいというものです。

第3は，「コミュニティ形成条項」が認められるとした場合に，コミュニティ形成費用として具体的にどのような経費が認められるかについては明瞭でないというものです。

第1及び第2の点に関して，「マンション標準管理規約（単棟型）」のコメントは，次のように説明しています。「コミュニティ形成は，日常的なトラブルの未然防止や大規模修繕工事等の円滑な実施などに資するものであり，マンションの適正管理を主体的に実施する管理組合にとって，必要な業務である。」（27条関係②第1段落）

そして，第3の点に関して同コメントは，次のように説明しています。「管理費からの支出が認められるのは，管理組合が居住者間のコミュニティ形成のために実施する催事の開催費用等居住者間のコミュニティ形成や，管理組合役員が地域の町内会に出席する際に支出する経費等の地域コミュニティにも配慮した管理組合活動である。
　他方，各居住者が各自の判断で自治会，町内会等に加入する場合に支払うこととなる自治会費，町内会費等は地域コミュニティの維持・育成のため居住者が任意に負担するものであり，マンションという共有財産を維持・管理していくための費用である管理費等とは別のものである。」(27条関係②第2段落，第3段落）この点に関しては，後掲の判例及び筆者のコメントを参照してください。なお，後掲の判例（管理費を町内会費や自治会費に充てることを否定）以外に，一定の事情のもとで管理費を町内会費に充てることを肯定した判例として，東京地判平成23年12月27日及び東京高判平成24年5月24日（共に判例集未登載）があります。

■**管理組合の業務**

　以上の議論についてどのように考えるべきでしょうか。以下で検討してみましょう。
　まず，管理組合（区分所有法3条の団体）は，「建物並びにその敷地及び附属施設の管理を行うための団体」であり（区分所有法3条），また，規約は，「建物又はその敷地若しくは附属施設の管理又は使用に関する区分所有者相互間の事項」について定めることができるので，管理組合は，「建物・敷地・附属施設の管理」以外を目的とする業務は行うことができませんし，規約では，「建物・敷地・附属施設の管理又は使用に関する区分所有者相互間の事項」以外の事項を定めることはできません。したがって，管理組合が当該敷地ないし建物において直接に飲食店の経営をしたり，宅配又は介護サービスを提供したりすることは許されず，また，規約でその旨を定めたとしてもその規約は無効です。その業務自体は区分所有者のニーズに応えることになるかもしれませんが，当該業務において赤字が発生したり，事故が発生したりした場合を考えてみてください。ただし，例えば，敷地や共用部分の一部をこれらの事業の使用ために第三者に賃貸することは，「建物・敷地・附属施設の管理又は使用」に関する事項として集会における特別多数決議（区分所有法17条1項の共用部分の変更（敷地については同法21条）又は同法31条

の規約の設定等）により認められると解されます。
　それでは，「地域コミュニティにも配慮した居住者間のコミュニティ形成」は，管理組合の業務といえるでしょうか。

■建物・敷地・附属施設の管理
　「地域コミュニティにも配慮した居住者間のコミュニティ形成」が，管理組合の業務といえるかどうかは，区分所有法でいう「建物・敷地・附属施設の管理」における「管理」をどのように解するかによります。これを最狭義に解した場合には，共用部分等の保存，一般の管理及び変更（区分所有法17条，18条，21条）に限定されますが，ここでの「建物」には専有部分も含まれ，また，規約事項についても，建物等の「管理又は使用に関する区分所有者相互間の事項」（同法30条1項）とされていることから，「管理」についてそれほど狭く解する必要は必ずしもありません。さらに，区分所有法は，区分所有者の全員により，ないしは管理組合が，「区分所有者の共同生活の維持を図ること」（区分所有者の「共同の利益」）を認めていることから（同法57条～60条各1項参照）――これは，直接的には共同の利益に反する区分所有者に対する当該行為の停止や予防等の措置に関する諸規定ですが――，その前提として「区分所有者の共同生活上の共同の利益」が区分所有者全員ないし管理組合の保護法益として措定されていると解することができます。したがって，「管理」には，広く「区分所有者の共同生活の維持（「共同の利益」）を図るために必要な建物等に関する管理」も含まれるものと解すべきであり，単に建物等の修繕・改良等の物的管理に限定すべきではないと思われます（なお，マンション標準管理規約1条，3条，17条1項・5項，19条，21条2項，22条1項，23条1項，31条，67条等参照）。
　このように解すると，先に見たマンション標準管理規約が掲げるように，管理組合の業務として，①官公署，町内会等との渉外業務，②風紀，秩序及び安全の維持に関する業務，③防災に関する業務，④広報及び連絡業務と共に，⑤「地域コミュニティにも配慮した居住者間のコミュニティ形成」に関する業務も含まれると考えることができます。すなわち，管理組合の業務として，建物を物的に維持していくだけではなく，区分所有者の共同生活上の共同の利益を図るために（それがマンションの財産価値の維持にもつながる。），例えば，防犯（②関連）や防災（③関連）が重要ですし，建物の物的維持を含むこれらすべてのためには，官公署・町内会等との連携・協力（②

関連）及び広報活動や連絡網の整備（④関連）が必要で，さらに，これらを促進するためには，実際上は「地域コミュニティにも配慮した居住者間のコミュニティ形成」（⑤関連）が必要といい得るでしょう。そして，「居住者間のコミュニティ形成」を図ることは，居住者の交流を深めることにより，区分所有者の「管理」への関心を高め，結果として，総会への出席率の増加や役員のなり手不足の解消にもつながり得ると思われます。

■コミュニティ形成のための経費の管理費からの支出

以上を踏まえて，具体的に，前掲のマンション標準管理規約のコメントで例示されているマンションや団地における催事として，例えば，夏祭りを開催する場合を考えてみましょう。夏祭りの開催のためには，そのための業務を行う必要があり，また，施設・設備・備品等のレンタルや購入，場合によっては第三者による有償での役務の提供を要し，それらのためには費用を必要とします。このような夏祭りを自治会が主催し，費用もすべて自治会で負担したり，また，管理組合の有志で主催し，費用も自治会又は有志や参加者で負担する場合には何ら問題は生じません。

問題は，管理組合が夏祭りを主催したり自治会等と共催したりして，その費用の全部又は一部を管理組合が負担する場合です。筆者としては，一般的には，このようなイベントを通じて居住者間の交流が深まり，「地域コミュニティにも配慮した居住者間のコミュニティ形成」を促進し，その結果として「区分所有者の共同生活の維持を図るために必要な建物等に関する管理」につながるものとして，これを否定的に解するべきではないと考えます。ただ，若干気になることもありますので，以下では，この点についても述べておきます。

■実務上の留意点

まず，実務的に留意すべきことは，そのプロセスとして，原則として，規約において，マンション標準管理規約のように「地域コミュニティにも配慮した居住者間のコミュニティ形成」が管理組合の業務として掲げられ，それに基づいて，集会における議案として，当該年度の事業計画に夏祭り等が盛り込まれ，そのための予算が当該年度の収支予算に計上された上で（マンション標準管理規約48条2号），その決議を経る必要があると考えます。基本的には，このようなプロセスを経た以上，夏祭りの開催等及びそのための費用を管理費から支出することについては，いわば私的自治に属する区分所有法

上の「管理」の範囲内にあるものと考えます。

　前記のように，マンション標準管理規約が 32 条 15 号で，管理組合の業務として「地域コミュニティにも配慮した居住者間のコミュニティ形成」を掲げ，また，同規約 27 条 10 号で，管理費を「地域コミュニティにも配慮した居住者間のコミュニティ形成に要する費用」に充当できると定め，また，同条のコメントで，「管理費からの支出が認められるのは，管理組合が居住者間のコミュニティ形成のために実施する催事の開催費用等居住者間のコミュニティ形成（のための）……管理組合活動である」といっているのも，筆者が以上で述べたことと同趣旨であると思われます。より現実を直視するならば，むしろ，これまでに現に管理組合の活動として行われてきた「居住者間のコミュニティ形成」事業がマンション標準管理規約（平成 16 年の改訂）の中に取り込まれた（ないし追認された）ものといえるでしょう。

■マンション管理と「コミュニティ」

　次に，先に述べた「若干気になること」について述べますが，その前に，マンションの管理と「コミュニティ」について述べておきます。ある社会学者の調査によると「コミュニティ」の定義は 94 通りあったとのことですが，広井良典・後掲書（11 頁）は，暫定的なものであるとしながら，「人間が，それに対して何らかの帰属意識をもち，かつその構成メンバーの間に一定の連帯ないし相互扶助（支え合い）の意識が働いているような集団」としています。そして，同書は，コミュニティを①「生産型」と「生活型」，②「農村型」と「都市型」，③「空間型（地域型）」と「時間型（テーマ型）」の 3 つの区別をしています。マンションの管理組合に関連すると思われるコミュニティは，①及び②については「生活型」・「都市型」として異論がないと思われますが，筆者は，③については，「空間型（地域型）」だけでなく「時間型（テーマ型）」の要素も併存しており，その点の認識が必要であると思います。

　前掲書によると，「農村型コミュニティ」が共同体的な一体意識を内容として情緒的（非言語的）性格を有する集団内部における同質的な結合であるのに対し，「都市型コミュニティ」は，独立した個人を前提として，規範的（言語的）な性格を有する集団外部に対して開かれた結合です。マンション管理組合は，その基本的な目的を考えると，「建物並びにその敷地及び附属施設の管理を行うために」，まさに独立した「区分所有者」が，一定の規範

（法律の定めや規約等）の下に，集会における多数決議を通じて共同で決定していく団体ですから，「都市型」及び「生活型」コミュニティです。それは，当初において意識的に一定の目的をもって結合した団体ではありませんから，「時間型（テーマ型）」ではなく「空間型（地域型）」と言えるでしょうが，ただ重要なことは，当初においては空間において法的に擬制された団体（「空間型（地域型）」）であり，コミュニティの要素である「帰属意識」が欠如している団体ですが，その後に現実に「帰属意識」が形成されるかどうかはともかく，法的擬制団体の成立後における当該団体の目的は，「管理」であり，その意味で実質は「管理」を目的とする「時間型（テーマ型）」コミュニティといえるでしょう。

■管理組合の「コミュニティ」の考え方

以上から，管理組合のコミュニティは，「生活型」・「都市型」であり，「空間（地域）・時間（テーマ）型」であると言えるでしょう。ただ，広井・前掲書が「都市型」においても「農村型」の利点による補完が必要であると述べるように（61頁，64頁），マンション管理組合においても，その結びつきを基本的に支えているのは規範的・理念的なルールや原理ですが，それらが独立した個人間において円滑に機能するためには，人間という存在は根本において情緒的・感情的な面も有していますから，排他性・閉鎖性を排除しつつ共同体的一体意識（譲歩，妥協，互助，支え合い等の意識・精神）にも着目する必要があり，それが自然と醸成されることが望ましいでしょう。

ただ，コミュニティの要素である「帰属意識」は，成文的な規範により形成されるものではなく，現実の人と人とのつながりにおいて自然と生成されるものですから，「帰属意識」を規範的に強制することはできず，また，強制につながるようなものであってはならないと考えます。そこで，規範としては，現実の人と人とのつながりにおいて，「適切な管理のための円滑な共同決定」に資するような「帰属意識」が自然と生成されるような契機を提供するものであることが要請され，また，その限りにおいて許されると考えます。このような規範（いわゆる「ソフト・ロー」に類するもの）は，実際上，即効性や可視性に欠け，また，すべてのマンションにおいて普遍性を有するものではありませんが，管理組合の目的である「適切な管理のための円滑な共同決定」にとって決して無意味ではないでしょう。

■コミュニティ形成条項のあり方

　ここで，先に「若干気になること」として述べた点に言及しつつ，仮にマンション標準管理規約を参照とした規約のあり方について述べておきたいと思います。なお，マンション標準管理規約の各条項は，各管理組合が，それぞれの実状に応じて適宜修正すべきものとされています（マンション標準管理規約（単棟型）コメント③）。

　先に見たように，マンション標準管理規約（単棟型）では，管理組合が「地域コミュニティにも配慮した居住者間のコミュニティ形成」（32条15号）についての「業務を行う」と定めており，同業務は，管理組合の行うべき業務として義務付けられています。ただ，コミュニティ形成のためにどのような業務を具体的に行うかは，管理組合ないし理事会の裁量であると考えられますから，具体的な業務については，理事会に任され総会に議案として提出できるものと解されます。

　先に「若干気になること」と言ったのは，それでは，管理組合又は理事会は，特段，コミュニティ形成のための業務を行わないことが許されるのでしょうか。規約に明示されている以上は義務付けられるとも解されますので，筆者としては，規約のあり方としては，例えば，マンション標準管理規約（単棟型）32条15号の規定に関して，管理組合の業務の1つとして掲示するのではなく，新たに同条2項を新設し，33条（業務の委託等）や34条（専門的知識を有する者の活用）の規定に倣って，そこに「管理組合は，地域コミュニティにも配慮した居住者間のコミュニティ形成に関する業務を行うことができる」と定めることも考えられます。

■コミュニティ形成条項の存在意義

　コミュニティ形成条項の定め方につき上のいずれの形にせよ，また，コミュニティ形成業務の内容が不明確であるにせよ，コミュニティ形成条項を設けておく意義としては，もしこの条項がない場合には，例えば，管理組合において，管理費を充当して（総会決議を経て），夏祭りその他の催事や親睦会（場合によっては当該マンションの賃借人や近隣の住民も参加）を開催するときに，果たして管理組合としてこのような催事を行うことができるか否かについて疑義が生じることも考えられます（マンション標準管理規約（単棟型）32条17号でいう「その他組合員の共同の利益を増進し，良好な住環境を確保するために必要な業務」に該当する余地もあるでしょうが，なお疑

義は払拭されないでしょう。)。その点，各年度の総会での決議の際に当該業務がそもそも管理組合の業務に該当するか否かを議論するよりも，あらかじめ規約にコミュニティ形成条項を設けておく方が妥当であると考えます。

《管理組合における自治会費の徴収に関する判例》

１．東京簡裁平成 19 年 8 月 7 日（判例集未登載）
【事案と判旨の概要】
　同判決は，管理組合（区分所有法 3 条にいう区分所有者の団体）X が，管理費（月額 5940 円）及び補修積立金（月額 1780 円）とは別に，「町内会費」（月額 100 円）と「管理組合運営費」（月額 400 円）からなる「管理組合費」（月額 500 円）を Y（区分所有者）に対して請求した事案です。裁判所は，町内会費相当分（月額 100 円）についての請求を否定しました。町内会費相当分以外の管理組合費については，これが会議費，広報及び連絡業務に要する費用，役員活動費等の管理組合の運営に要する経費に充当するものであって，区分所有法上の管理に関する事項であるとして，その請求を認めました。
　当該マンションにおいては，分譲時の昭和 50 年には同マンションの自治会として「親和会」のみが存在し，そこが上記「管理組合費」に当たる「親和会費」を徴収し，管理費及び補修積立金については，個々の区分所有者から依頼を受けた管理会社が徴収していたところ，平成 3 年に管理組合が設立され，「親和会費」は「管理組合費」に名称が変更され，上記のようにこれを管理組合が徴収するようになりました。同マンションの所在する東京都の当該区には町内会としての地域自治会が存在し，同団体は，当該地域内の会員相互の親睦（お祭り等）や関係官署各種団体との協力推進等を行うことを目的としています。
【コメント】
　この判決は，地域の自治会費は，当該マンションの管理に関する事項に係る経費ではないから，当該マンションの管理組合が，当該マンションの区分所有者に対して請求することはできないとしたものであり，この点については，当然の判断として異論のないところでしょう。本判決は，管理組合の業務としての「地域コミュニティにも配慮した居住者間のコミュニティ形成」（マンション標準管理規約（単棟型）32 条 15 号）に関しては何らの判断も行っ

ていません。ところで，本件での「管理組合費」のうちの「管理組合運営費」については，一見すると，本件マンションの自治会であった「親和会」から踏襲されたものであることから，「居住者間のコミュニティ形成」のための経費とも伺えますが，本判決で認定された事実によると，これは本来は「管理費」の費目に属するものであり，コミュニティ形成経費とはいえないと理解することができます。いずれにしろ，本判決では，「管理組合費」のうちの「管理組合運営費」については，管理組合XのYに対する徴収を肯定しています。

2．東京高裁平成 19 年 9 月 20 日（判例集未登載）
【事案と判旨の概要】
(1) 本件団地型マンションにおいては団地管理組合と団地自治会が存在するところ，本件請求の内容は，同自治会を退会した区分所有者 2 名が，管理組合に対して，全体管理費月額 1500 円のうち自治費相当額 200 円については支払義務がないことの確認を求めると共に，自治会に対して，自治会退会後に支払済みの 3 か月分 600 円の返還を求めたものです。本控訴審判決は，原審判決を取り消し，これらの請求を認めました。
(2) 本件管理組合（分譲時の昭和 57 年設立）は，本件マンションA～L棟（12 棟，1103 戸），商業施設及び駐車場棟の所有者（区分所有者）から構成される団体であり，本件自治会（昭和 62 年設立）は，本件マンションA～L棟に居住する住民から構成される団体であり，本件マンションのいわゆるコミュニティ形成活動（催事，防災・防犯活動，近隣町内会との交渉・参画等）については，自治会設立までは管理組合が行い，その設立後は自治会が行っています。そして，この活動のためには，管理組合が徴収する管理費の中から「自治活動費」が予算計上され，充てられていました。

本件管理組合の組合員は，①本件自治会会員でもあるA～L棟の住戸部分を区分所有する居住者（自然人）以外にも，②A～L棟の住戸部分を区分所有する法人（社宅使用中），③A棟のテナント部分を区分所有する法人，④商業施設を所有する法人，⑤駐車場施設の一部を所有する法人がいるところ，①～⑤（②～⑤は自治会会員ではない。）は，管理費を徴収されているため自治活動費を負担していましたが，他方，⑥A～L棟の住戸部分を法人から賃借している居住者は自治会の会員ではありますが，管理

費を徴収されないために自治活動費を負担していませんでした。

　本件管理組合は，平成17年の総会において同管理組合の「地域コミュニティにも配慮した居住者間のコミュニティ形成業務」の一部を本件自治会に業務委託することにつき承認を得，他方，本件自治会も同年の総会で同業務の受託の承認を得，その基本財源は，従前，本件管理組合が本件自治会に支払っていた金額（一住戸あたり月額200円）を業務受託料として爾後は受領し，これとするものとしました。なお，本件管理組合は，特に自治会設立後には自治会が本来は徴収すべき自治会費を，一貫して，管理費として区分所有者から1戸あたり月額200円を徴収（代行徴収）し，これを自治活動費又は業務委託費との支出科目名で，自治会に支出してきています。

　本判決は，自治会についてはその入会及び退会が自由であることから，それを退会した区分所有者2名については，自治会費を支払う義務を負わないとして，上記のとおり，原告たる2名の区分所有者の請求を認めました。

(3)　なお，本判決は，最後に傍論として，マンション標準管理規約を挙げた上で，「分譲マンションにおいて，居住者間のコミュニティ形成は，実際上，良好な住環境の維持や，管理組合の業務の円滑な実施のためにも重要であるといえる」とし，また，「管理組合が自治会にコミュニティ形成業務を委託し，委託した業務に見合う業務委託費を支払うことは区分所有法にも反しないものと解される」としつつ，ただ，本件での管理組合の自治会に対する「業務委託費の支払は，実質上自治会費の徴収代行に当たると言わざるを得ない」として，もっぱらこの最後の点のみを問題としています。そして，「本件マンションのコミュニティ形成業務を委託しようとするのであれば，強制加入の団体である管理組合と任意加入の団体である自治会という団体の性格の差異を踏まえて，改めて適切な業務委託関係の創設を検討するのが相当である。」と述べています。

【コメント】
　本判決は，同一マンションに，管理組合と共に自治会が存在する場合に，自治会員でない区分所有者は自治会費の支払義務がないため，この者に対して，管理組合が管理費のうち自治会費相当額の徴収をすることができない旨を判示したもので，前掲の判決と同様に，きわめて当然の判断であり，何ら

異論のないところでしょう。本判決の趣旨からすると（上記(3)参照），本件管理組合は，非自治会会員たる区分所有者に対しては，管理費のうち自治会費相当額を控除して徴収し，自治会会員たる区分所有者以外の住戸部分の居住者に対しては，自治会を代行して自治会費を徴収しなければならないこととなります。本件判決は，その傍論に見られるように，管理組合のコミュニティ形成業務を消極的に解しているどころか，むしろこれを積極的に解しています。

本判決の立場を踏まえると，管理組合のコミュニティ形成業務について，これを自治会が固有の事業として行うことは当然として（この場合に非自治会員である区分所有者をどのように処遇するかは自治会の判断によります。），管理組合が自治会に委託して行うことも（この場合に非自治会員である区分所有者をどのように処遇するかは，管理組合と自治会の業務委託の内容によります。），もちろん管理組合自らが行うこと（この場合に区分所有者以外の賃借人等の自治会員をどのように処遇するかは，管理組合の判断によります。）も是とされるでしょう。

〔参考文献〕
- 新たな管理方式検討委員会『マンション管理の新たな枠組みづくりに関する調査検討報告書』財団法人マンション管理センター，2008年
- 玉田弘毅・齊藤広子・大杉麻美・冨田路易『マンション管理方式の多様化への展望』大成出版社，2009年
- 広井良典『コミュニティを問いなおす』ちくま新書，2009年
- 鎌野邦樹「区分所有建物の維持管理義務の法的構造」日本マンション学会誌・マンション学33号59頁，2009年
- 鎌野邦樹「マンション管理方式について」土地総合研究2009年春号3頁，2009年
- 鎌野邦樹「アメリカのコンドミニアム法制調査拾遺」マンション管理センター通信2013年5月号22頁，2013年

4　マンション・団地の利点を生かすための試み

先に筆者は，マンションないし団地においては，戸建てとは異なり，共用

部分や敷地が共有であるために，個々の区分所有者から見ると，管理面において共同決定を必要とし，自らの思い通りにはならないというマイナス面はありますが，逆に，共用部分や共有の敷地が存在することを生かして，共同決定により，①これらを高齢者を含む区分所有者全体のために活用できないか，また，②これらの共同の管理に随伴させて高齢者等に対し生活上の諸々のサービスの支援を提供できないかということを述べました（229頁）。以下では，共用部分や敷地の共有のプラス面として，これらが実現できるのかどうか，その可能性（と限界）について検討してみたいと思います。

(1) 管理組合の積極的・経営的管理

■積極的管理の可能性・経営的管理の必要性

上記①及び②についての検討は，特に経年マンションや団地にとって有意義であり，そこでは，管理組合の「経営的管理」という視点からの考察が有用であると思います。マンションの建築からしばらくの間の管理の主目的は，共用部分や共有敷地につき当初の状態をできるだけ維持していくことにあり，基本的にはそれらの「財産管理」に尽きるといってよいでしょう。しかし，経年マンションにおいては，そのことを基本としつつも，他方では，区分所有者の高齢化等に伴い，また時代の変化に伴い，共用部分や共有の敷地を，現在の区分所有者の共同の利益のために改良ないし活用できないかが問題とされ，また，純粋な財産管理ないし財産活用に加え，マンション管理に包含ないし財産管理・活用に随伴するものとして，管理組合が区分所有者に対し諸々の生活上のサービスを提供することに係る業務を行うことができるかが問題となります。マンションの「静的・消極的管理」ではなく，マンションの「動的・積極的管理」が可能かどうかの問題です。ただ，そのような管理が持続的に成り立つためには，財政的な裏付けがなければなりませんので，「経営的管理」であることが必要です。

■積極的・経営的管理の業務内容

積極的・経営的管理の前提としては，経年マンションを適切に相当な期間にわたり維持していくことが必要です。そのためには，従来の管理費や修繕積立金の財源に加えて，共用部分や共有敷地等を活用して新たな資金を獲得することの可能性も検討に値します（「**資金獲得業務**」）。

共用部分や共有敷地の活用に関しては，新たな資金獲得という目的を超え

た，より積極的な活用として，高齢の区分所有者等に対する福利厚生サービス等を目的とする共益的施設の設置といった活用も考えられます（「**共益的活用業務**」）。さらに，管理組合の業務として，これらに加え，先にも述べた，マンション管理に随伴するものとして，区分所有者に対する諸々の生活上のサービス業務が考えられます（「**生活サービス業務**」）。

以下では，管理組合がその業務としてこれらの経営的な業務をどこまで行うことができるかについて考えてみましょう。ここで注意を要するのは，以下で検討するのは，管理組合の義務ではなく，管理組合が業務として行うことができるか否かといった管理組合の権限ないし能力の問題です。

まずは，次に3つの具体的な事例を掲げて，管理組合がこれらの業務を行うことができるかどうかについて検討してみましょう（以下の記述は，鎌野邦樹「不動産マネジメントの法学的課題」日本不動産学会誌23巻2号50頁以下（2009年）及び科学研究費助成研究（2005-2008年度）「ホリスティック・アプローチによる分譲集合住宅団地の減築・再生技術の開発」（研究代表者・小林秀樹）における筆者の研究分担部分に基づき，加筆・修正をしつつ，大きく議論を展開したものです。）。

■経営的管理業務の具体例

【第1例：資金獲得業務（共用部分・共有敷地の賃貸経営）】

①管理組合（特に団地管理組合）が建物等の維持管理費用を捻出するために，建物の共用部分（共用部分たる施設等）を区分所有者以外の者にも使用させて使用料を徴収したり，共有の敷地の一部を駐車場等として区分所有者以外の者にも賃貸して賃料を徴収したりする業務。さらに，②第三者が建物を建築して所有するために，共有敷地の一部を賃貸する業務。

上の①，②の業務は，既存の共用部分や共有敷地をそのまま賃貸するものです。ただ，②においては，賃貸後，当該共有敷地の上には建物が建設されるため，敷地の形状に著しい変更が生じます。

【第2例：共益的活用業務（福祉施設等への賃貸）】

①建物の共用部分たる施設（集会室等）を，第三者が福祉施設等に変更して区分所有者の利益にもなるような福祉事業等を行うために賃貸する業務。また，②共有敷地について，第三者（福祉事業者等）が建物を建築・所有して，そこで区分所有者の利益にもなるような福祉事業等を行うために第三者に賃貸する業務。

これらの業務は、第1例の賃貸の場合と基本的には異なるところはありませんが、賃貸の主目的が、資金の獲得ではなく、賃借人の行う事業により区分所有者が利益を受けるところにあります。

【第3例：生活サービス業務】

第1例及び第2例の場合とは異なり、管理組合の管理対象物である共用部分や共有敷地を第三者に賃貸する財産活用業務ではなく、区分所有者が諸々の生活サービスを受けられるように、管理組合が、サービス事業を実施する第三者に対して、その事業の委託又は仲介を行うなどの業務で、①空住戸の賃貸借取次業務、②空住戸の共用部分（規約共用部分）化業務、③諸々の生活支援サービス事業の取次業務などが考えられます。まずは、第3例のこれら①〜③の業務について、次で詳しく述べましょう（第1例及び第2例については後述）。

なお、第2例と第3例の中間的なものとして、例えば、日用品を販売する小売業者等に、一時的・定期的に共有施設や共有敷地を無償で使用させることがあります（例えば、特定日又は特定の時間だけ仮設店舗の設置や店舗用途車両の駐車を認めること）。

■生活サービス業務（第3例）について

①空住戸の賃貸借取次業務

マンションにおいて、空住戸は、防犯や防災上好ましいものでなく、事実上、管理費・修繕積立金等の滞納を生じさせる可能性があり、また、役員（理事）のなり手の不足にもつながります。もちろん、区分所有者自らが当該住戸に居住しない場合に、その住戸を賃貸するか否かについては当該区分所有者の判断に委ねられますが、当該住戸を賃貸しないまま空住戸としておくことは、他の区分所有者にとっては上記の理由から好ましいものではありません。そこで、管理組合が、区分所有者から委託を受けて、他の区分所有者や第三者（他の区分所有者の親族を含む。）への賃貸借を「取り次ぐ」業務を行うことが考えられます。最も簡便な方法として、マンションの掲示板に、区分所有者が自己の住戸について賃貸したい旨を提示することを管理組合が承認することがあります。この方法により、賃貸したい区分所有者としては、例えば自らが「貸したい人」（「同じ団地内の顔見知り」）に貸せたり、短期間で容易に賃借人を見つけることが可能となります。他方、賃借人となる側でも、同じ団地内において自らまたは親族等のために借家を得たいと希

望することも少なくないと思います。ひょっとすると，双方にとって，希望通りの賃貸借に至る割合は，個別に宅建業者に委託するよりも高いかも知れません。

　管理組合の行う空住戸の賃貸借取次業務としては，上で述べた範囲（又はそれに準ずる範囲）に留まり，それを超えて住戸の賃貸に係る仲介・媒介等の業務を行うことは，宅建業法等関連法令との関係で問題がありますし，賃貸借契約の締結に関して管理組合の法的責任が問われ得ることになります。管理組合の業務は，あくまでも賃貸人と賃借人との間で行われる賃貸借契約のきっかけを提供するにすぎず，賃貸又は賃借を希望する旨の通知のために，掲示板を一定期間使用させたり広報誌に掲載すること等です（使用料や掲載料の徴収も可能であると思われます。）。

②空住戸の共用部分（規約共用部分）化業務

　この業務として想定しているのは，管理組合が空住戸を無償で取得して（使用貸借，贈与，死因贈与，遺贈等による），それを規約共用部分とした上で（ただし，使用貸借の場合は除く。），区分所有者の共用施設（談話室・ゲストルーム等）として利用することです。使用貸借ではなく贈与等により管理組合が共用部分として所有した場合（正確には区分所有者全員の共有の場合）には，第三者に賃貸して賃料を取得することも可能と思われます（この点については第1例と同じ）。なお，上記のように規約共用部分とする（規約共用部分である旨の登記をする）目的は，これを専有部分のままにしておくと，当該専有部分については区分所有者全員の民法上の共有となり分割請求の対象となってしまうからです。

　管理組合が空住戸を無償で取得できる場面は，実際上はそれ程多くはないと思われますが，住宅一般に空住戸が増え，また区分所有権に伴う管理費等の負担を考えると，相続等を契機としてこのような場面も想定でき，管理組合としては，区分所有者に対して，このような窓口を開いておき，このような業務を展開できる態勢を調えておくことは，双方にとって有意義であると思います。なお，マンションの住戸を含む不動産所有権の放棄ないしは相続放棄が今日，法的課題となりつつありますが，このような場合における管理組合の「先取権」についても立法上検討すべき問題であると考えます。

③生活支援サービス事業の取次業務

　この業務としては，（ア）1人暮らしの高齢者等のための見守り・配食・

清掃・買物等のサービス事業，(イ) 子育て・日常家事（ベビーシッターの派遣，学童やペットの預かり，空住戸の管理，リフォーム）等の生活支援サービス事業，(ウ) 自動車等のレンタルサービス事業（区分所有者の全部又は一部で自動車を共用）等の取次業務が考えられます。ここでも，①の場合に賃貸人と賃借人の間を取り次いだように，管理組合の役割は，「区分所有者」と「上記（ア）～（ウ）を行う事業者」と間の取次業務です。当該サービスを受けた対価は，その利用者たる区分所有者が負担します。それでは，このような業務を管理組合が行うことのメリットはどこにあるのでしょうか。区分所有者が，個別に，各サービスの提供者である事業者と取引をすれば足りるのではないでしょうか。このような業務を管理組合が行うことのメリットは，管理組合が窓口となることによって（実際には管理組合から委託を受けて管理業務を行っている管理会社が窓口となると考えられます。)，サービス提供事業者は一定数の顧客をまとまって獲得できることから，集約的・効率的に高品質・低価格のサービスを提供できる可能性が生じ，その結果として，区分所有者もそれに対応する利益を受ける可能性が生じることです。ただ，そもそも管理組合がこのような業務を行うことができるか，また，管理組合から委託を受けて管理業務を行っている管理会社が，サービス提供事業者となることができるかについては検討を要します。後にこの点を改めて検討しましょう。

(2) 積極的・経営的管理の可能性と法的限界

上の具体例を含めて管理組合の積極的・経営的管理の可能性とその範囲を検討するに当たり，まず，この点に関する区分所有法及びマンション標準管理規約等の規定を確認しておきましょう。

■区分所有法と積極的・経営的管理

区分所有法上，管理組合の目的は，区分所有者の「全員で，建物並びにその敷地及び附属施設の管理を行う」ことであり，その管理の方法は，集会を開き，規約を定め，そこでの決定又は定めを管理者が執行することです（3条。なお，区分所有者全員の合意がある場合には，集会の開催，規約の設定又は管理者の選任は，必ずしも必須のものではないと解されます。)。ここでは，管理組合が行う管理の中に「経営的管理」が含まれるか否かは必ずしも明らかではありません。

ただ，区分所有法は，管理者の権限について，「共用部分並びに……当該建物の敷地及び附属施設……を保存し，集会の決議を実行し，並びに規約で定めた行為をする権利を有し，義務を負う。」（26条1項）と定めていることから，管理者の権限，及びその前提である管理組合での管理の範囲は，規約及び集会で規定又は決議できる事項の範囲であると解することができます。規約事項に関しては，「建物又はその敷地若しくは附属施設の管理又は使用に関する区分所有者相互間の事項は，この法律に定めるもののほか，規約で定めることができる。」（30条1項）と定めていますが，この点は，集会で決議できる事項についても同一であると解されます。この規定からは，管理組合での管理の範囲は，「建物又はその敷地若しくは附属施設の管理又は使用に関する区分所有者相互間の事項」とされていますので，「建物又はその敷地若しくは附属施設の管理又は使用に関する」事項から逸脱するものは除外され，また，「区分所有者相互間の事項」でないものは除外されますが，上で挙げた「経営的管理」の具体例の多くは，集会の決議又は規約の定めがあれば，管理組合の管理の範囲としてその業務とすることができると解されます。

次に，この点に関して，マンション標準管理規約及びマンション標準管理委託契約書（国土交通省が提示している，管理組合と管理業者（管理会社）との間の標準的な契約書）を見ていきましょう。

■標準管理規約・標準管理委託契約書と積極的・経営的管理

マンション標準管理規約において管理組合の業務とされているもの，及び，マンション標準管理委託契約書において委託（受託）業務とされているものの大部分は，共用部分や共有敷地等の「維持管理」に関するものです。ただし，マンション標準管理規約又はマンション標準管理委託契約書においても，共用部分等の「維持管理」（共同財産の静的管理）の範囲を超えて，区分所有者にとっての人的利益に資すると思われる事項，収益の増進を目的とする事項，ないし共用部分等の活用（動的管理）に関する事項も少なからず含まれています。

マンション標準管理規約（単棟型32条）においては，①敷地及び共用部分等の運営（9号），②修繕積立金の運用（10号），③風紀，秩序及び安全の維持に関する業務（12号），④防災に関する業務（13号），⑤連絡業務（14号），⑥地域コミュニティにも配慮した居住者間のコミュニティ形成（15号）など

が，これらに該当し，管理組合の「経営的管理」に関係すると思われます。例えば，①に関しては，敷地の一部を区分所有者以外の者の使用に供するために駐車場として賃貸すること，③，④，⑤，⑥に関しては，高齢者等に対する一定の生活上の支援サービス，⑤に関しては，非居住区分所有者のための（有償での）連絡業務などが関連すると思われます。マンション標準管理委託契約書においては，管理員業務における受付等の業務（宅配便の預かり・引渡し等（同・別表第2，2．(1)））などが関連すると思われます。

■現行法の下での「管理」の範囲

それでは，管理組合の「積極的・経営的管理」について，現行法の下ではどこまでが可能であり，また，その基準をどのように考えるべきでしょうか。管理組合（区分所有者の団体）の目的は，「共用部分等」の「管理」であり，その具体的な方法については，基本的に区分所有者の多数決議によって決定され，その決定の効力が反対者や区分所有者の特定承継人にも及ぶこと（当該管理に関して義務を負うことにもなり得る。）を考慮しますと，管理組合で行うことができるか否かについては，基本的に次の（ａ）及び（ｂ）の2点が基準となるものと考えます。

（ａ）管理組合の業務となり得るのは，「共用部分等」の「管理」（保存行為，維持等の通常の管理，変更（区分所有法17条，18条，21条参照）），及びこれに準ずるもの（現にある共用部分等の活用等（区分所有法17条，18条，21条参照））であって，これを超えるもの（処分行為等。以下，「管理外」といいます。）は，原則として認められない。

（ｂ）ただし，上での「管理外」のものであっても，現に存する建物及び敷地の状況の下での区分所有者相互間の事項に関し，管理組合（区分所有者の団体）の当該業務が，区分所有者の共同の利益となり得，かつ，そのことによって特別の不利益を区分所有者に与えないものについては，管理組合の義務としての業務ではないが，任意に行うことができる業務として，規約の定めにより，または集会の決議により，広義の「管理」に含まれるものとして認められる。

■具体例（第1例・第2例）の検討(1)

それでは，これらの基準に照らして，先に挙げた第1例〜第3例のそれぞれについて，「管理」に当たるか，それとも「管理外」ではあるが，例外として広義の「管理」に含まれるかを検討しましょう。

【第1例：資金獲得業務（共用部分・共有敷地の賃貸経営）】については，共用部分又は共有敷地の変更として「管理」に当たると解することができます。ただ，管理組合が実施する各業務について，集会における決議を経る必要があり，「形状又は効用の著しい変更」か「それを伴わない変更」かによって，特別多数決議を要する場合（区分所有法17条1項）と普通決議（同法18条1項，なお17条1項括弧書き）で足りる場合とがあります。第1例において，例えば，集会室・集会所を第三者に一時的に使用させる業務は普通決議事項であり，敷地を第三者に建物所有の目的で賃貸する業務は特別多数決議事項であると解することができます。敷地を第三者に駐車目的で賃貸する場合は，微妙ですが，その規模が大きいときや，そのために舗装をするときなどは（駐車場でなかった相当な敷地部分を駐車場とするという点で効用の著しい変更に当たり，舗装をするという点で著しい形状の変更に当たると解されます。），特別決議を要するでしょう。

【第2例：共益的活用業務（福祉施設等への賃貸）】については，基本的に第1例と同様の賃貸の場合ですので，「管理」に当たると解することができます。ただ，この場合には，共用部分又は共有敷地において特に効用面において著しい変更が生じますので，特別多数決議を要するものと考えられます。

なお，第1例及び第2例において，当該「管理」業務により一部の区分所有者の権利に特別の影響を及ぼすべきときは，その承諾を得なければなりません（区分所有法17条2項，31条1項）。例えば，特定の区分所有者の住戸前に大規模な駐車場が設置され，当該区分所有者にとって，区分所有者以外の車両による著しい騒音・振動等の被害が発生するおそれがあるときです。

■具体例（第3例の①）の検討(2)

生活サービス業務（第3例）のうちの①の空住戸の賃貸借取次業務については，実質的には管理対象物である掲示板（共用部分の附属物（区分所有法2条4項））の使用等に関するものであり，また，その使用目的についても特段問題はないと考えます（これに対し，特定の政党のポスターの掲示については許されないと解されます。）ので，「管理」に該当すると解されます。ただし，管理組合として，このような賃貸借取次業務を行ってよいか，また，そのために掲示板を使用してよいかについては，一般的な「管理」事項として，集会による普通決議を要するものと考えます。もちろん管理組合によっては，いわゆるマンションの賃貸化による弊害が現に生じていること等から，

むしろ空住戸の方が望ましいと考え，このような賃貸化を促進するような業務は認めないとの決定がなされることもあり得，そのような決定も当然に認められます（なお，住戸の賃貸を禁止する旨の決議ができない（当該決議は無効となる）ことは言うまでもありません。）。既に述べたように，管理組合が住戸の賃貸に係る仲介・媒介等の業務を行うことは，「管理外」の業務であり，これを行うことはできないと解されます。

■具体例（第3例の②）の検討(3)
　生活サービス業務（第3例）のうちの②の空住戸の共用部分（規約共用部分）化業務については，管理組合が空住戸の「取得」を前提とするものです。管理のために直接的に必要な備品（例えば，防犯カメラ，防災用品，パソコン等）の購入とは異なり，このこと自体は，たとえ無償による取得であり，また，取得後は規約により共用部分とするとしても，現に存する建物（専有部分と共用部分）の状況を前提とした建物の「管理」ではありません。また，取得した住戸を共用部分とすることにより管理組合の管理対象物が増加することに伴う新たな負担が生ずると共に，当該住戸からこれまで得ていた管理費等を徴収することができなくなることによる収入の減少も伴います。それでは，このような業務は，「管理外」として認められないのでしょうか。
　筆者としては，このような業務は，空住戸を管理組合が無償で取得する場合に限り，しかも個々の案件ごとに集会における特別多数決議（区分所有法18条1項類推）があったときは，前記（b）の基準により，広義の「管理」として管理組合の業務とすることができると考えます。ここで，無償に限るとしたのは，有償の場合には，「管理外」の事項について区分所有者に特別の負担（出費）を課すことになるために認めないと考えたからです。また，個々の案件ごとに集会決議を要するとしたのは，無償での取得であるので，客観的には前記（b）の基準に照らすと，区分所有者の共同の利益となり得，かつ，そのことによって特別の不利益を特定の区分所有者に与えないと考えられますが，上で述べたように規約共用部分化に伴う抽象的なデメリットもありますので，この点についての利益（メリット）と損失（デメリット）については具体的な状況（当該マンションにとって当該規約共用部分がどの程度必要か等）に応じて，多数決議に委ねるべきであると考えたからです。なお，ここでの規約共用部分化（専有部分の共用部分化）は，一般の「共用部分の変更」には該当しませんが，上記のようにこれに準じて特別多数決議

（同法18条1項類推）とするのが妥当であると考えられます。

■**具体例（第3例の③）の検討⑷**

　第3例のうち③の（ア）～（ウ）の生活支援サービス事業の取次業務は，建物等の「管理又は使用に関する区分所有者相互間の事項」（区分所有法30条1項参照）に係る業務ではなく，したがって，前記（ａ）にいう「管理」には該当せず，「管理外」の業務です。ただし，その業務が，前記（ｂ）の基準に該当し，かつ，前述のように「区分所有者」と「上記（ア）～（ウ）を行う事業者」と間の取次業務である限りにおいては，広義の「管理」（標準管理規約32条17号（管理組合の業務としての「その他組合員の共同の利益を増進し，良好な住環境を確保するために必要な業務」）参照。）として，集会における普通決議（規約に定める場合には特別多数決議）によって，管理組合の業務として認められると考えます。前述のように，各サービス供給に係る契約の当事者は，その事業者とその提供を任意で受ける区分所有者とであるところ，管理組合の取次業務（窓口業務）の内容としては，具体的には，当該サービス事業に関する広告のための掲示板の使用・広報誌への掲載の承認，事業者のサービス提供のための敷地や建物への立入りや必要に応じての共有敷地や共用部分の使用の許可・監督などに係る業務が考えられます。ここにおいては，サービス事業の内容，サービス事業者の選定，サービス事業者による共用部分の使用等に関しては区分所有者に多様な考え方（管理組合がこのような業務を行うこと自体を認めないという考え方も含む。）があることから，たとえ当該サービスの提供を受けるかどうかは各区分所有者の任意であるとしても，原則として事業者ごとの個別の集会決議が必要であると考えます。

　なお，各サービス供給に係る契約の当事者は，その事業者とその提供を任意で受ける区分所有者とであることから，現に管理組合との間で管理委託契約を締結している管理業者（管理会社）が，このようなサービス事業を提供することは妨げられないと解されますが，この場合に管理組合が管理業者（管理会社）との間で取次業務（窓口業務）に係る契約を締結するときには，管理組合は，取次業務（窓口業務）に係る契約の締結又は同契約に係るサービス業務を当該管理業者（管理会社）に委託することは，自己契約となりますので許されず（民法108条），管理組合自らで契約を締結しなければなりません。

■管理組合が事業主体となることができるか

　すでに述べたように，管理組合は，前記（a）の「管理」の範囲を超え，かつ，（b）の広義の「管理」も超える行為を業務とすることはできません。この点を第1例〜第3例と関連する事項で確認してみましょう。

　第1例との関連で，管理組合が自ら建物を建築しそれを第三者に賃貸又は売却したり，第2例との関連で，管理組合が建物の共用部分たる施設（集会室等）において区分所有者のために福祉事業等を行ったり，または，共有敷地に建物を建築・所有して，そこで区分所有者のために福祉事業等を行うことはできません。

　また，第3例の①との関連で，管理組合が住戸の賃貸借を媒介したり，②との関連で，管理組合が空住戸を賃借又は購入して，それを転貸又は賃貸もしくは売却することはできません。さらに，③との関連で，管理組合が，自ら区分所有者に対する生活サービス事業を行うことはできません。

　これらは，いずれも，先に示した（b）の基準，すなわち，「現に存する建物及び敷地の状況の下での区分所有者相互間の事項に関し，管理組合（区分所有者の団体）の当該業務が，区分所有者の共同の利益となり得，かつ，そのことによって特別の不利益を区分所有者に与えないもの」という範囲を超えるからです。言い換えれば，これらの建物建築事業，賃貸・売買事業，福祉・サービス事業は，区分所有者の「管理」のための「金銭拠出ないし金銭負担」の目的を超えるものであり，また，事業リスクを伴うものとして区分所有者の利益に影響を及ぼすことになるからです。

■団地再生の一環としてのデイケアサービスの誘致

　以上では，マンションないし団地において，共用部分や共有の敷地が存在することを生かして，共同決定により，①これらを高齢者を含む区分所有者全体のために活用できないか，また，②これらの共同の管理に随伴させて高齢者等に対し生活上の諸々のサービスの支援を提供できないかという，共用部分や共有敷地が存在することのプラス面について検討してきました。以上で挙げた具体例は，具体例1の共有敷地の駐車場としての賃貸を除くと，筆者がその実例の存在を認識し，それに基づいて挙げた具体例ではありません。これら各具体例の実現のためには，管理組合ないし区分所有者の積極性や経営的能力を必要とすると思います。また，ひとつ前の項目「これからのマンション管理の方式」で述べた管理者方式［第三者管理方式］との関連で実現

を図ることも考えられます。

　本節の最後に，区分所有者による「団地再生」の素案の検討の段階ではありますが，以上で述べてきた具体例との関連で首都圏のある団地での試みを「実例」として紹介し検討してみましょう。

　その「実例」におけるひとつの案は，これまで当該団地では，団地内の建物の一括建替え，棟別建替え，及び棟別大規模改良等が検討されてきたところ，それとの関連で，筆者が認識した当時（2011年11月）においては，団地内の集会所の建替えと，建替え後の同建物の一部にデイケア施設を設けて同サービスを提供する事業者を誘致しようとするものです。

　この案における法的な論点は，次の2点であると思われます。

　①当該集会所が「団地内の附属施設」（区分所有法65条）であり，団地内の区分所有者全員の共有であるとして，管理組合が行う集会所の「建替え」のためには，全員合意が必要か，それとも集会での5の4以上又は4の3以上の特別多数決議によるのか。

　②団地内の区分所有者全員で共有している敷地（の一部）上にデイケアサービス業者が建物を建設して同事業を行うこととした場合に，そのためには，区分所有者全員の合意が必要か，それとも集会での5の4以上又は4の3以上の特別多数決議によるのか。

■団地内の集会所の「建替え」

　まず，①については，当該集会所が団地内の区分所有者全員の共有であれば（区分所有法65条参照），その「建替え」については，附属施設の「変更」として，集会での区分所有者及び議決権の各4分の3以上の多数により決すると解することができます（66条での読替えによる17条1項）。

　ここでの法的問題は，附属施設の変更後（建替え後）の建物の用途が，従来の「集会所」だけではなく，事業者に使用させる「デイケアサービス施設」も並存させることです。管理組合が，附属施設の一部に，区分所有者の共用に供されることのない部分（第三者に賃貸ないし使用される部分）を自らで建設することは，その部分の建設に当たっては管理組合（区分所有者の団体）の「管理」目的の資金から支出するわけですから，先に述べた（a）及び（b）の基準に照らして，許されないと解されます。

　そのための便法としては，管理組合は，専ら「集会所」としての建替えを行い，その後に，建替え後の「集会所」の一部（一区画）を，改めて当該附

属施設についての「効用の変更」としての決議（区分所有法66条，17条1項）によって，デイケアサービス事業者に賃貸することが考えられますが，あらかじめ賃貸事業を組み込んだ「集会所」の建替え（附属施設の変更）であるとして脱法行為（信義則により無効）に当たると解される余地があります。実際にも，このような建替え事業には，予定通りに賃貸が行われるかというリスクが伴うところ，そのリスクを区分所有者に負わせることはできないと解されます。

■団地再生事業としての集会所の「建替え」

それでは，集会所を建て替えると共にデイケア施設を誘致するという「団地再生」事業は，実現できないのでしょうか。筆者は，これを実現するためには，大きく次の（ア）と（イ）の2つの手法があると思います。

（ア）管理組合はデイケアサービス事業者に共有敷地の一部を賃貸（又は使用貸借）し，デイケアサービス事業者が，集会所を建て替えて，その一部をデイケア施設として使用し，他の一部を管理組合の集会所として使用させる（使用権原については，使用貸借，賃貸借，（贈与等による）所有権の取得等が考えられる）。上記②の法的論点は，この場合を前提としています。

（イ）デイケアサービス事業者に共有敷地の一部を賃貸（又は使用貸借）し，管理組合とデイケアサービス事業者とが，建替え後の建物につきデイケア施設と集会所とを区分所有する目的で，共同で建替えを行う。この場合にも，上記②の法的論点が関係します。

まず，上記②の決議の要件に関しては，この場面ではいずれにしろ法的には，敷地の「変更」及び附属施設の「変更」が問題となりますので，4分の3以上の特別多数決議で足りると解されます。

（ア）の手法での問題点は，附属施設である集会所の「変更」に伴い，その建替え後には，集会所に対する管理組合の権利が使用借権や賃借権という所有権と比べて弱い権利となり，一方で，区分所有者の共有物の「処分」（ないし「消滅」）がなされると解される場合があり，この場合には，「管理」の範囲を超えるものと考えられます。したがって，（ア）の手法を用いる場合には，「変更」後の管理組合の権利も所有権である必要があり，かつ，建替え後の当該附属施設については，管理組合とデイケアサービス事業者との共有とするのではなく，当該附属建物の集会所の部分は，管理組合の「区分所有」（単独所有）であり，かつ，区分所有者の共用に供される共有である

必要があると考えるべきです。そうすると，その局面だけ見れば，管理組合としては，集会所の建替えによって無償で集会所の所有権を取得することになるために，実務上は，デイケアサービス事業者に対する共有敷地の賃貸の賃料において調整を図ったり，またはこれを使用貸借とすることが考えられます（なお，建物所有者たるデイケアサービス事業者に対しても存続期間の保障など借地借家法上の保護が必要と思われることから，賃貸借であることが妥当であると考えます。）。

（イ）の手法は，あらかじめ上の問題を解消するために管理組合とデイケアサービス事業者とが共同で集会所の建替えを行うものです。ここにおいて，デイケアサービス事業者は，法的には，「集会所の建替え（変更）を行う」と見るべきではなく，附属施設の一部を所有するために「団地内の敷地（の一部）を借り受けた」と見るべきです。法的には，この手法においては，管理組合による「集会所（附属施設）の変更」とデイケアサービス事業者の管理組合からの敷地（の一部）の「借地」が，相対的に独立して（実質上は一体ですが）行われるものです。なお，法的には，事業者はデイケアサービス事業者である必要はなく，例えばコンビニ事業者等でも構いません（この点は，区分所有者の多数決議による選択に係る問題です。）。また，この場合の集会所の建替えについては，必ずしも集会所が所在している敷地において，それを取り壊してそこに新たな附属施設を建設する必要はないと解されます。

■建替え後の「附属施設たる建物」

それでは，（イ）の手法によって建て替えられた附属施設についての法律関係は一般的にどのようになるのでしょうか。

まず，建物に関しては，管理組合にとっては「附属施設たる建物」として，その建物内の区分された集会所に相当する共用部分について規約によって「団地共用部分」とすることが考えられます（区分所有法67条1項）。ここでは，その建物内の区分された集会所に相当する「団地共用部分」のみが，団地内の「附属施設たる建物」と解され，その旨の登記がなされると解されます（同条1項の括弧書き参照）。他方，デイケアサービス事業者としては，管理組合から借りた団地内の敷地上に建築した建物において，区分されたデイケア施設について区分所有権を有すると解されます。

次に団地内建物の敷地については，デイケアサービス事業者が「建替え建物」の一部を区分所有するに至っても，従前の団地の区分所有者の敷地に対

する所有権としての「共有持分」の割合は変わりません。当該建物の区分所有者であるデイサービス業者は，このような土地（敷地全体）に対し「賃貸権」を取得するにすぎず，既存の団地の区分所有者の「共有持分権」（所有権）には影響を与えません。そして，当該建物の区分所有者であるデイサービス業者は，敷地及び集会所たる附属施設を共有するわけではありませんので，団地管理組合の構成員となる「団地建物所有者」ではありません（区分所有法65条）。

　なお，先に，法的には事業者はデイケアサービス事業者である必要はなく例えばコンビニ事業者等でも構いませんと述べましたが，それでは，マンション分譲業者である場合（マンション分譲業者が借地上に（附属施設を含む。）マンションを建設してその専有部分を分譲する場合）はどうでしょう。このような場合には，当該マンションの区分所有者は団地内の敷地については賃借権を準共有するにとどまることから，土地の共有を媒介とする前記の「団地建物所有者」となるものではなく団地管理組合の構成員とはなりません。このようなことから，事実上は同じ団地内の区分所有建物の区分所有者であっても，法的には「団地建物所有者」（団地管理組合の構成員）ではない者を生み出し，それによって，建替えを含む団地の管理において複雑な法律関係を創出させ，また，一種の区分所有者間の利害の不衡平を生じさせることから（区分所有法30条3項の法意），マンション分譲のために敷地を賃貸する旨の決議は，公序良俗に違反し無効であると解せましょう。もっとも，実際には，このような決議がなされることは，まずないと思われます。

II マンションの復旧・建替え・解消を考える

1 老朽化の場合と被災の場合

　マンションは，その建築・分譲時から日常的な維持・管理がなされていきますが，年月の経過により，やがては「老朽化」の問題が生じます。他方，突如，災害を受けることもあります。以下では，「老朽化」に対する建替え等及び被災に対する復旧等に関して考えてみます。

■建物の「老朽化」

　建物は，相当の年数の経過によって私たち人間と同様に物理的にも機能的にも「老朽化」します。人間は，必ず寿命が尽きて死に至りますが，寿命が尽きて死亡する年齢は個人差があります。それでも大半が70歳から90歳の間といえるでしょう。これに対して，建物については，その「寿命（耐用年数）」がどの程度なのか明確ではありません。その建物の材質等によって，また，建築後の「健康管理」（建物の維持・管理）によっても大きく異なります。特にわが国のマンションについては，その大半が建築後せいぜい40年以内ですので，「平均寿命」も明らかではありません（ちなみに，今日までの建替え件数は180件程度です。）。建物の材質が良くなく，また，建築後の維持・管理を怠っている場合には，20年程度で老朽化するでしょうし，逆に，材質がよく，建築後の維持・管理を適切に行っている場合には，100年以上経ってもほとんど老朽化せず延命できるでしょう。

■建物の「老朽化」や「寿命」の考え方

　上で建物の「寿命（耐用年数）」や「平均寿命（平均耐用年数）」が明確ではないと述べましたが，実は，そもそも「老朽化」や「寿命（耐用年数）」なるものが当然に存在するのかどうかについても必ずしも明確ではありません。つまり，建物の部材を適宜，更新していった場合には「老朽化」に至らせずに済みますし，また，建替えに準じた形のリノベーション（修復）を繰り返していった場合には元来の部材いかん（石造り等）によっては「寿命」は尽きないともいえます。建替え制度を有するわが国とは異なり，ドイツやフランスなどの区分所有法制及びその運用においては，建物の部材の質にも

よりましょうが，このような考え方が基本にあります。つまり，この両国（及び他のヨーロッパ諸国）では，老朽化を理由とする区分所有者の特別多数決議による建替え制度や解消制度がありませんので，このように考えているのでしょう。また，意外にも，区分所有者の特別多数決議による解消制度を有するアメリカでも，その運用状況や専門家の姿勢を観察すると，同じように考えているようです（この点については，後に3「マンションの解体・解消制度について」で詳しく述べます）。

■欧米における「老朽化」や「寿命」の考え方

確かに，人間の歴史において，ローマ時代の「インスラ」と呼ばれる数階建ての集合住宅（賃貸住宅）も含めて，建築当時の建築物が建替えがされないまま数百年から1000年間にわたり存在している例は，教会や寺院等の歴史的遺産の部類に属するものを除くと，ごくごく稀でしょう。このことにより，建物の「寿命」については，マクロ的な時間軸で見た場合には，単に物理的な耐用年数の問題ではなく災害や戦争によることも含む社会や経済の変化を原因とする建物の「滅失」（取壊しを含む。）の問題であることが理解できるでしょう。先に述べた欧米の区分所有建物の「老朽化」や「寿命」についての考え方は，このようなマクロ的な時間軸でのものではなく，あくまでもその所有者（たち）の意思だけによって決定できる現況の社会経済体制を前提としたミクロ的な時間軸を基準としてのものでしょう。このミクロ的な時間軸が具体的にどの程度の年数であるかは必ずしも明らかではありませんが，私的所有が認められている多くの諸国の人々にとっては，建物の存廃をその所有者（たち）の意思だけによって決定できる状態は将来にわたり相当な期間は続くと考えられますので，ミクロ的な時間軸において，堅固な一般的な区分所有建物は，半ば永続的なものであり，当面「寿命」はないものと考えているものと思われます。もちろん「老朽化」させないための継続的な維持・管理が前提です。欧米の区分所有法制の基礎には，基本的に以上のような考え方があるといってよいでしょう。その代表的な法制上の規定として，ドイツの住居所有権法11条1項の「非解消性の原則」が挙げられます。同条項は，「住居所有権者は，共同関係の廃止を請求することができない」と定めています。

■1983年改正法による「老朽化」・「寿命」の考え方と建替え制度

これに対して，わが国における区分所有建物の「寿命」に対する考え方は

どのようなもので，また，区分所有法はどのような制度を設けているでしょうか。1962年に制定された区分所有法は，その制定時には建物の「寿命」に関しては特段意識していなかったものと思われますが，1983年の改正法は，災害のほか，区分所有建物が老朽化に至った場合を想定して，建替え制度を新設しました。つまり，「老朽，損傷，一部の滅失その他の事由により，建物の価額その他の事情に照らし，建物がその効用を維持し，又は回復するのに過分の費用を要するに至ったときは」集会における特別多数決議により，建替えをすることができると定めました（旧62条1項）。ここでは，建物の効用の維持・回復のために過分の費用を要するに至った時点を「建物の老朽化」ないし「寿命」と見て，建替えを認めました。確かに，現存の「建物の価額」に対する「当該建物の維持・回復に要する費用」の「過分性」のみに着目すると，この基準により建物の「老朽化」ないし「寿命」が認定でき，したがって，建替えを行うのが経済上合理的であるように思われます。しかし，実際には，この基準とともに，あるいは，この基準以上に，現存の「建物の使用価値」及び「建替えに要する費用」が考慮され，第1には「建替え費用」が工面できるのかどうか，第2にはそのこととの関連で，現存の「建物の使用価値」は乏しいのか（「居住するのに甚だしい支障が生ずるのか」）が各区分所有者によって問われることになりましょう。5分の4以上の区分所有者が，第1と第2の点を肯定的に判断しない限り，建替え決議は成立しません。

■**わが国の「老朽化」建替えの実態**

上で述べたことの証左として，阪神・淡路大震災により被災したマンション以外のいわゆる「老朽化」ないし「寿命」を理由とする建替えの事例のほぼすべては，建替えによって再建建物に余剰床を産み出すことができたために各区分所有者の負担が軽減できた事例です。したがって，わが国の1983年改正法は「老朽化」による「過分の費用」を基準として区分所有建物の「寿命」を設定しましたが，実際に建替え決議が成立し得たのは，「老朽化」を契機とはするものの，建替えよって余剰床を産み出すことができる「効用増を伴う場合」がほとんどであったということができるでしょう。言い換えれば，1983年改正法が想定した「寿命」が到来しても，実際には，効用増がない限りは建替えは実施できず「寿命」を全うできないと言うことができるでしょうし，「老朽化」ないし「寿命」とは無関係に効用増が認められれ

ば，建替えが可能であるといいうるでしょう。

　それでは，今後は大半のマンションにおいて効用増が期待できない状況にあって，マンションの「老朽化」についてどのように考えたらよいのでしょう。この点については，次の2「建替え制度を考える」において考えてみましょう。なお，2002年改正法によって，上で述べた「過分性」の要件は撤廃されました。この点も含め2002年改正法による現行の建替え制度の概要については，第1部の基礎用語29及び30を参照してください。

■マンションの被災

　上で述べたマンションの老朽化の場合は，徐々に進行し，また，日常の維持・管理によってその進行を遅らせることができますが，マンションの被災は，日常の維持・管理とは無関係に，火災，台風，地震等により突如やってきます。ただ，被災に備えて，耐震補強工事（基礎用語26参照）等をすることによって，また，災害保険に加入しておくことによって，被災を免れたり被災後の復旧を円滑に実施することができます。不幸にも被災してしまった場合の法的措置としては，建物の被災の程度によって次の①〜③の場合のように扱いが異なります。すでに基礎用語33において復旧についての概要が述べられていますが，若干の追加をして，以下でさらに述べておきましょう。

　なお，区分所有法61条は，復旧の場合において，その前提となる「滅失」に至った原因を問題としていません。したがって，災害に起因しない老朽化等と考えられる突然の滅失（なお，1977年に開通した山梨県中央自動車道の笹子トンネル内の天井板崩落事故（9名死亡）は，自然災害によるものではなく，トンネル施設の老朽化によるものと考えられています。）についても同条の適用があり，復旧の対象となると解されます。

① 建物の被災の程度が小規模の場合

　この場合は，被災の程度が建物価格の2分の1以下のときで，例えば，被災前のマンション全体の建物の価格が10億円であったときに，被災後にその価格が6億円となった場合です。区分所有法61条1項では，「建物の価格の2分の1以下に相当する部分が滅失したとき」と定めていますが，災害によって建物の部分が「滅失」したのか「損傷」なのかは必ずしも明らかではありませんので，この両者を区別する必要はないと解されます。とにかく，被災によって，その建物の価格が減少した場合です。被災の原因が，地震な

どの自然災害か特定の住戸からの失火や飛行機の墜落などの人為的災害かは問題とはならず，また，被災部分が，専有部分であるか共用部分であるかは問題とされません。もっとも，人為的な災害の場合には，その原因者に損害賠償請求をすることができ，その賠償金で復旧をすることができます。

　このように被災の程度が小規模な場合の建物の復旧については，通常の管理の場合と同様に，集会において，区分所有者及びその議決権の過半数で共用部分の復旧をする旨の決議をすることができます。専有部分の復旧は，当該区分所有者が自らの費用により実施することになります。

② 　建物の被災の程度が大規模の場合

　被災の程度が建物価格の2分の1を超える場合，例えば，被災前のマンション全体の建物の価格が10億円であったときに，被災後にその価格が4億円となった場合は，集会において，区部所有者及び議決権の各4分の3以上の多数で共用部分の復旧をする旨の決議をすることができます（詳細は基礎用語33参照）。この場合も，①の場合と同様に，専有部分の復旧は，当該区分所有者が自らの費用により実施することになります。

　この場合には，建物を被災前の状態に復旧させるのではなく，区分所有者及び議決権の各5分の4以上の賛成があれば，被災した建物を取り壊して新たな建物を再建する旨の建替えを決議することもできます（区分所有法62条）。もっとも，建替えについては，その原因が問題とならないので，被災の程度が小規模の場合であっても可能です。

③ 　建物の全部滅失の場合

　上の①及び②の場合は，災害によっても建物は依然存在している場合ですが，建物の全部が滅失（全壊・全焼）した場合には，区分所有法が定める復旧も建替えも集会の決議により行うことはできません。建物が存在しない以上，復旧もできませんし，建替えの前提としての取壊しもできないからです。この場合には，従前の区分所有者の財産権（所有権）の対象は土地だけであり，通常は土地についての従前の区分所有者による共有関係だけとなりますので，一般の土地の共有と変わるところはありません。したがって，民法の共有の規定に従って，その土地の一般の管理については各共有者の持分の過半数によって決定され，それ以外の変更については全員の合意が必要となります（民法251条，252条）。その土地に新たな建物を建築する「再建」については，全員の合意が必要となります。他方，土地の各共有者は，いつでも

他の共有者に対して自己の持分の分割を請求することができます（民法256条）。この場合の一般的な分割の方法としては，狭小な土地の現物分割を受けても無意味ですので，全員の合意による第三者への売却，または裁判所に対する共有物分割請求を通じた競売を実施し，その売却の代金を各共有者の持分に応じて分配することになります。

■被災マンション法による再建

　災害等で建物が全部滅失した場合には，上の③で述べたように，一般的には区分所有者の多数決議によって建物の再建を行うことはできません。しかし，1995年1月に発生した阪神・淡路大震災においては，全壊したマンションにおいて再建の要望があったこと等から「被災区分所有建物の再建等に関する特別措置法」（1995年3月，一般には「被災マンション法」と呼ばれています。）が制定されました。同法では，「大規模な火災，震災その他の災害で政令で定めるものにより」区分所有建物の全部が滅失した場合には，「敷地共有者等の議決権の5分の4以上の多数で」再建する旨の決議ができると定められています（同法2条，3条）。阪神・淡路大震災は，政令により同法にいう大規模災害に指定され，同法の適用により全部滅失の建物について再建がなされました。なお，このような政令による指定を受けた大規模災害以外の災害による建物の全部滅失の場合（例えば，台風による土砂崩れや竜巻により1棟の建物が全部滅失する場合）においては，同法の適用はなく，したがって，再建はできません。この点については，今後，立法的な検討が必要だと思います。

　なお，2013年の被災マンション法の改正によって，建物の全部滅失又は大規模一部滅失の場合における解消制度が創設されました。この点については，3「マンションの解体・解消制度」のところで述べます。

■復旧をめぐる諸問題

　復旧に関しては，次の（ア）及び（イ）の点が問題となり得ます。（ア）大規模一部滅失か小規模一部滅失かの判断において，敷地の被害は考慮されるのか。（イ）建物が滅失した場合に復旧しないことはできるのか。また，復旧によって建物をどの程度回復させる必要があるのか。

（ア）敷地の被害

　上で述べたように，大規模一部滅失か小規模一部滅失かの判断においては，「建物の価格」を基準としています。東日本大震災では，浦安市などの海浜

部ではいわゆる土地の液状化現象が生じ，マンションにおいてもその敷地に被害が生じました。それでは，例えば，建物についてだけ見れば小規模一部滅失に当たりますが，敷地の被害まで含めれば，「マンションの価格」の2分の1を超える「滅失」が生じている場合は，小規模一部滅失なのでしょうか大規模一部滅失なのでしょうか。区分所有法61条が建物の滅失についてこの両者を区別する趣旨は，区分所有者の復旧のための費用負担の多寡によって多数決要件に差異を設け，また，費用負担が大きい大規模一部滅失の場合にはこれらを理由に復旧に参加できない区分所有者に買取請求を認めるという点にあります。したがって，この趣旨からすれば，敷地に被害が生じた場合には，当然に敷地の復旧も行いそのための費用を支出するわけですから，大規模一部滅失か小規模一部滅失かの判断における「建物の価格」の中には，「敷地の価格」も含めるべきものと解されます。なお，通常，不動産鑑定においては，「マンションの価格」を建物と敷地とを一体として評価しております。

(イ) 復旧の義務及び復旧の程度

建物が滅失した場合に復旧しないことはできるのでしょうか。小規模一部滅失の場合には，各区分所有者は，復旧決議の前に単独で共用部分の復旧工事を行うことができ，その費用の償還を他の区分所有者に対し請求することができますので，結果的に復旧が強制されますが，それ以外の場合は，復旧するか否かは集会の決議によって決定されます。外国の法制では，保険が義務付けられ，これにより補填できる限りは復旧が義務付けられますが，わが国ではそのようになっておりません。管理者には保険金額の受領についての代理権限はありますが（区分所有法26条2項），当然に保険金を復旧費用に充てる権限まではありません。したがって，規約でこれを可能とする旨を定めておくことが望ましいと考えます（このような定めがない場合には，復旧決議の際に，保険金を復旧費用に充当する旨の決議を併せて行う必要があります。）。

なお，復旧とは，基本的には被災前の状態に回復することですが，そのための費用負担を考慮して復旧決議の内容として回復の程度を限定する（例えば，とりあえず安全上重要な部分の復旧工事のみを行う）決議も可能であると解することができます。

2 建替え制度を考える

■今後の建替え制度の利用

　諸外国にはない特別多数決議による区分所有建物の建替えという制度（ただし，韓国と中国は日本法に倣ってこの制度を導入しました。）は，不要な制度ではなく，現行どおり存置した方がよいと思います。この制度は，限定的ではありますが，活用される場面があります。その第1の場面は被災時です。

　建物が全部滅失した場合に再建が選択されるだけではなく，建物の一部滅失の場合にも，その滅失の程度にかかわらず，大多数の区分所有者が復旧ではなく建替えを望みこれが選択されることも少なくないと思われます。現に，阪神・淡路大震災においては，このような選択が多くなされました（100件程度）。なお，現行法制の下では，288頁で述べたように，全部滅失の場合の再建については，政令により指定を受けた大規模災害の場合に限られますが，筆者は，立法上これに限定されない方向での検討がなされるべきであると考えます。

　建替え制度を有しない欧米でも，被災により建物の一部が大規模滅失した場合には復旧を認め，全部滅失した場合には再建を認めており，また，これらが保険により填補できる場合には復旧ないし再建が義務付けられています。

　このような被災による場合以外でも，老朽化を理由とするにしろ再開発を理由とするにしろ，大多数の区分所有者が建替えを望むときには，少数者に対する売渡請求での「時価」による補償をして，現行の建替え制度を上手に活用すべきでしょう（その際のマンション建替え円滑化法の利用については基礎用語32参照）。このことにより，結果的に，従前の管理組合が主体的に建物の更新をすることができ，実質上，区分所有関係の継続に準じた状態を作り出すことができるからです。ただし，実際には，既に述べましたように（285頁），効用増が期待できない場合には，建替え決議が成立することはほぼ困難であると思われます。それでは，決議の成立を容易とするために多数決要件を緩和すべきでしょうか。それとも，何か別の工夫はないでしょうか。まず，前者について見ていきましょう。

■多数決要件の緩和について

　多数決要件を緩和すべきであるとする見解（その代表的なものとして，浅見康司・福井秀夫・山口幹幸編著『マンションの建替え　老朽化にどう備えるか』

（日本評論社，2012）参照）によると，建替えが促進されない大きな要因は，現行の区分所有法の建替え規定（62条）の多数決要件（区分所有者及び議決権の各5分の4以上の多数）であり，これを「緩和」すれば，建替えが促進されるとします。確かに，「5分の4」を「4分の3」に，さらに「3分の2」に，最終的には「過半数」にすることで，「緩和」すればするほど，形式上は建替え決議はより簡単に成立するかにみえます。しかし，現行規定の定める建替え非参加者に対する売渡請求権を通じての時価による金銭補償を，建替え賛成者ないし参加者が負担しなければならないこと（同法63条4項）を考えると，多数決要件を緩和すればするほど，建替えに賛成ないし参加する区分所有者の金銭負担の割合は増加するため，現実には，金銭負担のために，多くの区分所有者が建替えに賛成することにますます消極的となると思われます。当然のことですが，建替えが促進されない最大の要因は，区分所有者の金銭負担です。

■金銭負担軽減のための方策とその方策の現実性

金銭負担の問題を発生させることなく建替えが成り立つためには，建替えによって第三者への売却が見込める相当数の余剰床が用意できることが必要です。これにより，ディベロッパー等が予定されている買受指定者（区分所有法63条4項）が建替え非参加者に対して金銭補償をなすことができ，また，各区分所有者は余剰床の利益を分配できるため，建替え参加者の金銭負担は相当程度軽減されます。立地上の理由また社会経済的状況から第三者への売却が見込まれる余剰床を産み出すことができれば，区分所有者は，相当程度軽減された資金によって従前より良質な住宅（同時に資産価値としても増大した住宅）を取得できるため，圧倒的多数の賛成によって建替え決議を成立させることができます。一般的には，区分所有者の金銭負担の軽減の度合いが高ければ高いほど，建替え決議成立のための多数決要件を緩和する必要性はなくなります。言い換えれば，ほとんど余剰床を望めない場合においては，多数決要件を緩和したとしても，先に述べた建替え非参加者に対する金銭補償及び余剰床の利益分配がないことを考えると，一般的には建替え決議を成立させることは困難であるといえましょう。

■容積緩和による建替え促進策等

以上のことから，建替えの決議要件の緩和に加え，建築法規上の容積緩和が不可欠であるとの意見が出ています。それでは，一般的に，容積緩和をす

れば，事業の採算性の観点から建替えの促進に繋がるでしょうか。ここでの当然の前提として，容積緩和により産み出される余剰床は第三者への売却が見込まれるものでなければなりません。都市政策・都市計画の観点から容積緩和をどのように考えるかはひとまず置くとしても，今日の社会経済的状況から考えて，容積緩和により売却可能な余剰床を産み出せる区分所有建物又はそれが立地する地域がどの程度存在するでしょうか。ただ，容積緩和により売却可能な余剰床を産み出すことができる区分所有建物又はその地域だけでも建替えを促進すべきであるという意見もあるでしょう。しかし，そのことによって新たな区分所有者（余剰床取得者）が建替えの実施できた建物に奪われ，それ以外の多くの区分所有建物は，ますます建替えから遠のくことになるでしょう（ごく限定された条件のよい区分所有建物のみが建替えに成功し，他の大部分の区分所有建物は取り残される。）。このようなことは，総合的な都市政策・都市計画ないし住宅政策等の観点から見て，妥当であるとはいえないでしょう。

■建替え決議における多数決要件の本質

それでは，なぜ区分所有法62条1項は，5分の4以上の特別多数決を要件としているのでしょうか。同条にいう区分所有建物の建替えは，「建物の取壊し」と「新たな建物の建築」の両者を含むものです。前者は，建物所有権を消滅（「権利の消滅」）させるものであり，後者は，建物所有権を取得（「権利の取得」）させるものです。財産権の不可侵性（憲法29条1項）及び所有権の絶対性からすると，建物所有者（専有部分等の所有権者）の同意のない「権利の消滅」は許されず，土地所有者（敷地の共有者）の同意のない「新たな建物の建築」は許されず，また「新たな権利の取得」が強制されることもありません。そして，建替えのための「建物の取壊し」及び「新たな建物の建築」には，通常，費用負担が伴います。それでは，なぜ，全員の同意なしの多数決議による現行の建替え規定が正当化されるのでしょうか。

所有権の絶対性（所有者全員の合意）を否定して，多数決議による建替え（「建物の取壊し」と「新たな建物の建築」）を正当化する根拠については，これを「団体的制約」の一言で済ませることは余りに乱暴であり説得性を欠きます。どうして団体的制約を受けるのか，どのようなことで団体的制約が正当化されるのかが説明されなければなりません。

筆者は，その解答については区分所有という所有形態の本質及び区分所有

関係に入った区分所有者の意思に求めることができると考えます。つまり，区分所有建物については，建物である以上，（わが国では）一般的には物理的ないし社会的「寿命」があることを前提に，同建物の区分所有権を取得した者が，相互に，同建物を「寿命」に達するまでの「相当な期間」において基本的にその状態で維持し存続させる意思で区分所有関係に入ったと解することができます。他方で，同建物は永久不変ではないから，「相当な期間」の経過後には，またはその経過前においても社会的状況等から「相当な時期」に，適宜，大規模な改修をするか，取り壊して再築（建替え）するかといった意思を有しているとみることができます。

■「相当（な）期間」「相当な時期」に関する団体的決定

さて，上でいう「相当（な）期間」ないし「相当な時期」に関し，わが国の建替え規定は，建替えについての「相当（な）期間」の経過ないし「相当な時期」をどのように考えているのでしょうか。2002 年の区分所有法の改正前においては，強行規定として，老朽化・被災等により建物を維持・改善するのに「費用が過分となったとき」と定めていましたが，この要件は，改正法により撤廃されました。阪神・淡路大震災後の建替え決議の場面においてこの基準が明確性を欠くためにかえって紛争を誘発したことなどが，この要件が撤廃された理由です。

現行法制に照らした場合の現実の一般的な場面での「相当期間」ないし「相当な時期」とは，老朽化・被災・再開発その他の理由により大多数の区分所有者が主観的にそのように判断したときまでの「期間」，ないし「そのとき」です。

■過半数による建替え決議は許されるか

それでは，なぜ「5 分の 4 以上」なのでしょうか。一般的に，共有物に関する管理は共有者の共有持分の過半数で決定し，その変更や処分は全員の合意が必要です（民法 250 条，251 条）。他方，各共有者はいつでも他の共有者に対して分割請求が可能です（民放 256 条以下）。しかし，区分所有建物にあっては，その本質からして後者の分割請求は否定されます（区分所有法 12 条，15 条，22 条）。前述のように，区分所有建物については，各区分所有者が，できるだけ建築当時の状態を維持しつつ，大規模滅失その他の事由があった場合を除いて，「相当期間」当該建物を使用・収益（居住ないし事業等）することが前提であるからです。つまり，区分所有者間において，期限の定め

のない分割禁止の黙示の特約が存在すると見ることができます。

　区分所有法は,「分割禁止」があると見られる「相当期間」内においては,現状の変更とはみられない建物等の管理に関する事項については,多数決の原則に従って過半数によって団体的決定がなされますが,現状の変更とみられる事項については,特別多数決議（4分3以上）を要求しています（17条,31条1項,47条1項,58条2項以下,61条5項等）。このことは,各区分所有者ないし各共有者がその関係に入ったときに前提（ないし黙示の契約内容）とされていた一般的な管理事項については通常の多数決（普通決議）で足りますが,そうではない変更に関わる事項について,一般民事の規範である民法に従い全員の合意を要求すると適切・円滑な管理が不可能となるために,「全員合意」を「緩和」して特別多数決にしたものと理解することができます。特別多数決を「4分3以上」としたのは,立法（政策上の）判断です。そして,従前建物の「変更」を超えるような従前建物の取壊しと新たな建物の建築（再建）を包含する建替えについては,「全員合意」からの「緩和」の程度を弱めて（「全員合意」に近づけて）,「5分4以上」としました。私は,現行規定についてのこのような立法（政策上の）判断は妥当であると考えます。

■現行法制の下での「老朽化」対応

　それでは,上で述べたように,実際には,被災の場合を除き,効用増がない限りは建替えは難しく,また,現行法上のその多数決要件の緩和は妥当でないとして,経年ないし老朽マンションに対して,どのような法的対応が,現行法制の下において,また将来の法制のあり方として考えられるのでしょうか。以下では,これらの点についてみていきましょう。

　まず,現行法制の下で経年ないし老朽マンションに対してどのような法的対応がなされるべきでしょうか。逆説的に聞こえるかもしれませんが,最も重要なことは「老朽化」させないことです。そのためには,適切な修繕（大規模修繕を含む。）を継続的に行うことが最も重要であり（過半数の普通決議を要する。）,また社会的老朽化等に対しては,適宜,適切な改良（共用部分の「変更」）を行うことが重要です（区分所有者及び議決権の各4分の3以上の特別多数決議が必要です。）。そして,年月が経過しても,そのことによる「風格」は備えているが,「老朽化」は感じさせない状態での「延命化」ないし「長寿命化」をはかることが肝要であると思われます。他方で,そう

はいっても，建物によっては，そのための費用の問題や社会的老朽化の問題等が生じてきますので，建築後一定の年月が経過した時点（例えば，長期修繕計画（基礎用語19，20参照）の修繕計画終了時）以降は，定期的に（例えば，5年ごとに）専門家による建物の診断を踏まえて，管理組合は，区分所有者の選択に資するために，「延命化」（新たな長期修繕計画），「大規模改良」，又は「建替え」の各案（それぞれにつき，さらに複数の選択肢があり得ます。）を，それぞれの費用と共に提示することが必要でしょう。

現行法制の下において，マンションの老朽化に対する対応は，実際には，可能な限りの「延命化」を図ることを基本とし，ただ，費用負担が可能であり大多数の区分所有者の賛成が得られる場合には，「大規模改良」や「建替え」によるといえるでしょう。

■今後の法制のあり方

「老朽化」に対する将来の法制としては，次の①～③が考えられます。

① 解消制度

マンションの老朽化に対する対応として，可能な限りの「延命化」を図ることを基本とすると言っても，実際には，「寿命が尽きた」又は「費用対効果の点から無駄な延命化となる」と考えられる場合が生ずるでしょう。そこで，今後は，管理組合の選択肢として「解消」（建物敷地売却）の制度を立法上設けることを検討する必要があるでしょう（この点については，3「マンションの解体・解消制度について」のところで述べます。）。

② リモデリング（建物の全面的改良）制度

現行の法制度では，共用部分の変更については集会における特別多数決議（区分所有者及び議決権の各4分の3以上）で行うことができますが，建物の共用部分を新設したり廃止する場合や，専有部分を新設したり廃止したりする場合には，多くの場合においては全員の合意が必要であると考えられます。区分所有者の共有又は単独所有である財産を消滅させたり，現存の共有物の管理に関するものではない新たな共有物の取得に係る費用の負担を伴うからです。しかし，マンションの老朽化に対する対応として，建替えではなく，リモデリング，つまり共用部分の新設や廃止，また場合によっては専有部分の新設や廃止によって，その全部を取り壊すことなく，共用部分だけではなく専有部分も含めて部分的ではあるが全面的な更新・改良をはかることが，特に費用負担の点で有用と考えられる場合もあるでしょう。したがって，

このようなリモデリングについても，全員の合意ではなく，集会における特別多数決（例えば，区分所有者及び議決権の各5分の4以上）によって実施できるような立法措置を設けることを検討する必要があるでしょう。現行法上，建替え制度も全員の合意を要しないのですから，これを特別多数決により認めることにしても特段立法上の問題は生じないと思われます。ただ，この制度が実際上機能するかどうか（大多数の賛成を得られるかどうか）は，ひとえにリモデリングの方法及び費用負担にかかるでしょう。

③ リバースモーゲジ方式・賃貸方式

リモデリングや建替えの課題として，費用負担には耐えられないが，現建物に又は同じ場所の再建建物において居住を望む高齢者等が一定数存在する（このために特別多数決議が成立しない）場合が考えられます。そのための対応としては，「リバースモーゲジ方式」ないしは「賃貸方式」の導入の検討が考えられます。つまり，リモデリング又は建替えに賛成したものの費用負担が困難な高齢者等としては，負担すべき費用相当額につき「管理組合」（ないし他の区分所有者全員）に対する債務とし，当該債務については死亡時にその者の専有部分により弁済するといった方式や，リモデリング又は建替えに際して，「管理組合」（ないし他の区分所有者全員）にその者の区分所有権等を移転し，その対価をもって当該専有部分の当該区分所有者の一定期間又は生涯の前払賃料に充当するといった方式です。ただ，細部において検討を要する点は多々あると思います（なお，信託を活用した立法論に関しては，鎌野邦樹「マンションの再生と解消」『丸山英気先生古稀記念論文集』80頁以下（プログレス，2009），及び同「マンションの再生における信託的機能の活用について」信託論集33号66頁以下（信託協会，2012）参照）。

3 マンションの解体・解消制度について

■今後のマンション法制のあり方

先に「老朽化」に対する将来の法制の1つとして「① 解消制度」を挙げましたが，以下では，被災の場合における法制も含めて「マンションの解体・解消制度」を考察してみましょう。

■被災によりマンションが全部滅失した場合

被災の場合における「被災マンション法」に関しては，すでに1「老朽化

の場合と被災の場合」のところで述べました。つまり，災害により建物の全部が滅失した場合に，その災害が政令による指定を受けた大規模災害によるときには，その敷地上に特別多数決議により区分所有建物を再建することができます。もちろん，同法による再建は行わず，民法上の一般原則に従って，共有物である敷地の分割をすることも可能です（民法256条。ただし，後掲改正被災マンション法6条）。この場合には，滅失した建物の瓦礫を処分した後に，実際上は，敷地を現物分割するのではなく，それを売却してその代金を敷地の共有持分に応じて共有者間で分配することになります。ただ，敷地を売却するためには全員の合意が必要です。全員の合意が成立しない場合，例えば，1人の共有者が現物分割を主張（狭小の土地でもよいから自分の持分についての分割を請求）したり，売却の方法や内容（売却の相手方や代金額）に賛成しない共有者がいたりした場合には，裁判による共有物の分割となり，ここでは基本的には競売によることになります（民法258条）。しかし，ここでは，民法上の手続による敷地の競売ではなく，再建の場合と同様に，敷地共有者の特別多数決議により敷地を売却した方が，各共有者にとって手続上簡便で，かつ多くの利益を得ることができると考えられます。そこで，2013年に被災マンション法の改正がなされ，敷地共有者の集会において，敷地共有者の議決権の5分の4以上の多数で，敷地を売却する旨の決議をすることができるようになりました（同法5条1項）。

■被災によりマンションが一部滅失した場合

　災害等により建物の一部が滅失した場合に，2013年の被災マンション法の改正までは，区分所有者の多数決議によって区分所有関係を解消することはできませんでした。災害からの復興のためには，集会での特別多数決議により復旧するか建替えをするかの選択しかありませんでした。つまり特別多数決議により，危険な建物を取り壊したりその敷地を売却するなどの選択肢はなく，それらのためには全員の合意を得るしかありませんでした。

　2011年3月に発生した東日本大震災によって建物の一部が滅失した数棟のマンションにおいては，復旧決議も建替え決議も断念し，全員の合意によって建物を解体することが決定されました。その理由は，マンションが傾いたために倒壊の危険が生じたこと，及び，復旧や建替えのためには多額の費用を要することでした。区分所有者は，地震保険による保険金のほか公的助成金等を利用すれば，近隣において被災前とほぼ同程度の中古マンションを

購入することができました。もし，上の場合において，区分所有者の1人でも建物の解体に反対すれば，被災したマンションは解体できず復旧も建替えもされないまま放置することになりかねませんでした。そこで，被災マンション法の改正により，特別多数決議による区分所有建物の解体等を認める制度が創設されました。

■ 2013年被災マンション法改正と解消制度の創設

2013年の被災マンション法の改正では，政令による指定を受けた大規模災害において，上述の（ア）建物が全部滅失した場合の特別多数決議による（既設の再建決議（同法4条）のほか）敷地売却決議（敷地を売却して売買代金を敷地共有者で分配する旨の決議（同法5条））のほか，建物の大規模一部滅失の場合（区分所有法61条5項に定める建物の価格の2分の1を超える部分が滅失した場合（被災マンション法2条））における，（イ）建物の取壊し決議（同法11条），（ウ）建物を取り壊さないままの状態で建物と敷地を売却する旨の決議（建物敷地売却決議）（同法9条），（エ）建物を取り壊して敷地を売却する旨の決議（建物取壊し敷地売却決議）（同法10条），（オ）建物の取壊し後の敷地について再建する旨の決議（同法4条），（カ）建物の取壊し後の敷地について売却する旨の決議（同法5条）が新設されました。

上の各場合の特別多数決議は，（ア），（オ）及び（カ）については，もっぱら敷地に関する問題ですから，敷地共有者の集会における敷地共有者の議決権の5分の4以上の多数による決議であり，（イ）については，もっぱら

《大規模一部滅失の場合の法的措置》

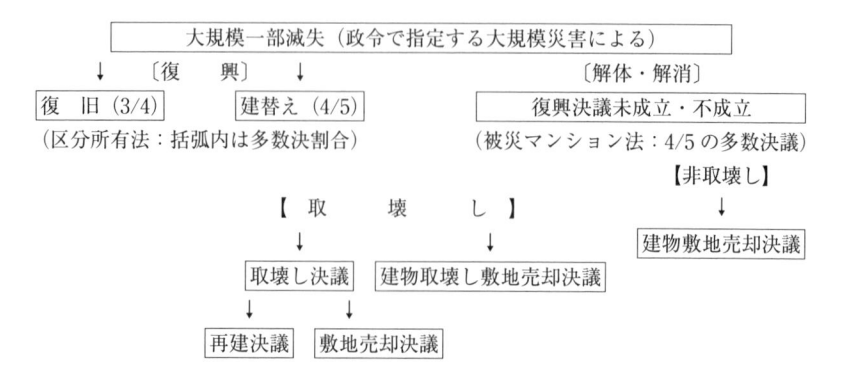

```
        大規模一部滅失（政令で指定する大規模災害による）
    ↓        〔復 興〕      ↓          〔解体・解消〕
  復 旧（3/4）    建替え（4/5）      復興決議未成立・不成立
 （区分所有法：括弧内は多数決割合）  （被災マンション法：4/5の多数決議）
                                         【非取壊し】
              【 取    壊    し 】          ↓
                ↓          ↓         建物敷地売却決議
            取壊し決議   建物取壊し敷地売却決議
                ↓
            再建決議   敷地売却決議
```

建物に関する問題ですから，区分所有者の集会における区分所有者及び議決権の各5分の4以上の多数による決議であり，（ウ）及び（エ）については，まだ建物が存在する状態での建物と敷地に関する問題ですから，区分所有者の集会における，区分所有者並びに議決権及び敷地利用権の持分の価格の各5分の4以上の多数による決議です。

■団地の場合

それでは，政令により指定された災害によって，例えば敷地を共有するA，B，Cの3棟の区分所有建物からなる団地においてA棟のみが全部滅失又は一部滅失の後に取り壊された場合について考えてみましょう。改正された被災マンション法では，この場合において，A棟の区分所有者であった者は，敷地の共有者であっても，もはや団地内の建物所有者ではないことからB棟及びC棟の区分所有者との間で敷地をめぐる「団地関係」が消滅するとはしないで，依然として同法の定める決議事項に係る管理については「団地関係」が存続するものとして，これらの者で集会（団地建物所有者等集会）を開き，管理者を置くことができるとしました（被災マンション法13条）。

その上で，滅失したA棟が再建するに当たっては，団地建物所有者等集会において議決権の4分の3以上の多数による承認が必要であるとしました（同法15条）。また，B棟（又はC棟）が建替えをするに当たり（同法16条），または，A棟が再建を，B棟（又はC棟）が建替えを同時期にするに当たり，団地建物所有者等集会における同様の承認決議が必要であるとしました（同法17条）。さらに，団地建物所有者等集会において，区分所有法70条に準じて，A・B・C棟の一括建替え・再建決議ができるとしました（被災マンション法18条）。

■残された課題

被災マンション法の改正の審議過程においては，複数の棟が存在する団地において例えば被災した1棟が取り壊された場合に，その後の敷地についての共有関係につきどのように規律すべきか，また，当該敷地につき敷地共有者の特別多数決議による敷地分割を認めるべきか等について議論がなされました。改正法により前者の問題の一部（上述の承認決議及び一括建替え・再建決議）は解決されましたが，前者の問題の残りの部分と後者の問題は，将来の課題とされ今回の改正においては見送られることになりました。

したがって，前者の問題に関しては，団地における敷地の管理一般の共有

関係（区分所有法66条により準用される17条や18条の規定参照）は，団地内の建物所有者の敷地の共有関係（この関係については区分所有法の適用があります。）と，同敷地についての団地内の建物所有者以外の共有関係（この共有者に対しては区分所有法の適用がなく民法の共有の規定が適用されます。）が併存することになります。後者の問題に関しては，敷地共有者の特別多数決議による敷地分割については見送られたことから，敷地共有者による団体的な敷地分割（敷地分割決議）を行うことはできません。

■一般の災害の場合と老朽化の場合における解消制度

　上では被災の場合の解消制度を見てきましたが，注意しなければならないのは，既に述べたように，被災マンション法は，あくまでも大規模災害において政令で指定された災害だけに適用されるもので，それ以外の一般の災害の場合には同法の適用はなく，したがって，解消するには区分所有者全員の合意が必要です。筆者は，一般の災害による場合にも解消決議を認める方向での検討が必要ではないかということを既に述べましたが，それでは，老朽化したマンションの場合については，どのように考えるべきでしょうか。まず，多数決議により解消を認めているイギリスとアメリカの法制度とその実態を見てみましょう。

■イギリスのコモンホールドにおける解消制度とその実態

　イギリスでは，わが国のマンションやアパートに相当する集合住宅を「フラット（flat）」と呼んでおり，フラットに関する権利には，主として，リースホールド（leasehold）（不動産賃借権）と，2002年コモンホールド・リースホールド改革法（Commonhold and Leasehold Reform Act 2002）に規定されているコモンホールド（commonhold）（共同保有権）とが存在します。コモンホールドがわが国の区分所有権に相当する権利ですが，この権利は現時点では全くイギリスで定着していません。したがって，コモンホールドについては，その終了にかかわる解消制度（一般的な任意清算の場合，組合員の100％又は80％の賛成による，清算決議及び終了宣言決議を行い，さらに一定の手続的要件を経てコモンホールドは終了し，その後に，清算人を通じて，コモンホールド組合が当該建物を取得してこれを第三者に売却し，債務を清算した後にその残額を組合員に分配される制度）が法律上は存在しますが，その実績は現在のところ皆無です。

■アメリカの統一モデル法による解消制度

　アメリカの統一モデル法（Uniform Common Interest Ownership Act, 2009 final）の2-118条（SECTION 2-118 Termination of Common Interest Community）は，マンション（コンドミニアム）を含む共同財産団体の解消に関して，一定の場合を除き，「共同財産団体（common interest community）は，その管理組合（association）の議決権の少なくとも80％又は宣言文書が定める80％よりも大きな割合が割り当てられている専有部分の専有部分所有者（unit owners）の合意と宣言文書によって要求されるその他の承認がある場合にのみ解消することができる。」と定めています。ただし，アメリカの区分所有法制は，各州各様に発展してきており，例えば，団体解消のための多数決要件についても，今なお全員一致を求める州や，90％，75％，67％など様々です。また，上で見たように統一モデル法では合意のみを要件（主観的な議決要件）として解消規定が設けられていますが，実際にはその他の客観的要件が求められている州法も少なくありません。そして，統一モデル法が「解消」規定を設けられた趣旨については，同規定のコメントの冒頭に，《その実績は乏しいが，会社形態の組織（筆者注：このようなコンドミニアムも存在します。）に不可欠な解消手続を形態のいかんを問わずにモデルとして提示した》と述べられています。このように，解消制度は，必ずしも「経年（老朽）区分所有建物に対する法的措置」として設けられたわけではありません。

■アメリカにおける解消の実績

　それでは，アメリカにおいて，マンションの解消はどの程度あるのでしょうか。この点に関する統計的なデータはないようですが，筆者らが2013年にアメリカの区分所有法の高名な研究者（弁護士・元大学教授）との間で意見交換をした際のやりとりを掲げておきましょう。

　【質問】区分所有建物の解消の事例はあるのですか。

　【回答】ごくごく稀です（Very very rare.）。ちなみに，私の住んでいるアトランタのマンション（40戸）は1924年築ですが，全く解消のことは念頭にありません。当然，建築後50年程度のマンションでも同様です。私は，非現実的ではあるが，マンションは永続すると考えており，解消については全く考えていない。ただ，ディベロッパーによる再開発の場合や災害の場合には，解消はあり得

ます。
【質問】それでは，再開発による解消は多いのですか。
【回答】ごく稀です（Very rare.）。
【質問】それでは，災害の場合の解消はどうですか。
【回答】稀です（Rare.）。

　以上のように，法制度上は解消制度は存在しますが，その実績はほとんどないようです。アメリカでは，災害の場合は別として，建物を修繕及び適宜改良して，とにかく「老朽化」に至らせないことがコンドミニアムの「老朽化に対する法的措置」の基本のようです。

■日本における解消制度の導入について

　上で見たように，アメリカでは，少なくとも現時点においては，災害又は再開発を理由とする場合以外，すなわち経年（老朽）区分所有建物については，実際上，解消の実績は皆無と言ってもよいようです。その原因は，やはり金銭的問題です。つまり，解消して建物と敷地を売却しても，現在の住宅以上の住宅を取得するだけの売却代金を得られる見込みがない場合には，区分所有者の多数の賛成は得られず解消決議は成立しません。再開発に伴い十分な売却代金を保障できる買主が出現すれば解消決議は成立しますが，このような再開発業者が出現することは稀でしょう。現存する大部分の経年区分所有建物にとっては当面修繕が可能であることから，少なくとも現時点においては，アメリカの経年（老朽）区分所有建物に対する法的措置としては，もっぱら「区分所有建物の持続的な維持」を促進することにあるようです。

　以上のことは，ほぼそのまま日本にも当てはまると思われます。したがって，災害一般の場合及び耐震性の劣るマンションについての解消制度の導入については喫緊の立法的課題だと考えますが，老朽化マンションに対する措置としての解消制度については，その実際の必要性から見ると，その導入についての検討は将来的な課題としてよいと考えます。

著者略歴

齊藤広子（さいとう ひろこ）
大阪府生まれ。1983年筑波大学第3学群社会工学類都市計画専攻卒業。分譲マンション供給の不動産会社勤務を経て、1993年大阪市立大学大学院生活科学研究科後期博士課程修了。2005, 2006年ケンブリッジ大学土地経済学部客員研究員。
現在：明海大学不動産学部教授。博士（学術），博士（工学）。
専門：都市計画，住居学，不動産学。
主な著書：『住環境マネジメント――住宅地の価値をつくる』（学芸出版社，2011）（単著），『すまいと建築のための不動産学入門』（市ケ谷出版社，2009）（中城康彦と共著），『不動産学部で学ぶマンション管理』（鹿島出版会，2005）（単著），『これから価値が上がる住宅地2006』（単著），『コモンでつくる住まい・まち・人』（彰国社，2004）（中城康彦と共著）など多数。
受賞：日本マンション学会研究奨励賞，都市住宅学会賞（論文），日本不動産学会業績賞，日本不動産学会著作賞，不動産協会優秀著作賞，都市住宅学会著作賞，日本建築学会賞（論文）など受賞。

篠原みち子（しのはら みちこ）
東京都生まれ。中央大学法学部法律学科卒業。1978年4月弁護士登録（第一東京弁護士会所属）。
現在：弁護士。マンション管理士試験委員。管理業務主任者試験委員。
主な論文・著書：ジュリストNo.897「区分所有権の処理」，同No.1110「マンション紛争の事例と規約改正の実務的意義」，同No.1278「標準管理規約とマンショントラブルの事例等」，『マンションの裁判例』（有斐閣，第2版，1999）のうち19「専有部分にあたらないとはいえないとされた，共用設備が設置されている車庫」及び20「専有部分とされた駐車場」，『マンションの法律Q&A』（有斐閣，2003），『コンメンタール区分所有法』（マンション管理センター，2005），『基本法コンメンタール マンション法』（日本評論社，2006）のうち「詳釈マンション標準管理規約」及び「詳釈マンション標準管理委託契約書」，『不動産取引判例百選』（有斐閣，第3版，2008）のう

ち97事件「動物の飼育を禁ずる規約の効力」,『コンメンタール マンション標準管理規約』（日本評論社，2012）など（いずれも共著）。

鎌野邦樹（かまの くにき）
東京都生まれ。1988年早稲田大学大学院法学研究科博士課程単位取得退学。千葉大学教授を経て現職。法務省法制審議会（建物区分所有法部会，被災関連2法部会）委員，国土交通省マンション建替え円滑化方策検討委員会委員，不動産鑑定士試験委員等を歴任。
現在：早稲田大学法科大学院教授。東京都消費者被害救済委員会委員，東京都公益認定等委員会委員，千葉県都市計画審議会委員，千葉県消費者行政審議会委員，行政書士試験委員，マンション管理士試験委員，管理業務主任者試験委員，日本マンション学会副会長等を兼務。
専門：民法，土地住宅法，マンション法。
主な著書：『金銭消費貸借と利息の制限』（一粒社，1999）（単著），『現代民法学』（成文堂，2000）（単著），『マンション法』（有斐閣，2003）（山野目章夫と共編著），『マンションの法律Q＆A』（有斐閣，2003）（田山輝明と共編著），『新・貸金業規制法』（勁草書房，2003）（森泉章らと共著），『改正区分所有法＆建替事業法の解説』（民事法研究会，2004）（折田泰宏・山上知裕と共編著），『コンメンタール マンション区分所有法〔第2版〕』（日本評論社，2004）（稲本洋之助と共著），『不動産の法律知識』日経文庫（日本経済新聞社，2006）（単著），『マンション法案内』（勁草書房，2010）（単著），『コンメンタール マンション標準管理規約』（日本評論社，2012）（稲本洋之助と共編著）など多数。

新・マンション管理の実務と法律
高齢化，老朽化，耐震改修，建替えなんて怖くない！
定価：本体2,800円（税別）

平成25年11月20日　初版発行
平成26年4月25日　初版第2刷発行

著　　者	齊　藤　広　子
	篠　原　みち子
	鎌　野　邦　樹
発　行　者	尾　中　哲　夫

発　行　所　日　本　加　除　出　版　株　式　会　社

本　　　社　郵便番号171-8516
　　　　　　東京都豊島区南長崎3丁目16番6号
　　　　　　Ｔ Ｅ Ｌ　（03）3953-5757（代表）
　　　　　　　　　　　（03）3952-5759（編集）
　　　　　　Ｆ Ａ Ｘ　（03）3951-8911
　　　　　　Ｕ Ｒ Ｌ　http://www.kajo.co.jp/

営　業　部　郵便番号171-8516
　　　　　　東京都豊島区南長崎3丁目16番6号
　　　　　　Ｔ Ｅ Ｌ　（03）3953-5642
　　　　　　Ｆ Ａ Ｘ　（03）3953-2061

組版・印刷　㈱亨有堂印刷所　／　製本　牧製本印刷㈱

落丁本・乱丁本は本社でお取替えいたします。
© H. Saito, M. Shinohara, K. Kamano 2013
Printed in Japan
ISBN978-4-8178-4125-4　C2032　¥2800E

JCOPY　〈(社)出版者著作権管理機構　委託出版物〉
本書を無断で複写複製（電子化を含む）することは、著作権法上の例外を除き、禁じられています。複写される場合は、そのつど事前に(社)出版者著作権管理機構（JCOPY）の許諾を得てください。
また本書を代行業者等の第三者に依頼してスキャンやデジタル化することは、たとえ個人や家庭内での利用であっても一切認められておりません。

〈JCOPY〉HP：http://www.jcopy.or.jp/，e-mail：info@jcopy.or.jp
電話：03-3513-6969，FAX：03-3513-6979

さまざまな場面を想定した、189問のQ&Aを収録
第2版 事例解説 不動産をめぐる税金
不動産の取得／相続・贈与／保有・賃貸／譲渡

桑原秀年・關場修・庄司範秋 編著
2014年3月刊 A5判 508頁 定価4,968円（本体4,600円） ISBN978-4-8178-4145-2

商品番号：40481　略号：不税

表題登記から滅失登記までの手続をわかりやすく解説
第4版 マンション登記法
登記・規約・公正証書

五十嵐徹 著
2011年6月刊 A5判 508頁 定価4,428円（本体4,100円） ISBN978-4-8178-3926-8

商品番号：40236　略号：マン登

最近の問題を多く採り上げた、59問のQ&Aを収録
Q&A 借地借家の法律と実務 第2版

安達敏男・古谷野賢一・酒井雅男・井原千恵 著
2012年9月刊 A5判 396頁 定価3,780円（本体3,500円） ISBN978-4-8178-4019-6

商品番号：40399　略号：借地

「不利な特約条項がある」と悩む賃貸人・賃借人の相談に応える一冊
実務裁判例
借地借家契約における各種特約の効力

伊藤秀城 著
2012年3月刊 B5判 224頁 定価2,808円（本体2,600円） ISBN978-4-8178-3981-7

商品番号：40459　略号：借契

リスクを防止し、被害を最小限に抑えるための一冊
不動産取引とリスクマネジメント

不動産取引とリスクマネジメント研究会 編
2012年5月刊 A5判 352頁 定価3,564円（本体3,300円） ISBN978-4-8178-3986-2

商品番号：40462　略号：不リス

〒171-8516　東京都豊島区南長崎3丁目16番6号
日本加除出版　営業部　TEL (03) 3953-5642　FAX (03) 3953-2061
http://www.kajo.co.jp/　（定価は8%の消費税込で表示しております。）